역사용어 바로쓰기

역사용어 바로쓰기

1판 1쇄 발행 2006년 8월 21일
1판 6쇄 발행 2024년 3월 29일

지은이 『역사비평』 편집위원회
펴낸이 정순구
책임편집 최세정, 정윤경
기획편집 조원식, 김수영
본문 디자인 이파얼
마케팅 황주영

펴낸곳 (주) 역사비평사
등록 제300-2007-139호 (2007.9.20)
주소 10497: 경기도 고양시 덕양구 화중로 100(비젼타워 21) 506호
전화 02-741-6123~5
팩스 02-741-6126
홈페이지 www.yukbi.com
이메일 yukbi88@naver.com

ⓒ『역사비평』 편집위원회, 2006
ISBN 978-89-7696-518-9 03910

책값은 표지 뒷면에 표시되어 있습니다.
잘못 만들어진 책은 구입하신 서점에서 바꾸어 드립니다.

역사용어 바로쓰기

『역사비평』 편집위원회 엮음

역사비평사

차례

| 들어가는 글 | 역사용어를 바로 써야 하는 이유 | 한정숙 | 8

01_ 삼국시대에서 사국시대로 | 김태식 | 23

02_ 통일신라시대에서 남북국시대로 | 송기호 | 32

03_ 백성, 평민, 민중 | 정창렬 | 39

04_ 신사유람단을 1881년 일본시찰단으로 | 이이화 | 50

05_ 기존 개화파 용어에 대한 비판 | 주진오 | 56

06_ 광무개혁을 둘러싼 논쟁 | 왕현종 | 63

07_ 조규와 조약, 무엇이 다른가? | 김민규 | 69

08_ 을사조약이 아니라 한일외교권위탁조약안이다 | 이상찬 | 76

09_ 한국병합인가, 한일합방조약인가? | 이태진 | 82

10_ 한말, 개항기, 개화기, 애국계몽기 | 이윤상 | 89

11_ 왜정시대, 일제식민지시대, 일제강점기 | 김정인　　　　　| 95

12_ '위안부', 정신대, 공창, 성노예 | 강정숙　　　　　　| 101

13_ 친일과 협력 | 이기훈　　　　　　　　　　　　　　| 108

14_ 민족자본의 개념을 다시 돌아본다 | 전우용　　　　| 113

15_ 독립운동인가, 민족해방운동인가? | 이기훈　　　　| 120

16_ 무정부주의와 아나키즘 | 류시현　　　　　　　　| 124

17_ 사회주의와 공산주의 | 류시현　　　　　　　　　| 130

18_ 부르주아민족주의, 우파 민족주의, 문화민족주의 | 박찬승 | 136

19_ 자유민주주의 | 임대식　　　　　　　　　　　　　| 142

20_ 해방인가, 광복인가? | 신주백　　　　　　　　　| 150

21_ 반탁은 있었지만, 찬탁은 없었다 | 박태균 | 155

22_ 소군정은 실재했는가? | 기광서 | 161

23_ 중간파인가, 중도파인가, 합작파인가? | 서중석 | 168

24_ 한국전쟁/6·25를 기억하는 방식: 역사용어와 사유체계의 문제 | 박명림 | 176

25_ 정전협정인가, 휴전협정인가? | 박태균 | 197

26_ 탈취-노획의 전쟁기록, NARA의 북한 노획문서 컬렉션 | 정병준 | 203

27_ '8월종파': 종파, 분파, 당내경쟁 | 백준기 | 209

28_ 월북과 납북 | 이신철 | 222

29_ 동포와 민족 | 김동택 | 232

30_ 의사와 열사 | 은정태 | 237

31_ 근현대 정치범의 다양한 이름 | 최정기 | 245

32_ 재벌기업과 재벌총수 | 김기원 | 252

33_ 양력과 음력 | 신동원 | 260

34_ 한의학(漢醫學)과 한의학(韓醫學) | 신동원 | 266

35_ 민족문학, 국민문학, 민족주의문학 | 하정일 | 271

36_ '순수문학'이라는 오해 | 한수영 | 279

37_ 외국 국가명 표기를 바꾸자 | 김동택 | 288

38_ 간도, 간도출병 | 배성준 | 295

39_ 극동, 동아시아, 동북아시아의 함의 | 김희교 | 302

40_ 중국 애국주의의 실체: 신중화주의, 중화패권주의, 민족주의 | 김희교 | 314

| 출전을 밝혀주는 본문의 주 | 322
| 이 책의 집필에 참여하신 분들 | 325

| 들어가는 글 |

역사용어를 바로 써야 하는 이유

한정숙

　이 책은 계간 『역사비평』 2005년 겨울호 특집에서 시작하여 2006년 여름호까지 계속된 '역사용어 바로쓰기' 기획에 실린 글들을 모은 것이다. 이 기획의 발단은 한여름 오후의 방담 속에서 오간 다소 소박한 역사용어 논쟁에 있었다.

　2005년 7월 편집회의를 하기 위해 모인 당시 계간 『역사비평』 편집위원들은 동료 박태균 교수에게서 갓 출간된 그의 저서 『한국전쟁』(책과함께)을 한 권씩 선물받았다. 나는 이 책이 '2차 대전 후 한반도 남북 사이에서 일어나 국제적 전쟁으로 확대되었으며, 3년 이상의 열전 후 현재 정전 상태에 있는 전쟁'의 역사적 성격과 의미를 진지하게 성찰하게 해주는 책이라고 생각했고, 쑥스러워 할 그를 위해 호평을 농담 속에 포장하여 전했다. 그러면서도 동시에 이 책의 제목에 대해 '시비'를 걸었다. '한국전쟁'이란 용어에 대해 다시 짚어보아야 하지 않을까 생각했기 때문이다.

내 문제제기의 출발점은 역사용어와 역사 기억을 어떻게 주체적으로 자기화(自己化)할 수 있을 것인가 하는 물음이었다. 이는 누가 기억을 관리하는가의 문제와도 직결되는데, 기억하는 방식에 영향을 미치는 것이 바로 이름을 붙이는 권리이다. 이름을 붙이는 사람이 사물을 인식하고, 그 인식 방향을 지배한다. 자기에게서 일어난 일을 스스로 이름 붙인다는 것은 곧 이 일의 성격을 자기가 규정한다는 것이므로, 역사적 사건이나 지정학적 명칭을 자기가 이름 붙일 수 있다는 것은 곧 이에 대한 주체적 인식 능력을 보여주는 것이다.

그런 면에서 볼 때 '한국전쟁'이라는 용어는 국제학계의 용어로는 적합할 수도 있으나 한반도 구성원들이 이렇게 부르는 것은 재고할 필요가 있다'는 생각이 들었다. 한국전쟁(the Korean War)이라는 명칭은 ① 일반 외국인의 입장에서 이 전쟁이 일어난 지역의 이름을 따서 붙이는 이름일 수 있고, ② 이 전쟁에서 한국인(혹은 Korea 사람)을 주된 상대로 싸운 나라가 교전국 인민 또는 자기네가 전쟁한 지역을 가리켜서 붙이는 이름일 수 있다.

사실, 교전 상대의 이름을 따서 전쟁을 칭하는 것은 어느 사회에서나 찾아볼 수 있는 일이다. 아테네인은 기원전 5세기 초반 그리스인과 페르시아인 사이에 벌어진 전쟁을 페르시아전쟁이라 불렀고, 기원전 5세기 후반 아테네 중심의 델로스동맹 세력과 스파르타 중심의 펠로폰네소스동맹 세력 사이에 벌어진 전쟁을 펠로폰네소스전쟁이라 불렀다. 이 두 전쟁의 이름은 아테네 중심의 사고를 드러내준다. 페르시아인이 볼 때 페르시아전쟁은 그리스 원정이었을 것이고, 스파르타인의 관점에서 펠로폰네소스전쟁은 델로스전쟁 혹은 아테네전쟁이었을 것이다. 한국인이 신미양요라고 부르는 1871년의 한국과 미국 간 첫 무력충돌도 미국인의 관점에서는 한국전쟁이다. 그래서 미국에서는 이를 '첫 번째 한국전쟁(the First Korean

War)' 또는 '1871년의 한국전쟁(the Korean War of 1871)'이라고 부른다.[1] 여기에서 보듯 '한국전쟁'은 이 전쟁을 외부에서 바라보는 사람이 한국을 대상화·타자화하여 부르는 명칭이다.

물론 '한국전쟁'은 한반도에서 일어난 전쟁이며 국제전으로 확대되었기 때문에, 그리고 남북 간에 이 전쟁을 바라보는 시각이 너무나 다르기 때문에 지금 당장 한반도 내부에서만도 통일된 중립적 용어를 채택하기는 어려울 것이다. '베트남전쟁'도 국제전 비슷하게 확대된 면도 없지는 않지만, 적어도 베트남 인민 사이에서는 전쟁의 성격에 대한 합의가 이루어졌기에 베트남전쟁이라는 용어가 사용되지 않는다.

한반도의 경우 남과 북 어느 한쪽의 시각을 담은 명칭도, 상대에 대한 대립의식을 강조하는 명칭도 바람직하지 않기 때문에 현재로서는 '한국전쟁'이라는 비교적 '가치중립적'인 지리적 명칭을 사용할 수밖에 없다고 생각하는 분이 많다. 박태균 교수도 명칭은 그대로 사용하되, 이 전쟁에 대한 이데올로기적 편견을 버리는 것이 가장 중요하다고 말한다. 그러나 남북한이 언젠가 합의점을 찾아낼 때까지는 차라리 '3년전쟁' 같은 그야말로 가치중립적인 명칭으로 불러야 하는 것 아닌가 하는 생각도 든다. 국제 학계에서 부르는 명칭과 한반도 구성원이 자신의 일을 내부에서 부르는 명칭은 다를 수밖에 없다고 보기 때문이다.

'한국전쟁'이 이렇듯 처음부터 외부의 시각을 담고 있되 현재 마땅한 대안을 찾기 힘들어서 통용되고 있는 것이라고 한다면, 지리적 명칭 가운데 어떤 것은 그저 무신경 혹은 부주의 때문에 계속 쓰이고 있는 것들이

---

1. 혹은 '첫 번째 한미전쟁(the First US-Korean War)'이라 부르는 경우도 있다. 이처럼 자기 나라와 상대 교전국 이름을 함께 넣어서 전쟁을 칭하는 경우는 물론 흔하다. 내가 여기서 말하고자 하는 것은 교전국 이름은 없이 자기 나라 이름만 넣어서 전쟁을 칭하는 경우는 거의 없다는 사실이다.

있다. '극동(혹은 원동)', '근동'의 경우가 대표적이다. 사실 이 말들은 유럽인이 먼저 붙인 명칭이다. 유럽인은 고대에 오리엔트라고 부르던 지역을 근대에 와서 자기네와 가까운 동쪽 지역이란 의미에서 근동(近東, Near East)이라 불렀고,[2] 자기들과 가장 멀리 떨어진 동쪽 지역을 원동(遠東, Far East), 근동보다 조금 더 동쪽에 위치한 지역을 중동(中東, Middle East)이라 불렀다. 근동, 원동이란 말에서 멀고 가깝다는 것은 유럽을 기점으로 해서 파악되고 있다. 20세기에 들어와서는 주로 국제관계 전문가들이 근동으로 불리던 지역까지 포괄한 넓은 지역을 중동이라 부르기 시작했고, 오늘날 이 명칭은 신문 용어와 국제정치 용어로 널리 쓰이고 있다.

가까운 동쪽이란 의미의 '근동'은 유럽에 대해서나 동쪽이고 가까운 지역이지, 한국에서 볼 때는 동쪽이 아니라 서쪽에 위치한 데다 거리상으로도 아주 멀리 떨어진 지역이다. 그런데도 한국 학계 일각에서는 유럽식 작명법을 따라 이 지방을 오랫동안 근동이라 불러왔다. '원동'과 '극동'은 어떤가? 어문각에서 출판한 한글학회 편 『우리말 큰 사전』이나 국립국어원에서 펴낸 『표준국어대사전』에는 "원동=극동"이라 풀이하고 있으니, 원동이라는 말도 널리 쓰이지는 않을망정 제대로 된 단어로 인정받고 있는 것인데, 이처럼 우리는 스스로를 먼 곳이라 부르고 있는 셈이다. 이보다 일반적으로 쓰이는 극동(極東)이라는 말도 순수하게 지리적 개념만은 아니다. 극서(極西)라는 말이 국제관계에서 유의미한 지정학적 개념으로 사용되지 않는 상황에서 극동이라는 말만 쓰이는 것은 서쪽에서만 동쪽을 대상화하고 있음을 뜻한다.

다시 말해 이는 아시아가 공간적으로 너무 광범위하고 문화적·인종

---

2. 19세기 유럽인들은 오스만투르크 제국의 지배 아래 있던 발칸반도까지 근동이라 불렀다.

적 구성이 너무 다양하므로 아시아를 세분하여 고찰하는 유럽인의 시각을 반영한다. 사실 아시아 자체도 처음부터 유럽의 타자로서, 유럽인의 세계 인식체계의 일부인 대상으로서 붙여진 이름이다. 아시아인들 자신이 스스로를 칭하는 포괄적 용어를 생각해내지 못하고 지역에 대한 개념조차 가지지 못했을 때, 아시아나 유럽이라는 명칭은 그 자체가 유럽인들에 의해 강제된 것이다. 더 나아가 '인식하는 서쪽 사람의 시각'으로 아시아를 세분한 근동, 원동이라는 말에서 우리는 철두철미하게 서방 중심적인 용어법에 사로잡혀 있음을 알 수 있다.[3]

우리가 지금 와서 아시아나 유럽 같은 고유명사 자체를 달리 어찌하자는 것은 아니지만, 방위를 가리키는 개념에 대해서만은 자기가 자기인지, 남이 자기인지 구분할 줄 알아야 할 것이다.[4] 당시 『역사비평』 편집위원이었으며 이 책 필자의 일원으로 참여한 김희교 교수도 지정학적 함의가 담긴 용어에 관해 "지역을 정의한다는 것은 인간 활동의 결과물이자 동시에 미래를 향한 지향이라는 점을 상기해볼 필요가 있다"라고 지적하고 있다.

이렇듯 내가 처음에 문제를 제기했을 때는 주로 지정학적 의미를 담고 있는 용어들의 부적합성을 인식하고 이를 바로잡아보자는 생각이었다. 그런데 이 같은 몇 가지 지적에 다른 편집위원들이 적극적인 반응을 보이면서 순식간에 열띤 논의가 오가게 되었고, 소박한 '촌평'은 그렇다면 이

---

3. 러시아인도 자기네 나라의 북태평양 연안 지역과 동아시아 지역을 원동이라 부른다. 그런 한편 중앙아시아, 우크라이나, 백러시아 등 과거 소련에 속했다가 독립한 국가들을 근린이라 부른다. 그렇지만 우리 사회는 이 용어들을 그대로 차용해 러시아의 근린을 우리의 근린이라 부르지는 않는다.
4. '중동'이란 용어는 '근동'이란 말이 유럽 중심적이라는 것을 의식한 일부 서양 사람들 사이에서 처음으로 사용되기 시작했다. 이 말은 국제관계와 관련된 용어로는 워낙 일반화되기도 했지만, 멀고 가깝다는 관계의 직접적인 표시가 없고 그 명칭 자체에서 '관계의 중심으로서의 유럽(지금은 미국을 포함한 서방)의 명명권(命名權)이라는 의미를 희석시킬 수 있기 때문에 현재로서는 그대로 쓸 수도 있다고 생각한다.

기회에 한국의 역사학계에서 사용되는 역사용어 전반을 재검토하는 『역사비평』 특집을 만들어보자는 구상으로 연결되었다. 그리고 한 회에 그칠 줄 알았던 특집은 진행 과정에서 정치사, 사회·경제사의 범위를 넘어서서 일상생활사, 문화사, 문학사 분야의 일부 용어에 대한 검토까지 포함하는 큰 기획으로 확대되었다. 마침 2005년이 광복 60주년을 기념하는 해였으므로, 식민지시대와 해방공간, 분단시대를 거쳐오면서 관용적으로 써온 용어들 가운데, 원래 그 의미가 타당하지 않았거나, 혹은 그동안 사용되면서 오염·훼손되거나 그 역사적 의미를 잃어버린 용어들의 경우는 재검토하고 대안을 마련해보아야 할 때가 되었다는 생각에서였다.

특히 한국 사회는 근대사회로의 전환 과정에서 주요한 개념어들을 대개 일본에서 받아들였는데, 이 과정에서 적합하지 않은 의미 혹은 연상이 특정 용어와 연결된 경우가 적지 않았다.(국민, 민족 등의 말만 생각해보아도 그렇지 않은가.) 또한 엄밀한 학문적 검토 없이 일상적·구어적 표현으로 쓰던 말들이 학술적인 문헌에서까지 사용되어 정착한 경우도 있기 때문에, 이러한 용어를 검토하고 주체적인 관점에 입각한 대안적 용어를 만들어내야 한다는 필요성이 시급했다. 말이 의식을 구속하고 제약한다는 것을 생각할 때 말을 바로 쓰고 이름을 바로 붙이는 일보다 더 중요한 것은 있을 수 없다. 따라서 역사용어 재검토라는 작업은 곧 한국 사회의 '근대사회 만들기' 과정에 대한 비판적 성찰이라는 자세에서 비롯된 것이라고 해도 과언이 아닐 것이다.

이러한 의도에 따라 모두 39개의 용어(혹은 용어군)가 검토 대상으로 선정되었다. 그리하여 2005년 겨울호에 21편, 2006년 봄호에 12편, 2006년 여름호에 6편의 글이 게재되었다.[5] 대체로 근현대사의 쟁점이 될 만한 용어들이 검토되었으나, 삼국시대 – 사국시대 문제나 통일신라 – 남북국시대

문제처럼 고대사에 속하면서 현 상황에 비추어 예민한 논쟁을 불러일으킬 수 있는 용어들도 포함되었다. 심지어 재벌기업, 재벌총수처럼 시사성이 너무 강해서 보기에 따라 역사용어가 아니라고 여겨질 수도 있지만, 한국 현대사에서 대단히 중요한 의미를 가지므로 넓은 의미의 역사용어로 생각될 수 있는 용어도 검토 대상으로 선정되었다. 결과를 보니, 애초에 문제 제기의 출발이었던 '이름 지을 권리'와 관련된 글들은 오히려 소수이고, 한국인들이 붙인 이름이되 역사의식의 변화와 발전에 따라 부적절하게 된 용어들, 혹은 한국 사회가 다양해지고 분절됨에 따라, 그리고 시각 차이에 따라 부정합을 빚게 된 용어들을 다룬 글이 대다수를 차지하게 되었다.

글이 연재되는 동안 역사용어를 재검토하고 용어가 표상하는 역사 현상의 의미를 정확히 인식하자는 기획 의도에 대해 안팎의 호응이 적지 않았다. 독자들의 반응도 호의적이었지만, 원고 청탁을 받은 분들도 의미를 적극적으로 인정하고 동의하기도 했다. 특히 필자로 참여한 박명림 교수는 다음과 같은 세 가지 측면에서 역사용어 바로쓰기 노력의 의의를 적극적으로 인정하면서 이 작업의 성격과 의미를 정리했다. ① '정명(正名: 바른 이름)'을 가지기 위한 노력은 역사적 실천의 의미를 가지며, '역사 이해와 역사 명명(命名)은 과거의 문제가 아니라 현재의 문제이다. ② 역사 이해와 역사 명명은 사건에 참여하고 연루된 사람들의 삶을 평가하는 문제이다. ③ 역사 이해와 역사 명명은 사회적 합의의 창출 능력에 따라 좌우되므로 한 사회의 집합적 이성과 민주주의의 문제이기도 하다. 지정학적 용어가 가지는 현실적 의미 함축과 미래지향적 성격을 박명림 교수는 역사용어

---

5. 이 책에는 임대식 『역사비평』 전 편집주간의 글 「자유민주주의」를 한 편 더해 총 40편의 글이 실려 있다. 임대식 전 주간의 글은 『역사비평』 2005년 겨울호 '책머리에' 글을 다시 다듬은 것이다.

전반에 대해 적용한 것이라고도 할 수 있다.

　기획 의도가 무엇이었든 연재된 글들은 각기 자기 나름의 생명을 가지고 있었다. 우선 '한국전쟁'의 경우, 이 용어를 맡은 박명림 교수는 역사지정학적 논의보다는 한반도 내에서의 구분과 대립을 넘어서는 문제에 더 큰 관심을 가졌다. 그래서 그는 용어 자체보다는 기억 혹은 기념 방식에 관한 문제제기에 바탕을 두고 글을 전개했다. 그는 6·25라는 용어 자체를 아예 폐기할 것을 주장한 반면 한국전쟁이라는 용어는 적극적으로 옹호하였다. 그의 의견에 동의하지 않는 사람도 있을 수 있겠지만, 어쨌거나 '한국전쟁'에 관한 박 교수의 강력한 문제의식은 독자들에게 전달될 수 있으리라 생각한다.

　역사 사건을 기억하는 방식이 아니라 역사용어의 정합성 자체를 직접 다룬 글의 경우에도, 필자에 따라 글의 성격이 조금씩 달랐다. '신사유람단'을 다룬 이이화 선생의 글처럼 현재 사용되고 있는 용어의 부적합성을 지적하고 새로운 용어를 대안으로 제시한 경우도 있었다. 다른 일부 용어의 경우, 현행 용어의 의미를 검토하고 이 용어에 대한 논란을 소개하는 것으로 그치기도 했다. 그중에서도 일부 필자는 여러 용어를 나란히 소개하면서, 각각의 용어가 각기 다른 관점에서 나온 것인 만큼 어느 하나만이 옳다고 강요할 수 없다는 견해를 밝혔다. 「왜정시대, 일제식민지시대, 일제강점기」의 필자 김정인 교수가 대표적이다. 김정인 교수는 과거에 일반적으로 사용되었던 '왜정시대'라는 용어 대신 '일제시대', '일제식민지시대', '식민지시대', '일제강점기' 등의 용어가 시기별로 선호되었으며, 탈민족주의자나 동아시아론자들은 '일제시대'라는 용어를 선호하고 있다는 것, 그리고 '시대'라는 말과 '시기'라는 말도 경합하고 있다는 것을 소개한 후, 역사용어를 보는 시각을 획일화하기 어렵다는 점을 지적하였다. 따라서 그는 이 '식민지시대' 처럼 대상을 바라보는 시각이 여럿일 수밖에 없는 경우에는 여러 용어의 혼용을 인정해야 된다고 보았다.

한 가지 공통된 점으로, 많은 필자들이 시대적 맥락을 짚어가며 용어의 변천사를 소개하고 있는데, 같은 필자라도 용어에 따라서 자기의 선호를 적극적으로 밝히기도 하고, 대비되는 용법들을 소개하며 재검토를 제안하는 선에 머무르기도 하였다. 이기훈 연구원은 「친일과 협력」에서는 두 용어를 소개하고 용법을 비교 분석했지만 「독립운동인가, 민족해방운동인가?」에서는 민족해방운동이 더 바람직하다는 견해를 분명히 밝히기도 했다.

이런 편차들을 고려하여, 임대식 전 주간의 글을 포함한 전체 40편의 글을 성격에 따라 다음 몇 갈래로 분류해볼 수 있다.

1. 그동안 통용되어온 기존의 용어(역사상)를 비판하고 새로운 용어(역사상)를 제안하거나 대안 검토를 제안한 경우 :

김태식, 「삼국시대에서 사국시대로」

송기호, 「통일신라시대에서 남북국시대로」

이이화, 「신사유람단을 1881년 일본시찰단으로」

김민규, 「조규와 조약, 무엇이 다른가?」

이상찬, 「을사조약이 아니라 한일외교권위탁조약안이다」

이태진, 「한국병합조약인가, 한일합방조약인가?」

기광서, 「소군정은 실재했는가?」

백준기, 「'8월종파' : 종파, 분파, 당내경쟁」

김동택, 「외국 국가명 표기를 바꾸자」

2. 혼용되고 있는 용어들을 소개하고 바람직한 용어를 대안으로 제시한 경우

　강정숙, 「'위안부', 정신대, 공창, 성노예」

　이기훈, 「독립운동인가, 민족해방운동인가?」

　류시현, 「무정부주의와 아나키즘」

　서중석, 「중간파인가, 중도파인가, 합작파인가?」

　박태균, 「정전협정인가, 휴전협정인가?」

　이신철, 「월북과 납북」

　최정기, 「근현대 정치범의 다양한 이름」

　김희교, 「극동, 동아시아, 동북아시아의 함의」

3. 혼용되고 있는 상이한 용어들을 소개하고 이 용어들이 사용되는 담론의 맥락을 비교 분석한 경우 (단일한 대안은 제시되지 않음)

　주진오, 「기존 개화파 용어에 대한 비판」

　이윤상, 「한말, 개항기, 개화기, 애국계몽기」

　김정인, 「왜정시대, 일제식민지시대, 일제강점기」

　이기훈, 「친일과 협력」

　신주백, 「해방인가, 광복인가?」

　김희교, 「중국 애국주의의 실체: 신중화주의, 중화패권주의, 민족주의」

4. 의미 변천사를 포함하여 기존 용어의 의미를 상술한 경우

　정창렬, 「백성, 평민, 민중」

　왕현종, 「광무개혁을 둘러싼 논쟁」

　전우용, 「민족자본의 개념을 다시 돌아본다」

류시현, 「사회주의와 공산주의」

박찬승, 「부르주아민족주의, 우파 민족주의, 문화민족주의」

임대식, 「자유민주주의」

김동택, 「동포와 민족」

은정태, 「의사와 열사」

김기원, 「재벌기업과 재벌총수」

신동원, 「양력과 음력」

신동원, 「한의학(漢醫學)과 한의학(韓醫學)」

하정일, 「민족문학, 국민문학, 민족주의문학」

한수영, 「'순수문학'이라는 오해」

5. 복합적인 성격을 가진 경우

박태균, 「반탁은 있었지만, 찬탁은 없었다」

박명림, 「한국전쟁/6·25를 기억하는 방식: 역사용어와 사유체계의 문제」

정병준, 「탈취-노획의 전쟁기록, NARA의 북한 노획문서 컬렉션」

배성준 「간도, 간도출병」

이렇듯 이 책에 실린 글의 성격은 필자에 따라 다르다. 형식적인 면뿐 아니라 글에서 드러나는 역사관도 다르다. 각각의 글은 아직도 한국 역사학계에서 진행되고 있는 모색의 과정을 보여준다. 기실 다양한 시각에 따라 다양하게 이름 붙여질 수 있는 현상을 단 하나의 용어만으로 정리한다는 것 자체가 바람직하지 않은 일일 수도 있다. 그러나 우리의 이런 시도가 역사용어를 둘러싼 다양한 논의와 토론을 이끌어내는 데 하나의 계기가 될 수는 있다고 본다.

40개의 용어를 선택하여 정리하기는 했지만, 사실 근현대사에서만도 논란이 되고 있는 용어가 얼마나 많은가를 생각해볼 때 이는 물론 터무니없이 적은 수라고 하지 않을 수 없다. 그러나 일단 이렇게 일차적 성과를 공론의 장에 내놓는 것 자체가 역사용어의 전면적 재검토를 위한 자극제 역할을 할 수 있지 않을까 하는 기대가 있었기에 미흡하나마 글들을 묶어 출판하게 되었다. 물론 남쪽 학자들 사이에서 진행된 이 작업은 임시적인 성격을 띤 것이라 할 수 있다. 앞으로 남북한 연구자들 사이에서도 역사용어의 재검토와 합의라는 문제에 관해 본격적인 논의가 진행되어야 할 터이니 말이다. 그와 같은 논의들이 충분히 무르익은 후, 독일 역사학자인 오토 브루너, 베르너 콘체, 라인하르트 코젤렉의 주도 아래 편찬되어 개념사 정리의 표본처럼 된 『역사 기본 개념 사전』(*Geschichtliche Grundbegriffe: Historisches Lexikon zur politisch-sozialen Sprache in Deutschland*, Bd. 1-8, Klett-Cotta, 1972-2004)과 같이, 풍부한 용례를 다루되 용어의 뜻만 해석하는 데 그치지 않고 엄밀한 사학사적 논구에 입각하여 역사용어의 역사를 돌이켜봄으로써, 그야말로 단어 하나 속에서 고금의 지성사를 고찰하는 것까지 가능하게 해주는 기본적 역사 개념어 사전이 만들어지는 날이 오기를 바란다. 기획이 진행되는 동안 원고의 수집, 정리를 위해 묵묵히 애써준 정윤경 씨와 단행본화 과정에서 실무를 맡은 최세정 씨에게 깊은 감사를 드린다.

2006년 7월

역사용어 바로쓰기

삼국시대에서 사국시대로

김태식

삼국시대 관념의 기원

2004년 중국의 이른바 '동북공정'에 의해 고구려사의 정체성이 국제적으로 흔들리기 시작한 이후 '삼국시대'라는 용어처럼 고마운 것은 없었다. 적어도 고대시기 고구려, 백제, 신라의 세 나라는 한국사에 포괄된다는 천년이 넘는 오랜 인식을 확인할 수 있었기 때문이다. 고구려사가 한국사의 일부라는 점에 대하여 그러한 전통은 외국인에게도 어느 정도 통용될 수 있다. 그러나 그 시기에 삼국에 속하지 않는 '임나(가야)'가 있고 이는 일본 영토에 속한다는 주장을 접하면, '삼국시대'라는 용어에 문제가 있다는 생각을 하지 않을 수 없다.

우리는 보통 한국 고대사를 '삼국시대'와 '통일신라시대'라는 이름으로 표현한다. 그러나 고구려, 백제, 신라 세 나라가 우리나라의 영토를 셋으로 나누어 지탱하고 있었던 시기는 562년부터 660년까지의 98년간이었으므로, 삼국시대를 고집하면 시간적으로 그 이전의 천 년 이상을 버리게 된다. 이는 통일신라시대라고 표현하는 순간에 대동강 이북에서 만주에 이르는 한국 고대의 영토에 대한 기억을 상실케 되는 것과 마찬가지이다. 과연 이것을 옳다고 할 수 있을 것인가?

　삼국시대라는 관념은 고려시대 중기의 정치가 겸 역사가인 김부식(金富軾)이 1145년에 편찬한 『삼국사기(三國史記)』에서 비롯된 것이다. 지금은 그것이 우리나라에 현존하는 가장 오래된 역사서이다. 그러므로 그 역사서의 이름만 보아도 고대의 역사를 '삼국'으로 정리하는 것은 일단 고려시대 사람들의 인식에서 비롯한다고 볼 수 있다.

　그러나 고려인의 그 인식도 실은 신라인의 것을 계승한 것에 불과하다. 『삼국사기』에는 신라의 건국연대가 가장 오래된 것으로 기록되어 있고, 이것은 최후 승자인 신라인의 주관적인 역사인식이다. 신라는 백제와 고구려를 멸한 이후 삼한과 삼국을 동일시하고 신라가 삼한을 통일했다고 자랑했다. 692년에 당나라가 신라 태종무열왕의 묘호를 바꿀 것을 요구하자 신라가 이를 거절하면서 당에 보낸 국서(國書)를 보면 신라인의 그러한 자부심을 확인할 수 있다. 그래서 신라 말의 최치원(崔致遠)은 마한이 고구려가 되고, 진한이 신라로 되고 변한이 백제로 되었다고 보았는데, 김부식은 『삼국사기』에서 최치원의 견해가 옳다고 한 것이다.

　그렇다면 신라인의 역사인식과 그를 계승한 고려인의 인식이 현재의 관점에서 보아도 옳다고 할 수 있을까? 우선 삼한과 삼국을 동일시하는 것도 문제가 되며, 또한 우리 역사의 터전에서 명멸했던 고조선, 부여, 가야, 발해 등을 무시하는 것은 더 큰 문제이다. 가야만 보더라도 동쪽으로는 경상남북도의 낙동강 유역부터 서쪽으로 소백산맥을 넘어 전라남북도의 동부 지역에 이르는 옛 가야 주민의 역사를 무시하게 되는 것이다. 이는 결국 한편으로는 우리나라의 역사를 그르치고, 다른 한편으로는 민족 전체의 경험을 시간적·공간적으로 축소시키는 결과를 가져온다.

실학자의 확장된 역사인식

잘못되고 축소된 역사인식은 민족 전체의 힘을 하나로 모으는 데 장애가 되기 마련이다. 그래서 고려 후기에 몽고의 침입으로 인해 큰 시련을 겪은 이후 당시의 사상계를 이끌던 일연(一然)은 『삼국유사(三國遺事)』를 저술하여 역사인식을 확대하고자 했다. 그는 사서의 이름을 '삼국의 남은 일들'이라고 했으나, 그 속의 「기이(紀異)」편은 고조선(왕검조선), 위만조선, 마한, 2부, 72국, 낙랑국, 북대방, 남대방, 말갈=발해, 이서국, 5가야, 북부여, 동부여, 고구려, 변한=백제, 진한 등을 망라하고 장문의 『가락국기(駕洛國記)』를 거의 그대로 게재했으며, 「왕력(王曆)」편에서는 우리의 역사를 고구려, 백제, 신라, 가야 네 나라의 연표로 정리했다.

이렇게 확대된 역사인식의 토대 위에서 우리 민족은 몽고 간섭기를 극복하고 조선을 개국할 수 있었다. 그 후 조선 초기의 권근(權近)은 『동국사략(東國史略)』에서 최치원의 그릇된 삼한 인식을 처음으로 지적했으나, 변한은 백제가 되고 마한이 고구려가 되었다고 하여 삼한과 삼국을 동일시하는 큰 틀을 벗어나지는 못했다.

조선 중기에 임진왜란을 겪고 나서 한백겸(韓百謙)은 『동국지리지(東國地理志)』』에서 삼국시대 논리의 허점을 발견해냈다. 즉, 우리 동방은 옛날부터 남북으로 갈라져 있어서, 북쪽에서는 단군조선─기자조선─위만조선—사군(四郡)—이부(二府)—고구려로 전개되었고, 남쪽에서는 마한, 진한, 변한의 삼한이 각각 백제, 신라, 가락으로 계승되었다고 했다. 그는 지리 고증을 올바로 함으로써 그동안 잊고 있었던 가락국, 즉 가야의 존재를 밝히고, 결국은 한국 고대시기에 고구려, 백제, 신라, 가야의 4국이 대등하게 병존했음을 논증했다.

한백겸의 이론은 그 후 많은 실학자의 지지를 얻으면서 확산되어 삼국만을 강조하는 인식을 수정해 나갔다. 이수광(李睟光)은 『지봉유설(芝峰類說)』에서, 우리 동방의 역사는 장구하여, 단군이 1,048년, 기자에서 마한까지가 1,071년, 백제가 678년, 고구려가 705년, 신라가 992년, 가락국이 491년, 고려가 475년이라고 정리했다. 이는 곧 우리나라의 역사를 '고조선—사국(고구려, 백제, 신라, 가야)—고려'로 정리하는 인식을 보여준 것이다. 물론 그 후에 유득공(柳得恭)이 나와서 발해를 포괄해서 고대 후기를 남북국시대로 해야 한다고 주장했고, 그 주장이 타당함은 물론이다.

안정복(安鼎福)은 『동사강목(東史綱目)』에서 한백겸의 설을 받아들이면서도 삼한정통론을 세워 예맥, 옥저, 가락, 가야 등은 소국의 반열로 편입시킨 한계성은 있으나, '한나라 건무 18년(서기 42)' 조에서 "가락국 시조 김수로 원년인데, 이해 이후 대국(大國)이 셋이고 소국(小國)이 하나로 모두 네 나라이다"라고 하여 사국시대를 인정했다. 정약용(丁若鏞)은 『강역고(疆域考)』에서 김해의 가락국이 가야제국의 총왕(總王)이었고, 가야는 해운을 잘 이용했으므로 같은 시대에 신라보다 훨씬 더 발달할 수 있었다고 하여, 근대적인 가야사 연구의 단서를 제공했다.

가야사에 집중된 잘못된 생각들

고려 후기 이후 수백 년에 걸쳐 선조들의 역사 경험이 넓어지고 연구가 심화되면서 신라 중심적인 협소한 역사인식도 수정되어왔다. 그래서 이제 대부분의 역사 개설서는 우리 역사의 연원을 고조선부터 찾고 있고, 고구려의 개국 연대를 신라보다 높이 올려보고 있으며, 발해가 개국한 698년 이후의 역사를 남북국시대라고 일컫고 있다. 그러나 가야사에 대해서만은 실학자들의 연구 동향을 계승하지 못하고, 오히려 '다른 나라들의 통치를 받던 나라', '약한 나라'로 생각하고 있다. 가야사에 대한 이러한 선입견은 어디에서 비롯된 것일까?

실학자의 올바른 연구 경향이 왜곡된 것은 일제강점기를 전후하여 우리에게 강요된 식민사학의 결과이다. 19세기 말부터 일제의 역사가들은 『일본서기(日本書紀)』에 나오는 신공황후(神功皇后) 삼한 정토 설화*를 비롯한 여러 가지 왜곡된 사료들을 토대로 하여 이른바 '임나일본부설(任那日本府說)'을 주장했다. 즉, 369년부터 562년까지 약 200년간 고대 왜(倭) 왕권이 가야 지역을 정벌하여 임나일본부를 설치하고 백제와 신라를 영향력 아래 두어 남한을 경영했다는 것이다.

일제시기에 그들이 우리에게 가르친 역사 교과서는 신공황후와 왜 왕권의 위대성을 선전할 뿐이었다. 우리가 국권을 되찾은 이후 교과서는 바뀌었으나 가야사 부분은 거의 삭제되거나 극도로 축소되었다. 이는 그동안의 일제의 선전에 물들어 스스로 그것이 사실일지도 모른다는 열등감에 빠진 탓이다. 그래서 가야사에 대해서는 거의 거론하지 않으면서 50년이

---

* 일본 고대 제14대 왕인 중애천황(仲哀天皇)의 아내인 신공황후가 중애천황 사망 직후인 서기 200년에 80척의 배를 이끌고 와서 신라를 치고, 삼한 즉 고구려, 백제, 신라로부터 조공의 서약을 받았다는 일본의 설화이다.

넘게 흘렀다.

그러나 1970년대 이후 고고학이 발달하면서 가야의 풍부하고 수준 높은 유물들이 나타나기 시작했다. 일본에서는 이미 황국사관을 극복하는 차원에서 일본의 고대 문명이 한반도 남부 가야 지역에서 건너간 기마민족에 의해 건설되었다는 설이 나오고 있고, 북한에서는 식민사관을 극복하기 위한 목적으로 가야를 포함한 삼국의 주민이 일본 열도에 많은 소국을 건설하여 본국과 주종관계를 맺고 있었다는 설을 만들어냈다. 반면에 남한에서는 가야는 고대 일본의 지배를 받은 것이 아니라 백제의 지배를 200년간 받았다는 해석이 나왔다.

남들이 먼저 인정해주는 가야의 힘을 우리가 가장 의심하고 있는 것이다. 지금까지 수십 년간 가야 지역에서는 수많은 유물이 발굴되었다. 그 유물들에서 고대 왜국의 지배라든가 백제의 지배, 또는 신라의 지배를 생각할 수 있는 근거 자료는 하나도 나오지 않았다. 유물들은 오히려 풍부한 부와 기술, 특히 제철 능력에서 나오는 무력과 토기문화의 선진적인 면모 속에서 오랜 기간에 걸친 가야 문화의 독자적인 성격을 확인시켜 주었을 뿐이다. 이제 가야사에 대한 잘못된 생각들을 바꿀 때가 되었다.

사국시대의 필요성

문헌 기록에 가야는 서기 42년에 건국하여 562년에 멸망했다고 나오고 있지만, 실제로는 신라와 마찬가지로 기원전 2세기 말 내지 1세기 초에 한반도 서북 지역으로부터 철기와 회색 토기를 기반으로 하는 발달된 문화가 영남 지역으로 들어와 성립되기 시작했다. 그리하여 신라와 마찬가지로 2세기 중엽을 전후하여 소국을 형성하고, 3세기에 들어와 김해를 중심으로 완만한 연맹체를 조성했으며, 3세기 후반 이후로는 김해의 가야국(구야국)이 좀더 강한 연맹체의 중심으로 대두하기 시작했다.

이 시기에 고구려와 백제는 한반도 서북부에 들어와 있던 중국 군현과의 대항 과정에서 보다 빨리 중앙집권적인 고대국가로 성장했다. 그리하여 4세기 초에 고구려가 낙랑군과 대방군을 축출하고 백제와 국경을 접한 이후로는 서로 격렬한 싸움을 벌였다. 4세기 중후반에는 백제가 우세를 점했고, 4세기 말 이후로는 고구려가 대세를 주도했다. 이 시기에 신라는 고구려의 영향을 받으며 성장했고, 가야는 백제와 연결하여 왜와의 중개 교역을 이루었다. 그러나 고구려와 백제 사이의 쟁패가 그에 연결된 세력인 신라와 가야에도 영향을 미쳐, 김해의 가야국을 중심으로 한 전기 가야연맹이 해체되고 5세기 후반에 고령의 대가야국을 중심으로 한 후기 가야연맹이 다시 부흥했다.

당시의 백제, 신라, 가야는 힘을 합하여 고구려에 대항하면서도 서로 경쟁했다. 그러나 가야는 백제나 신라에 비해 중앙집권화가 상대적으로 늦어졌으므로, 신라와 백제가 경쟁적으로 이를 흡수하려고 했다. 그런 와중에 신라는 532년 김해의 금관국(남가야국)을 병합하고 나서 비로소 약소국에서 벗어났고, 562년 고령의 대가야국을 병합한 후로는 당당한 삼국의 일원으로 고구려, 백제와 겨룰 수 있게 되었다.

그러므로 한국 고대시기의 대부분은 고구려와 백제의 2강과 신라와 가야의 2약이 서로 뒤엉켜 세력 균형을 이루며 전개되었다. 가야를 포함한 사국시대의 관념은 한국 고대사를 올바로 이해할 수 있는 관건이며, 임나일본부설의 망령을 당당하게 물리칠 수 있는 방안이다. 게다가 5세기 초에 전기 가야연맹이 해체될 때에는 수많은 이주민이 일본 열도로 건너가 제철 기술과 단단한 도질 토기인 스에키(須惠器) 제작 기술을 전해주기도 했는데, 일본의 고대 문명은 거기에서 비롯되었다. 가야는 비록 완성되지 못하고 멸망한 아쉬운 문명이지만, 한국 고대사의 자랑이며 신라가 훗날 삼국통일을 이룰 수 있게 해준 원동력이었다.

한국 고대사는 고조선부터 후삼국까지를 대상으로 하나, 이를 어떻게 세분하는가에 대해서는 다양한 의견이 있다. '남북국시대'를 제외하고 본다면, 대략 4세기부터 신라가 삼국을 통일하는 668년까지를 '삼국시대'라고 하여 이것을 한국 고대사 범주의 기본으로 삼고, 그 앞의 시기는 고고학적 관점으로 '철기시대'와 '원삼국시대' 등으로 지칭하기도 한다. 또는 문헌사적 관점으로 기원전 2세기까지를 '고조선시대', 기원전 1세기부터 기원후 3세기까지를 '삼국시대 전기'라고 부르기도 한다.

그런데 흔히 '삼국시대'라 불리는 기원전 1세기부터 668년까지의 시기 가운데 600여 년 동안 고구려, 백제, 신라, 가야의 사국이 있었고, 가야를 제외한 삼국만 존재했던 시기는 98년간에 불과하다. 그러므로 한국 고대사의 인식을 확대하고 조선 후기 실학 이래의 학문적 주체성을 계승한다는 차원에서 이제 '삼국시대'라는 용어를 지양하고, 이를 '사국시대'로 수정해야 한다.

혹자는 이 시기를 부여를 포함해 '오국시대'로 불러야 한다고도 주장한다. 그러나 부여는 285년 선비족 모용외(慕容廆)에 의하여 수도가 일시적으로 함락되고, 346년 『자치통감(資治通鑑)』에 '백제'로 표현된 세력(고구려 또는 물길)의 공격을 받고 서쪽으로 천도했다가, 선비족 모용황(慕容皝) 군대의 침략을 받아 국왕 이하 5만여 명이 포로로 잡혀간 후 거의 몰락했다. 그 이후에도 부여는 410년 고구려 광개토왕의 부여 정벌 등 몇 차례 사서에 보이나, 실질적으로는 연나라 고구려의 위성국의 지위에 머물다가 494년에 그 왕족이 고구려에 투항했다. 그러므로 '오국시대' 대부분의 시기는 사국시대라고 해도 과언이 아니다. 그리고 조선 후기 실학 전통에서도 부여를 포함한 오국시대의 논리가 거의 이어지지 않았고, 전반적인 연구도 너무 부족하다는 점에서, 아직은 시기상조가 아닐까 한다.

통일신라시대에서 남북국시대로

송기호

남북국시대가 「국사」 교과서에

삼국시대와 고려시대 사이에 어떤 시대가 존재했을까? '통일신라시대'라고 답하는 사람이 있는가 하면 '남북국시대'로 답하는 사람도 있을 것이다. 왜냐고 다시 물으면 어떤 대답이 돌아올까? 그렇게 배웠기 때문이라는 응답이 제일 많을 것이다. 그 다음은 좀더 주관을 가지고 말하는 경우가 되겠다.

　　통일신라시대라고 답한 사람은 발해가 우리 역사가 아니기 때문이라거나, 이 시기의 역사 주체는 통일신라였고 발해는 부수적이었기 때문이라는 주장을 내세울 것이다. 반면에 남북국시대라고 답한 사람은 발해도 엄연히 우리 역사이니 통일신라와 발해를 아우르는 용어가 마땅하기 때문이라는 견해를 피력할 것이다.

　그런데 1980년대 전반까지 우리나라『국사』교과서는 발해를 한국사라고 하면서도 이 시기를 통일신라시대로 설명해왔다. 시대구분 용어는 그 당시의 역사 범주를 나타낸다. 삼국시대는 삼국이, 고려시대는 고려가 우리 역사의 범위가 되듯이, 통일신라시대라 하면 통일신라에 국한될 수밖에 없다. 그러면 발해는 어디로 가버린 것인가?

　당시만 해도 통일신라 서술이 대부분을 차지했고 발해는 간단히 부록처럼 처리되고 말았다. 우리 역사라고 하면서 애정을 쏟지 않았고 연구도 거의 없었던 탓이었다. 그러다가 1980년대 후반에 들어서면서『국사』교과서에 '남북국시대'라는 용어가 새롭게 실렸다. 여기에는 그럴 만한 배경이 있었다.

　이 무렵에 북한 바로알기운동이 벌어지면서 북한 책들이 쏟아져 나왔다. 정부가 북방정책을 표방하여 사회주의 국가들과 수교를 맺으면서 냉전의 벽도 허물어지기 시작했다. 이에 따라 교과서에도 이러한 시대적 추세를 반영하겠다는 발표가 있었다. 이때 필자가 박사과정에 있으면서 교과서 편찬에 관여하던 변태섭 교수님께 건의를 했다. 현대사뿐 아니라 이참에 발해에 대한 잘못된 기록도 바꾸어야 한다고 제의했다. "발해와 신라가 200여 년간 대립적이었다"라고 하는데 오히려 두 나라 사이에 교류의 증거들이 많으니 이를 삭제하고 교류의 자료로 대체해야 한다고 했고, 발해가 우리 역사라면 남북국시대란 용어를 써야 한다고 했다. 마침 이 제안은 대립보다는 교류를 지향하는 역사 서술과도 맞아떨어지는 것이었으므로, 오늘날까지 교과서에 이어지게 되었다.

발해는 한국사인가

　남북국시대라는 용어가 타당성을 가지려면 발해가 한국사인지 확인되어야 한다. 지금 중국은 동북공정을 수행하면서 발해와 고구려를 자기네 역사로 만들고 있고, 고구려 유적에 이어 2008년에는 중국의 발해 유적을 유네스코 문화유산에 등재하려 준비하고 있다. 또 이때를 대비하여 중요한 발해 유적들을 발굴하고 있다. 2004년과 2005년에 각각 왕비의 묘지명이 하나씩 발굴되었다고 하는데, 등록 신청 때 공개하려는지 지금까지 아무런 발표도 없다. 이렇게 중국의 수중에 들어 있는 발해를 우리 곁으로 끌어오기 위해서는 타당한 근거를 찾지 않으면 안 된다.

　발해는 건국자와 주민 구성에서 이중성을 띠고 있었다. 즉, 고구려인의 국가라는 측면과 말갈인의 국가라는 측면을 모두 가지고 있다. 대조영(大祚榮)은 속말말갈족(粟末靺鞨族) 출신으로, 고구려에 들어와 장수를 역임한 인물이다. 발해 사회도 고구려인과 말갈인으로 구성되었다. 그러니 중국과 러시아에서 말갈 국가로 보고 있는 것도 일면 타당성이 있다.

　그러나 발해국은 건국된 뒤에 고구려 계승을 표방했다. 발해 무왕(武王)은 727년 일본에 보낸 국서(國書)에서 "대무예(大武藝, 무왕의 이름)는 욕되게 여러 나라를 주관하고 외람되게 여러 번국을 아우르게 되어, 고구려의 옛 터전을 수복하고 부여의 풍속을 소유하게 되었습니다"라고 했고, 강왕(康王)은 798년 역시 일본에 보낸 국서에서 "천황의 풍모를 향한 정성을 게을리 하지 않을 것이고, 부지런히 교화를 사모하는 태도는 고구려의 발자취를 따르겠습니다"라고 했다.

　그런가 하면, 발해가 멸망한 뒤에 세워진 유민국가인 정안국(定安國)이 981년 송나라에 보낸 국서에서 "정안국왕 신 오현명(烏玄明)이 아룁니다. (중략) 신은 본래 고구려 옛 땅에서 살던 발해 유민으로서"라고 했다.

이를 보면 발해인들은 고구려를 계승하겠다는 생각을 가졌던 것이 분명하다. 반면에 말갈을 계승하겠다는 생각은 그 어디에서도 찾아볼 수 없다. 그런 배경에는 고구려 계통의 고 씨들이 있다. 성명이 알려진 380명의 발해인 가운데 대 씨가 117명이고, 고 씨가 63명, 장 씨가 20명, 양 씨가 8명, 하 씨가 4명, 오 씨가 13명, 이 씨가 21명을 차지한다. 대조영 집안이 말갈인인지 고구려인인지 논란이 있는 것을 감안해서 대 씨를 제외한다 해도, 16.6%를 차지하는 고 씨가 그 다음 다수를 차지하고 있다. 고 씨는 대 씨를 제외한 상층 귀족 성씨 가운데 거의 절반이다.

이처럼 발해가 고구려 계승국가라 한다면 분명 한국사에 속한다고 할 수 있다. 다만, 전적으로 한국사에 속하느냐 하는 것은 다른 문제이다. 왜냐하면 말갈족 또는 피지배층의 역사로서 발해사를 바라볼 수 있기 때문이다.

남북국시대의 근거

남북국시대란 남쪽의 통일신라와 북쪽의 발해를 염두에 둔 말이다. 혹자는 한국사의 구성에서 두 나라의 비중이 다르지 않느냐는 의문을 제기할 수 있다. 사실 발해는 우리 역사에서 서서히 떨어져 나가는 과정에 있었다. 고구려에서 갈라져 나왔지만 멸망 후에 일부만 한반도로 들어왔을 뿐 대부분은 요(遼)나라 사람이나 변방의 여진족으로 흡수되었다. 반면에 통일신라는 고려의 핵심을 이루어 오늘날에 이르렀다.

그러나 중요한 것은 '비중의 문제'가 아니라 '범주의 문제'이다. 7~10세기의 한국사가 어디까지인가를 드러내는 것이 중요하다. 남북국시대는 중국의 남북조시대(420~589)를 연상시킨다. 이는 남방의 한족(漢族) 국가들과 북방의 이민족 국가들이 병립하던 시대였다. 중국에서는 이처럼 선비족 등 이민족이 세운 국가들마저 자기네 역사로 끌어안았다. 그렇다고 남조와 북조가 50 대 50의 역사적 비중을 차지하고 있다는 의미는 아니다. 그러니 고구려 계승을 표방한 발해는 당연히 우리가 감싸 안아야 할 나라인 것이다.

그러면 두 나라가 존재했던 시기이니 '통일'이란 말을 쓸 수 없지 않은가 하는 질문을 다시 던질 수 있다. 그러기에 북한에서는 민족 최초의 통일은 삼국통일이 아니라 후삼국통일이라고 한다. 그러나 고려의 통일도 후삼국의 통합에 불과했을 뿐 발해까지 아울렀던 것은 아니다. 고려 통일도 신라 통일처럼 부분적인 것에 불과했다. 또 발해는 삼국통일이 일단락된 뒤에 북방에서 새로 일어난 왕조이다. 이는 삼국통일이 대동강 이남의 부분적인 통일에 그친 것을 보완해주는 역할을 했다. 따라서 삼국을 통일했던 신라를 통일신라로 부르는 데는 아무런 문제가 없다.

그러면 다시 질문할 것이다. 하필 '남북국시대'란 말인가? 사실 과거에 '남북조시대'라고 부른 경우도 있었다. 그러나 '남북국'이란 말은 그 유래가 오래된 것이다. 최치원이 일찍이 발해를 북국이라 불렀고,『삼국사기』에도 이 단어가 나타난다. 따라서 신라인은 발해를 북국이라 불렀음이 분명하다. 그러나 발해인이 신라를 남국이라 불렀는지는 기록이 없어 알 수 없다.

조선 후기 유득공이 이를 근거로 삼아 남북국이란 용어를 처음으로 사용했고, 김정호(金正浩)도 '남북국 200여 년'을 이루었다고 했다. 이 의식이 근대에도 계승되어 일부 한국사 책에 남북국시대 또는 남북조시대란 용어가 채택되었다. 1975년에는 한국학 연구가 이우성 선생이 남북국시대론을 재차 제기하여 꺼져가던 불씨를 되살렸고, 1980년대에 들어서『한국

문학통사 1』(조동일, 1982), 『한국사통론』(변태섭, 1986) 등의 개설서가 그 정신을 계승했다. 그러고 나서 마침내 교과서에까지 실리게 된 것이다. 이처럼 '남북국'이란 말은 오랜 역사를 가지고 있다.

　얼마 전 국립중앙박물관에서 연락이 왔다. 연표에 남북국시대를 넣다 보니 정확한 연대를 어떻게 표기해야 할지 모르겠다는 것이다. 먼저 다른 시대를 보자. 고려시대는 918년에서 1392년까지 정확히 말할 수 있는데, 그러면 삼국시대는 언제부터 언제까지인가? 한국민족문화대백과사전을 보니 "『삼국사기』에 나타나는 삼국의 건국 연대(신라: 서기전 57, 고구려: 서기전 37, 백제: 서기전 18)로부터 660년 백제 멸망, 668년 고구려 멸망까지의 700여 년간을 말한다"라고 애매하게 설명되어 있다. 삼국의 시작을 첫 국가가 등장하는 기원전 57년으로 잡아야 하는지 아니면 삼국의 마지막 국가가 등장하는 기원전 18년으로 잡아야 하는지 합의된 것이 없다. 물론 문제가 있는 이 연대를 일단 인정한다고 가정할 경우이다. 또 삼국의 종말을 백제가 멸망한 660년이나 고구려가 멸망한 668년으로 잡아야 하는지, 아니면 삼국통일이 완수된 676년으로 잡아야 하는지도 애매하다. 이는 아직 우리 학계에서 시대구분의 연대 설정에 대한 논의가 없었기 때문이다.

　남북국시대의 시간적 범위에 대해서도 당연히 합의가 되지 않은 상태이다. 발해를 기준으로 한다면, 건국한 해인 698년부터 멸망한 해인 926년 사이가 된다. 그러나 한국사 전체에서 보면 견해가 다를 수 있다. 시대구분의 연표에 빈 시기나 겹치는 시기가 없어야 한다는 생각을 하게 되면, 676년부터 고려시대의 시작인 918년까지로 잡아야 한다. 그렇지만 이 생각을 버리면 그 종말 시기로 918년뿐 아니라 발해의 멸망인 926년, 신라의 멸망으로 통일이 마무리된 935년 가운데 하나를 택할 수도 있다. 참고로 국립중앙박물관에서는 현재 삼국시대의 범위를 기원전 57년부터 기원후 676년까지, 남북국시대의 범위를 676년부터 935년까지로 잡아놓았다.

시대구분은 역사의 흐름을 큰 단위로 나누어보자는 것이다. 따라서 몇 년 정도의 차이는 큰 의미가 없을 수 있다. 따라서 삼국시대의 종말과 남북국시대의 시작을 일치시키고, 남북국시대의 종말과 고려시대의 시작을 일치시켜도 무리는 없다고 생각한다. 그런 의미에서 남북국시대의 범위를 676년에서 918년까지로 잡아도 문제가 없을 듯하다. 삼국통일의 완수를 676년으로 잡는다면 그 원칙에 따라 935년으로 하한을 잡을 수도 있다. 앞으로 학계에서 시대구분의 기준과 연대 설정에 대한 논의가 이루어져야 할 것이다. 역사 교육이란 측면에서도 편의상 통일된 합의가 필요하기 때문이다.

일본에도 남북조시대(1336~1392)가 있었다. 아울러 지금 우리가 살고 있는 시대도 아마 후세에는 남북분단시대, 남북한시대 등으로 불릴 것이다. 비록 1천여 년 전의 남북국시대와 지금 우리 시대를 직결시킬 수는 없겠지만, 남북국시대의 역사를 통해 통일을 향한 혜안을 얻을 수는 있을 것이다.

백성, 평민, 민중

정창렬

이 글은 한국 역사에서 민(民)은 어떤 성격으로 존재했는가 하는 물음으로부터 출발한다. '민'이란 말은 대단히 애매모호한 내용의 용어로 보인다. 군주(君主) 이외의 모든 사람일 수도 있고, 치자(治者) 이외의 모든 피치자일 수도 있고, 막연히 서민(庶民) 일반일 수도 있다. 쓰는 사람이 어떤 내용을 담아서 쓰는가에 따라서 내용이 천차만별이다.

여기서는 역사적으로 변화해온 '민'의 내용을 따라가보려 한다. 한국 역사 전체를 포괄하여 쓸 능력은 없고, 일단 조선 초기에서 1945년까지로 국한하여 알아보려고 한다. 그 시기의 민을 '백성'의 단계, '평민'의 단계, '민중'의 단계로 나누어서 살펴보려고 한다. 물론 백성, 평민, 민중이란 단어는 당시의 역사에서 널리 쓰였던 말은 아니고, 당시 민의 존재 양상을 살펴볼 때 오늘날 그렇게 부를 수 있지 않을까 하는 데서 붙여본 명칭일 뿐이다. 그 존재 양상에서는 객관적인 존재 양태를 일차적으로 중요시하지만, 동시에 당시의 민들이 스스로를 어떻게 인식했는지도 중요하게 살펴보고자 한다.

백성

고려시대에 '백성(百姓)'은 일반 민을 가리키는 것이 아니라 촌락의 지배자층, 즉 특정 계층을 의미했다. 고려에서 조선 왕조로 전환되면서 특정 계층으로서의 '백성'이라는 호칭은 일반 민 내지는 농민 일반을 지칭하는 '백성(民)'으로 바뀌었다고 여겨진다. 촌락 지배자층의 호칭이었던 '백성'이 피지배자층인 일반 민의 호칭이 되었다는 점에서, 조선 왕조의 성립은 일반 민, 주로 농민의 사회적 성장에 그 토대를 두고 있었고, 또 그 성장을 일정하게 수용함으로써 가능한 것이기도 했음을 짐작할 수 있다.

농민의 성장은 무엇보다도 일차적으로 농업생산력 발전에 터전한 것이었다. 농경의 세역법(歲易法, 2년에 한 번 경작함)이 상경법(常耕法, 해마다 경작함)으로 발전된 것이 그 단적인 예다. 농민의 토지에 대한 항상적 관여가 대폭 강화됨으로써 농민의 토지 지배력 또한 대폭 강화되었다. 이는 농민의 토지 소유권을 강화시켰을 뿐 아니라 농민의 경제적 자립성을 진일보시켰다. 이렇게 고려에서 조선 왕조로 전환되면서 농민들의 토지 지배권이 진일보한 것은 사회경제적으로 큰 진전이었다. 그 표현으로서 조선 초기에 시행된 과전법(科田法)에서 농민의 토지 소유권이 보호되고 보장되었다는 것을 들 수 있다. 국가는 관료들이 자작농민으로부터 받는 수조(收租)를 법적으로 공정(公定)하고, 그 자의적인 수조를 규제함으로써 자작농민의 생산을 상대적으로 보호했으며, 또 자작농민의 토지 지배권을 일정하게 사유권으로서 보장해주었다. 예컨대 과전법에서 수조자인 관료가 전객(佃客, 자작농민)으로부터 자의적인 수조를 할 경우에 처벌을 규정했으며, 1485년에 수조자인 관료의 직접 수조에서 관수관급(官收官給)과 직전법(職田法)*으로 전환했다. 그리고 1557년경에 직전법까지 폐지했다. 이런 현상은 자작농민의 토지 지배권의 성장을 반영하는 사례였다.

　이러한 농업생산력의 발전과 농민의 역사적 성장을 반영하는 지배이데올로기가 '민유방본(民惟邦本, 백성은 곧 나라의 근본)' 이념이었다. 조선 왕조 건국의 설계자라고도 할 수 있는 정도전(鄭道傳)은 "대저 군주는 국가에 의존하고 국가는 민에 의존한다. 그러므로 민은 국가의 근본인 동시에 군주의 하늘이다"라고 하고, 따라서 "부모가 자식을 애지중지하여 젖 먹여 기르듯이 통치자는 민을 아끼고 길러야 한다. 민이 통치자를 친부모처럼 존경하고 따르지 않는다면 이미 그 통치자는 통치자로서의 자격을 상실한 것이다"라고 했다. 16세기 성리학자 이언적(李彦迪)은, 민은 누구나 다 인간으로서의 마음과 마음속의 '인(仁)'을 갖추고 있으므로 "민은 국가의 근본이니 근본이 굳어져야 국가가 안정된다", "민은 국가에 의존하고 국가는 민에 의존하는 것이다. 그 민을 사랑하지 않고서 그 국가를 보전할 자는 없다"라고 하면서 '인정(仁政)'이 베풀어져야 한다고 강조했다.

　이와 같이 민본이념은 기본적으로 통치자의 '인정'을 기본으로 한 것이며, 정치사회의 질서 확립은 그 '인정' 여하에 따른 민의 귀복(歸服) 여부에 달려 있는 것이었다. 따라서 민 곧 백성은 주체적인 존재가 아니라 어

---

* 직전법은 전·현직 관리 모두에게 토지를 지급한 과전법과 달리 현직 관리에게만 토지를 지급한 토지제도이다.

디까지나 통치행위의 객체적인 대상일 뿐이며, 민=백성에게는 복종의 의무만 일방적으로 부과되어 있고 통치자는 이러한 백성에 대하여 무한한 배려, 즉 인정을 베풂으로써 정치사회의 주체와 객체의 통일적 조화를 이루는 것을 의무로 하고 있었다.

백성은 이러한 민본이념에 몰주체적으로 매몰되어 있었다. 민본이념이 장치하고 있는 인종(忍從, 묵묵히 참고 따름)·공순(恭順, 공손하고 온순함)의 윤리에, 그리고 양반 관료층의 인정에 대한 기대 속에 매몰되어 있었다. 15~16세기에는 민본이념이 농업생산력의 발전, 민생의 안정 등 역사적 실체에 바탕되어 있었고, 따라서 인간관계와 사회관계의 모순이 이들 백성에게 뚜렷하게 의식될 수 없었다. 그 결과 백성은 양반의식에 대립하는 백성의식을 가질 수 없었고, 인종·공순의 윤리에 바탕되어 인정을 기대하며 나라님을 받드는 정치 객체로서의 분(分)에 안존하는 백성의식을 갖고 있을 뿐이었다.

그러나 백성의식이 완전히 몰주체적으로 민본이념에 매몰되어 있지만은 않았다. 우선 백성은 '양반문화'와는 다른 그들의 '백성문화'를 가지고 있었다. 민요·민담·전설·민속놀이 등이 양반문화의 용인 아래 존재할 수 있었던 백성문화였다. 이것은 백성의 독자적인 문화였기에 부분적으로나마 인간관계와 사회관계의 모순이 반영되지 않을 수 없었다. 그것은 예컨대 부락굿에 나타나고 있었다. 부락굿에서는 농민들 곧 백성들이 소란스럽게 떠들며 농악을 연주하고 놀이를 펼치고 굿을 벌였다. 이러한 부락굿을 통해 백성은 그들의 공동체적인 조직을 다지면서 동시에 일 년 내내 양반에게 억눌려 지내며 쌓였던 불평과 불만을 털어놓기도 했다.

물론 양반층에 의해 부락굿을 해체하려는 노력이 시도되기도 했지만, 농민층의 끈질긴 저항에 의해 부락굿은 해체되지 않았고 양반문화도 결국 그 존재를 용인했다. 민본이념의 포섭에서 약간 일탈하는 백성의식은, 일 년 내내 양반에게 억눌려 지내며 쌓인 불평불만을 며칠 동안의 자유스러운 토로로 해소할 수 있었다. 부락굿을 통해 지속되는 농민의 공동체적 조직이 양반의 지배질서를 위협하지 않는 한에서, 백성층의 부락굿은 조선왕조 양반 지배질서의 영속화에 오히려 기여하기도 했던 것이다.

평민

조선 후기, 특히 18세기에는 농업생산력에 커다란 발전이 있었다. 논농사에서는 이앙법(移秧法)*이, 밭농사에서는 견종법(畎種法)**이 보편화되고, 또 양쪽 모두에서 이모작(二毛作)이 보편화되어 단위면적당 생산량이 크게 늘어났다. 소작농민인 전호(佃戶)는 제2모작물의 병조(並租, 소작료)를 부담하지 않았기 때문에 종전보다 수확이 늘어나게 되었다. 이러한 생산력의 발전과 생산량의 증가에 따라서 상품화폐 관계가 크게 확대되고 발전되었다. 그 단적인 반영이 1678년의 상평통보(常平通寶) 주조와 그 유통이었다.

신분제적인 특권이 아니라 경제적 실력으로 토지를 집적하여 지주로 성장하는 서민지주(庶民地主)가 등장하고, 경영을 확대하는 경영형 부농(經營型富農) 혹은 광작농민(廣作農民)도 대두했다. 그리고 많은 농민의 경우 생산력의 발전이 농업집약화(農業集約化)의 방향으로 전개되어 소농민 경영(小農民經營)이 생산력 면에서 우위에 서게 되면서 크게 확대 보편화되는 추세

---

* 이앙법은 벼의 모를 어느 정도 키운 다음 본 논에 옮겨 심는 재배법을 말한다.
** 견종법은 기존 밭두둑에 작물을 심는 농종법(壟種法)과 달리 밭고랑에 심는 농사 방법을 말한다. 이 방식은 작물이 수분을 잘 흡수하고 가뭄에 잘 견딘다는 장점이 있다.

였다. 따라서 양반지주 직영의 농장제 지주 경영이 소농민 경영의 병작제 지주 경영으로 점차 전환되면서 농촌 주민의 다수가 소농(小農)으로 균질화되었다. 집약농업의 발전에 바탕되어 농민들의 경제적 자립성이 종전에 비해 상대적으로 강화되었고, 그에 따라 농민들의 인간관계에서 영속적인 가(家) 관계가 강화되고 안정화되는 추세였다. 이에 따라 토지 지배권 강화의 움직임도 가속화되었다. 예컨대 18세기 이후 거납(拒納, 세금을 내기를 거부함)·항조(抗租, 소작농민이 규정된 소작료 상납을 거부함)의 움직임이 확대 보편화되고 있었는데, 이는 농민적 토지 소유권을 성장시키려는 지향이었다고 생각된다.

이러한 지향은 선진적이고 진보적인 실학자에 의해 반영되었다. 예컨대 18세기 전반기의 실학자 이익(李瀷)은, "인(人)이 있으면 토지가 있게 된다. 토지는 모두 민의 전(田)이다. 성인(聖人)이 우물 정(井)자로 구획하여 민에게 전을 주었다고 하지만, 민이 전을 받은 것이 아니었다. 곧 왕은 민의 소유대로 경계(經界)하고 그 상호 쟁탈을 금하였을 뿐이다. 그러고서 1/10세를 부과했는데 이것은 왕이 그 9/10를 덜어서 민에게 준 것이 아니라, 민이 그 1/10을 내어서 왕에게 제공한 것이다"[1]라고 했다. 이어서 또 "왕망(王莽)은 왕정을 본받고자 하여 천하의 전을 이름하여 왕전(王田)이라고 했는데, 그 본디를 잃은 것이다. 오직 그 1/10세제는 참으로 부과에 맞는 것이었다. 고로 민으로부터 1/10을 취해도 학정은 아니고 이를 넘으면 그 1/10 이상 분은 모두 남의 물(物)을 빼앗는 것이다. 비유컨대 민이 물(物)을 소유하여 남에게 혜택을 베푸는 경우에는 혹 때를 늦추면서 혜택을 베풀고자 하지 않아도 무방하지만, 이미 나의 물(物)이 아닌 세를 왕이 가볍게 하는 여부는 왕이 마음 내키는 대로 할 수 있는 바가 아닌 것이다"[2]라고 했다.

이 글을 통해 왕을 토지 소유의 객체로 밀어내면서 민이 토지 소유의 주체로 등장하고 있고, 또 생산물의 1/10세는 왕의 권한이 아니라 민이 자기의 물에서 그 1/10을 주체적으로 왕에게 제공하는 것으로 인식되고 있음을 알 수 있다. 이는 농민적 토지 소유를 성장, 성립시켜서 토지 소유의 주체로 확립되려는 농민들의 지향을, 이익이 예민하게 반영하고 대변한 것이다.

이러한 지향을 나타낸 것이 '거납'과 '항조'였는데, 농민들은 이를 처음에는 향촌 자치적인 통로를 통해 평화적으로 제기했지만 이미 자체 모순에 빠져 경색화되어버린 양반 지배질서는 그러한 요구를 수용할 수 없었다. 이에 대한 농민들의 대응은 민란(民亂)이었다.

즉, 민란은 자의적이지 않은 수세(收稅)와 공정(公正)한 병조(並租)를 물리적 실력으로써 요구한 것이었다. 이렇게 볼 때 민란은 당시의 지배이념인 민본이념에 명실(名實)이 맞는 내용을 담아줄 것을 요구하는 행동이었다고 볼 수 있다.

그러나 내세우는 주장은 명실이 맞는 민본이념이었지만, 농민의 행동의 객관적 실체는 양반 지배질서에 대한 부정과 저항이었다. 이러한 행동의 주체는 이미 민본이념에 매몰되어 있는 단순한 백성이 아니었다. 그보다는 경제적 자립성을 강화하고 가(家)로서의 인간관계를 성립, 안정화시키고 농민적 토지 소유를 실현시키려는 사회경제적 실체에 어울리는 새로운 존재 형태를 추구하는 민(民)이었다고 보이는데, 필자는 이를 '평민(平民)'이라고 이름하고 싶다. 이러한 평민의식의 일단을 우리는 민란에서 다음과 같이 엿볼 수 있다.

쌓이고 쌓인 원한과 분노의 일시적 폭발이었던 고을 규모의 '2~3일 천하', '5~6일 천하'로서의 민란은 그 자체가 향권(鄕權)의 탈점(奪占, 빼앗아 차지함)과 그 행사였다. 1862년에 경상도에서 일어난 함양민란에 대해 기록한 『임술록』을 보면, "난민의 무리가 폐단을 개혁한다 하고 통문을 띄우고 당을 끌어 모아서 진주를 흉내내어 부수고 불 지르는 행동을 자행했다. 폐단을 개혁한다는 것은 핑계이고, 수령에게 건의하고 감영에 건의서를 내는 것은 본심을 숨기려는 계략이다. 죄수를 이송하라는 감영의 지시를 거역했고 명령을 발하는 수령을 위협했으며, 향권을 장악하려는 목적으로 좌수 이하 군교, 향리, 관노를 하나 남기지 않고 고을에서 쫓아냈으며, 수령의 봉록과 관노에의 지급을 무조건 깎으려고만 하였다"라고 한다.³ 여기에는 고을 운영의 주도권에 참여하려는 민란의 정치적 의도가 명백하게 나타나 있다. 이렇게 향권에 참여하려는 새로운 정치의식은 1811년과 1812년의 평안도 농민전쟁(홍경래란)에서도 일정하게 나타나고 있었다.

그러나 민란이라는 폭발적인 형태로 나타난 평민의식은 지속성이 매우 약했다. 쌓이고 쌓인 원한의 일시적 폭발로서의 민란은 2, 3일 내지 5, 6일이 지나면 급격히 식으면서 종래의 질서에 재수용되었다. 그 폭발도 군수나 향임, 향리 등 개인에 대한 원한의 폭발인 경우가 일반적이었으며, 국왕의 덕정(德政)은 자명의 전제가 되고 있었다. 지속적이고도 끈질긴 평민의식은 가면극·판소리·평민문학에서 날카롭게 나타났다. 양반의 허식적인 윤리를 그 뿌리부터 비판하는 도시 가면극이 대두했으며, 판소리는 양반의 관념적 인과론을 거부하고 평민층의 경험적 갈등론을 제시하며 기존 사회의 불평등과 허위를 비판하는 의식 수준에까지 도달했다. 평민소설은 중세 말기의 사회상을 사실적으로 반영하고 중세의 질곡을 예리하게 비판, 폭로했다.

그러나 이러한 평민문화에서도 그 사회의식은 양반문화·양반사회의 부패와 타락상에 대한 회의와 비판에 그치고 있었고, 스스로를 새로운 문화, 새로운 사회의 담당주체로 의식하는 수준에까지는 이르지 못했다. 이러한 평민의 단계, 평민의식·평민문화의 단계는 대체로 1876년 개항 때까지 계속되지 않았는가 여겨진다.

민중

실학과 평민의식·평민문화가 발전하여 근대적인 시민문화·민족문화로 성립되기 이전에, 한국은 새로운 역사적 국면을 맞이한다. 1876년의 개항으로 세계자본주의 시장체제에 타율적으로 편입, 종속된 것이다. 이로써 한국 역사에서의 운동 조건은 질적으로 달라졌다. 개항 이전의 한국 역사는 기본적으로 국내적인 요인에 의하여 전개되었다. 그러나 세계자본주의 시장체제는, 한국을 자신의 불가분리의 유기적인 하나의 고리로 만들었기 때문에, 한국에 대해 외재적·객관적인 동시에 유기적으로 개입하는 내재적인 조건이 되었다.

그러나 세계자본주의 시장체제의 규정성은 아무런 매개 없이 한국 사회에 직접 내재화하는 것이 아니라, 한국의 국내적인 모순의 전개에 매개되어 내재화하는 것이었다. 따라서 한국 국내에서의 조건에 일단 바탕되어 발생하는 역사 현상은, 자신의 주관적인 의지 여부에 관계없이, 그 매개물로서 스스로를 제공하게 되었다. 이러한 새로운 국면에 대응하여 한국에서는 대체로 다음과 같은 세 가지 의식과 운동이 성립되었다고 보인다. 그것은 바로 개화사상과 개화운동, 위정척사사상과 의병운동, 그리고 동학사상과 농민전쟁이었다.

그중 동학사상과 농민전쟁은 조선 후기에 형성된 평민의식·평민문화의 흐름이 새로운 역사 조건에 조응하여 새로운 의식, 새로운 문화, 새로운 운동으로서 창조된 것이었다. 조선 후기 수많은 민란의 좌절은 새로운 의식 형태의 출현을 객관적으로 요구하게 되었고, 이러한 요구에 부응하여 등장한 것이 동학사상이었다. 동학의 사상적 지향은 첫째 '사람이 곧 하늘이다'에서 단적으로 나타나듯이 인간평등의 사상 곧 인간해방의 사상이었고, 둘째 기존의 사회질서를 선천(先天)의 질서로 일괄하여 총체적으로 부정하고 인간평등의 새로운 질서를 대망하는 환상적이나마 혁명의 사상이었고, 서양의 서세동점(西勢東漸)과 침략을 부정하면서 민족으로서의 독자성을 내세우는 민족주의적 지향을 나타내고 있었다. 환언하면 인간적 해방, 사회적 해방, 민족적 해방을 포괄적으로 성취하려는 해방의 사상이었다고 할 수 있다.

개항 이후 외래 자본주의의 침략으로 말미암아 재래의 사회적 모순이 더욱 첨예화하고 있던 조건에서, 동학의 포괄적 해방사상을 수용하면서도 그 환상적인 측면을 배제하고 일체의 사회개혁을 농민층 자신의 주체적 실천에 의하여 실현하려는 운동으로 실천된 것이 갑오농민전쟁이었다. 필자는 인간으로서의 해방, 사회 성원으로서의 신분적 해방, 민족으로서의 해방을 유기적으로 통일하여 포괄적으로 해결하려는 사회의식과 사회운동, 즉 한국 민중의식과 한국 민중운동의 원형이 여기에서 만들어졌다고 생각한다. 그러나 위와 같은 한국의 민중의식과 민중운동은 1910년의 한국병합에 의해 일단 좌절되었다.

하지만 이 의식과 운동은 1930년대에 새로운 의식과 운동의 형태로 다시 태어나게 된다. 식민지하에서의 자본주의적 관계의 확대에 의해 종래의 민중은 이제 계급적 유대로 묶여 계급으로 성립하게 되었다. 노동자계급은 물론이고, 농민들도 농업을 주체적으로 운영하는 소농민의 성격에서 벗어나, 자본의 논리에 포박된, 지주에 의해 농업노동자적으로 움직이는, 계급적 성격을 농후하게 가지게 되었다. 그에 따라 이제 계급으로서의 존재에 자기정체성을 가지는 한국 민중이 성립되었다고 보인다. 이제 한국 민중은 인간으로서의 해방, 계급으로서의 해방, 민족으로서의 해방을 통일하여 포괄적으로 해결하려는 의식과 운동을 확립하게 되었다고 생각된다. 이러한 존재 양상이 한국 민중의 기본적 존재 양상이 아닐까 여겨진다. 이러한 민중의 존재 양상은 오늘날에는 또다시 오늘날의 조건에 규정되어 상당한 변모를 하게 되지만, 기본적으로는 위의 연장선상에 있는 것이지 않은가 생각된다.

신사유람단을 1881년 일본시찰단으로

이이화

1881년 조선의 관리들이 일본의 문물제도를 시찰한 일을 두고 우리 역사에서는 그동안 '신사유람단(紳士遊覽團)'이라 불러왔다. 근래 이 역사용어가 적합한지를 두고 논란이 되고 있다. 여기에서는 신사유람단 파견의 시대 배경, 시찰의 목적과 구성, 시찰의 대상 등을 분석해 그 본질에 접근해 보기로 한다.

시대 배경

1876년 이른바 개항 이래 한동안 중단되었던 일본과 공식적 교류가 시작되었다. 첫 공식 접촉은 두 차례에 걸친 수신사의 파견으로 이루어졌다. 곧 1876년 김기수(金綺秀), 1880년 김홍집(金弘集)을 수신사(修信使)라는 이름으로 일본에 보냈던 것이다. 이는 일본의 줄기찬 권고에 따른 것이다.

이들 수신사 일행은 일본 당국의 안내를 받아 일본의 근대 문물제도를 시찰했다. 특히 김홍집은 일본 주재 청국 공사관의 참사관인 황준헌(黃遵憲)이 지은 『조선책략(朝鮮策略)』을 가져와 조선 정부에 소개했다. 그 중심 내용에는 조선의 외교노선, 특히 러시아의 남진을 저지하는 방안으로 중국과 친하고 일본과 맺고 미국과 연합해야 한다는 논조가 깔려 있었다.

고종과 민씨 정권은 개화파의 주장을 받아들여 1880년 12월 통리기무아문(統理機務衙門)을 설치하고 근대적 제도개혁을 서둘렀다. 이 과정에서 개화승 이동인(李東仁)과 일본공사 하나부사 요시모토(花房義質)의 조언을 받기도 했고 황준헌의 방략을 참고하기도 했다.

이에 대해 척사 계열은 강력한 반발을 보였다. 전통 유림 중심의 척사 계열은 '신사유람단'을 은밀하게 파견하는 시기에 영남 유림 중심의 만인소(萬人疏)를 올리는 등 저항운동을 크게 벌였다. 또 민중은 수신사 일행이 가는 연로에 돌과 기왓장을 던지는 따위로 반감을 보이기도 했다.

시찰단의 구성과 성격

1881년 2월에 들어 통리기무아문에서는 근대식 신무기의 시찰과 학습을 위해 청국과 일본에 시찰단을 파견하기로 결정했다. 그리하여 먼저 청국에 영선사(領選使)라는 이름으로 시찰단 파견을 결정했고 이어 하나부사의 제의를 받아들여 일본에도 시찰단 파견을 결정했다. 시찰단 파견은 정부의 자의와 타의가 결합되어 추진되었으며, 그 막후에는 개화승 이동인의 주선이 있었다.

일본시찰단은 승지인 이원회(李元會)를 참획관, 이동인을 참모관으로 임명하여 진행시켰다. 정부는 이 시찰단을 비밀로 진행시켰는데, 시찰요원에게 '동래부 암행어사'라는 직책을 주고 연로의 관아에서 관례와는 달리 민폐를 끼치지 않는다는 명분에 따라 경비 지급도 일절 하지 못하게 하는 조치를 내렸다.[4]

시찰단은 12개조로 나뉘어 구성되었는데 1개조마다 조장을 포함해 수행원, 통사(通事, 통역관), 하인 등 3명에서 5명으로 짜여졌다. 통사가 누락된 경우도 있었는데, 이는 수행원 중에서 일본어를 할 수 있는 자가 들어 있는 조에 해당된 듯하다. 총 인원 61명이었다.

조장은 이원회(승지), 홍영식(洪英植, 참의), 어윤중(魚允中, 교리), 이헌영(李𢣼永, 승지), 심상학(沈相學, 참의), 엄세영(嚴世永, 승지), 강문형(姜文馨, 승지), 조병직(趙秉稷, 직함 없음), 박정양(朴定陽, 참판), 조준영(趙準永, 참판), 민종묵(閔鍾默, 승지), 김용원(金鏞元, 우후) 등이며 수행원은 유길준(兪吉濬), 윤치호(尹致昊), 이상재(李商在), 민건호(閔建鎬) 등이다. 조장은 국왕의 측근인 승지가 5명이며 나머지 인사는 중간급 관리들이었다. 수행원은 벼슬을 받지 않은 사인(士人) 신분이거나 낮은 벼슬아치로, 개혁 성향을 지닌 청년층이었다.[5]

따라서 그 성격은 어디까지나 정부를 대표하는 공식 사절이 아니었고 민간인이 포함된 순수한 시찰단이었다. 또 시찰단의 요원들은 30, 40대의 청장년으로 국왕의 친위세력이라고 말할 수 있다.

시찰의 과정과 대상

시찰단은 암행어사를 가장하여 조별로 은밀하게 움직였다. 수장 격인 이원회 일행의 경우를 보면, 동대문을 통해 동래로 내려가서 범어사에 숙소를 정하면서 형체를 드러내지 않았다. 이들은 부산에 집결하여 일본 측에서 내준 상선 안네이마루(安寧丸)를 타고 도일했다.

일행의 접대는 일본의 외무성 관리들이 맡았으며 하나부사도 뒤따라와 여러 편의를 제공했다. 일행은 일본 기관의 책임자와 황족, 그리고 이토 히로부미(伊藤博文) 등 요인을 수시로 만나 대화를 나누었으며, 도쿄 주재 외교관들과도 접촉했다.

조별로 분담한 시찰 대상을 보면 박정양은 내무성과 농상무성, 민종묵은 외무성, 어윤중은 대장성(大藏省, 일본에서 재정, 통화, 금융 관련 업무를 관장하는 행정기관), 조준영은 문부성, 엄세영은 사법성, 강문형은 공부성(工部省, 지금의 건설부에 해당), 홍영식은 육군, 이헌영은 세관 등이었다. 하지만 이원회 일행의 시찰 대상을 보면 사범학교, 박물관, 포대, 항만, 병원, 조폐소(造幣所), 무기공장, 여학교, 맹아원, 제선소, 사관학교, 군의본부, 방적소, 제사소, 조지소, 전신국 등이 망라되어 있다.

그러니 일행의 시찰 대상은 특정 지역 또는 특정 시설만이 아니었다. 즉, 군사 관련 시설만이 아니라 일본의 모든 신문물제도를 견문했음을 알 수 있다. 또한 일본 측에서는 일본의 요인을 만나 대조선정책의 기조를 인식케 하기도 하고 외교관들과 접촉하여 세계정세를 알려주기도 했다.

이들 일행은 두 달 보름 정도의 일본 국내 시찰을 마치고 윤7월 2일 부산 모두관에 도착했다. 서울로 귀환할 때에도 위장하기 위해 통도사와 경주 등지를 돌아보면서 우회의 길을 택했다.

조장 또는 수행원들에게는 전담했던 시찰 과정을 모두 보고서의 형식으로 작성하여 국왕에게 올리게 했다. 그 분량이 방대하여 100여 책에 이르렀으나 당시에는 철저하게 비밀에 붙였다. 그 내용은 시찰기류(視察記類)와 견문사건류(見聞事件類)로 나뉘는데, 시찰기와 견문문만이 아니라 염초

제조법, 성냥제조법, 병기제조법 따위를 병기했다. 이로 보아도 이들의 왕성한 신문물 탐구욕의 일면을 엿볼 수 있다.

시찰단의 성격과 용어의 정의

이들 시찰단의 형식과 임무에 따라 성격을 정리해보면 다음과 같다. 첫째, 이들은 공식 사절단이 아니었다. 어디까지나 중견 관리로 구성된 비공식 시찰단이었다. 그런 탓으로 일반 관례와는 달리 수행원인 사인에게도 특별한 직함을 주지 않았다. 둘째, 일본의 권고에 따라 시찰단을 파견했고 일본의 편의 제공을 받았으나 자의의 성격도 있었다. 시찰단 일행이었던 어윤중, 김용원이 일본 시찰 도중 청국으로 파견된 것으로 보아도 이를 증명할 수 있다. 셋째, 이들의 보고서는 통리기무아문의 개편에 주요한 참고 자료가 되었다. 또, 군사제도의 개혁에도 많은 도움을 주었다. 다시 말해 정부에서 본격적으로 개화정책을 펴려는 의지의 발로였던 셈이다.

그러므로 이런 성격과 의도로 보아 '유람단'이라 명명함은 적합지 않다. 당시 '신사'는 오늘날의 용어 개념과는 달리 '진신(縉紳, 벼슬아치의 별칭)'을 달리 부른 호칭이었다. 곧 관리라는 뜻이다. 오늘날 '신사'의 의미는 '예절이 바른 점잖은 사람'으로 정의한다. 곧 벼슬아치의 뜻은 사어(死語)가 된 것이다. 그래서 '신사유람단'이란 용어를 쓰게 되면 '예절이 바른 점잖은 사람들이 어슬렁거리면서 산천 구경을 한 모임'이라는 의미로 받아들이기 쉽다. 하지만 그 성격을 다시 짚어보면 조선의 장래를 짊어질 벼슬아치들을 일본에 파견하여 신문물을 시찰케 하여 국가정책에 반영하는 임무를 부여한 것이 된다. 그러니 당시 시찰단의 목적은 1881년 조선의 관리(민간인 포함)를 일본에 파견하여 신문물을 시찰하고 견문을 넓히려는 목적이었다고 정의할 수 있다.

 '신사유람단'이란 용어를 처음 조선에서 사용했는지 일본에서 사용했는지는 확인할 수 없다. 어쨌든 그런 역사적 의미에 따라 '신사유람단'을 '1881년 일본시찰단'으로 명명함이 합리적이지 않을까? 역사용어도 새로운 역사인식과 가치관에 따라 일반인이 널리 쓰는 보편적 용어를 선택해야 바른 역사인식을 보여주게 될 것이다.

05

기존 개화파 용어에 대한 비판

주진오

그동안 학계는 물론 중·고등학교 『국사』 교과서와 한국근현대사 교과서에서는, 1860년대 이후 개화사상이 성립했으며 1880년대에 들어와서 온건개화파와 급진개화파로 분화되었다고 서술하고 있다. 그 기준은 대체로 1884년 정변(갑신정변)으로 잡아 거기에 가담했던 세력을 급진으로, 그렇지 않았던 세력을 온건이라고 보고 있다. 이러한 파악의 방식은 우선 어휘 사용부터 문제가 된다. '온건'이란 행동 방식을 기준으로 파악한 것으로, 그 반대말이 되려면 '과격'이 적당하다. 또한 '급진'이란 행동의 속도를 기준 삼아 파악한 것으로, 그 반대말은 '점진'이 되어야 할 것이다.

그럼에도 불구하고 이 분류 방식이 학계는 물론 교과서에 그대로 사용되고 있는 것은 문제가 아닐 수 없다. 심지어 필자 자신이 대표 집필자로 참여했던 『한국근현대사』 교과서에서도 그 용어를 사용할 수밖에 없었다. 교과서 집필 지침으로 이 용어의 사용이 강제되고 있기 때문이다.

그밖에 개화파를 '양무(洋務)개화파'와 '변법(變法)개화파'로 분류하려는 시도는 중국에서 시도되었던 양무와 일본의 메이지유신(明治維新)을 변법으로 이해하여 사용했던 분류를 한국 사회에 그대로 적용시켰다는 점에서 문제가 있다. 또한 얼마 전부터 일부에서 '시무(時務)'와 '변법'을 구분해서 사용하고 있는데, 이는 오히려 개화파를 분류하는 데 혼란만 초래하고 있다. 우선 시무와 변법은 상호 대비가 가능한 개념이라고 하기 어렵다. 시무란 '때를 당하여 마땅히 해야 할 일(當時所當行之務)'로, '시(時)'를 어떻게 인식하고 '무(務)'를 어떻게 실현시키느냐에 따라 방향과 목표가 달라질 수 있는 지극히 주관적인 상황 논리이다. '시무'는 당시 유자(儒者)들이 생각하고 있던 시대적 과제의 실현이라는 일반적 개념이기 때문에 이것을 한 세력의 사상적·정치적 입장을 표현하는 수사로 선택하는 것은 바람직하지 않다. 반면 시무개화파를 주장하는 이들이 변법개화파라고 지칭한 세력의 사상은, 분명히 변법을 넘어선 문명개화론에 가깝다고 할 수 있다.

한편 1894~95년 개혁에서 새로운 주역으로 등장한 유길준·김가진·안경수·장박 등을 '신진(新進)개화파'라 하고, 박정양·이완용·이상재·윤치호 등을 '친미(親美)개화파'로 분류하는 경우가 있다. 그런데 '신진'은 너무나 일반적 용어로, 특정한 시대의 정치집단을 표현하는 명칭으로는 적당하지 않다. 또한 '친미'라는 분류는 그들의 주체적인 입장이 드러나지 않고 단지 특정 국가에 대한 쏠림 또는 모방이라는 의미를 갖는 것으로, 이 또한 적절치 못한 용어이다.

개화파를 급진, 변법, 온건, 시무, 양무로 나누는 구분은 1884년 정변에 참여했는가의 여부를 가지고 사후적으로 내린 분류에 지나지 않는다. 사실 이러한 혼란이 생기게 된 것은 온건, 양무, 개량, 시무라는 수식어가 붙은 세력을 개화파로 인정한 데서 시작되었으며, '개화사상'의 출발점을 지나치게 소급했던 것에서 비롯되었다. 즉, 개화사상을 실학을 계승한 사상적 조류로 인정하고 그것을 받아들인 관료집단을 개화파라 전제한 다음 그들이 1884년 정변에서 둘로 갈라진 사실을 설명하기 위해 동원한 것이 바로 '온건'과 '급진'으로 구분하는 방식이었다.

　이 문제는 개화사상의 개념을 어떻게 규정하느냐에 따라 다른 해석이 가능하다. 엄밀하게 말해서 개화사상이란 '문명개화론'으로 국한해서 이해하는 것이 개념과 용어에 대한 혼란을 막는 길이 될 수 있다. 문명개화론이란 기존에 조선의 지식인들이 가지고 있었던 사고의 패턴, 즉 '조선은 이미 개화된 나라이고 구미 열강이 야만'이라는 사고방식을 완전히 바꾼 논리였다. 그러므로 그 이전 단계에 나타났던 박규수, 오경석 등의 생각은 여전히 조선이 개화된 나라이며 중화(中華)라는 생각에서 벗어난 것이 아니었다. 그리고 이들을 발전적으로 계승한 것이 '동도서기론(東道西器論)'이다. 이렇게 볼 때 1884년 정변은 문명개화론자와 동도서기론자의 갈등이었던 것이다. 따라서 동도서기론은 개화사상의 범주에 넣지 않는 것이 바람직하다.

　그런데 정변 이후 동도서기론자들 가운데 전통적 해석에 의거해서 개화를 체계화시키려는 노력이 나타났고, 이들의 생각은 개화를 문명개화론으로 받아들여야만 하는 것이 아니라 시무일 뿐이니까 받아들일 수 있다는 논리로 전개되었다. 그러면서 이념적 기반으로서의 유교는 계속해서 유지되어야 하지만 다른 사회체제의 변화는 수용할 수 있다는 생각으로 전환했다. 이것이 바로 '변법개화론'이었고, 이러한 생각에 공감한 세력이

1894년 개혁에 참여한 것이다.

　　동도서기론자와 문명개화론자는 단순히 사상적 차이만 있었던 것이 아니라 구체적인 정책에서도 대립했다. 무엇보다 가장 중요한 차이는 중국에 대한 이해와 관계에 대한 관점의 차이였다. 동도서기론자는 중국의 중체서용론(中體西用論)*과 양무운동(洋務運動)**을 조선 근대화의 지표로 삼았고, 중국과의 사대관계를 유지 또는 확대시키는 것이 열강의 위협으로부터 조선을 지키는 데 도움이 된다고 생각했다.

　　반면에 문명개화론자는 일본의 메이지유신과 문명개화론을 근대화의 지표로 삼으려고 했다. 그들은 문호개방을 통해 조선이 일본 및 구미 열강과 조약을 체결함으로써 국제법적으로 조선이 독립국이 되었다는 점에 주목했다. 따라서 중국과의 사대관계를 청산함은 물론, 중국이 1882년 이후에 가해오고 있던 실질적 외압에 대해 대립했다. 이 점에서 문명개화론자가 다른 세력에 비해 당대의 시대적 과제에 대해서 좀더 진취적인 사고를 했던 것은 분명하다.

　　그러나 당시 동도서기론은 문명개화론과 마찬가지로 여론의 호된 질타를 받고 있었고, 또 대원군 세력의 정치적 도전을 받고 있었다. 이를 감안해볼 때, 문명개화론자가 동도서기론자를 수구파로 매도하고 제거하려 했으면서도 오히려 대원군 세력과 손을 잡으려 했던 것은 정치사상이나 정치세력 면에서 많은 문제를 안고 있다. 다시 말해 문명개화론자가 취한 '정변의 감행'이라는 정치적 행동은 오히려 조선의 근대화에 악영향을 미

---

* 중체서용은 중국의 전통적 유교를 중심가치인 '체(體)'로 삼는 바탕 위에서 서양의 과학기술을 '용(用)'으로 도입하자는 것으로, 아편전쟁과 태평천국의 난 이후 일어난 양무운동의 기본사상이었다.
** 양무운동은 19세기 중반 청나라 정부가 중체서용론에 바탕을 두고 서유럽으로부터 근대 기술을 도입해 군사 중심의 근대화를 이루려고 한 일종의 자강운동을 일컫는다.

쳤다는 점에서 문제가 있다.

문명개화론자의 인식 전환은 사실 혁명적 변화였다. 원래 조선인에게 동아시아는 문명이었고 서구는 '야만' 또는 '짐승'이었다. 따라서 당시 조선인에게 조선은 이미 문명화, 즉 개화된 나라였다. 그런데 이제 오히려 조선이 개화를 해야 할 나라, 즉 야만 또는 반(半)개화국으로 전락하게 되는 것이었다. 이들의 사상적 기반이 문명개화론이고, 이들을 개화파라고 호칭한다는 것은 바로 그러한 인식을 그대로 보여주는 표현이다.

결국 '개화파'라는 말은 문명개화론자를 지칭하면서 훗날 변법개화론자로 전환한 동도서기론자의 일부를 포괄하는 개념으로 보인다. 물론 거기에는 사상적 입장뿐만 아닌 정치적 입장의 차이도 있을 수 있다. 1894~5년의 개혁 당시 김홍집, 김윤식, 어윤중 세력과 일본 및 미국에서 귀국했던 박영효, 서광범 세력이 서로 대립했는데, 이것을 단지 사상적 대립이라고만 보기는 어렵다.

그렇다면 문명개화론의 일부를 수용한 동도서기론의 분화는 언제부터 시작되었을까? 김윤식과 어윤중은 1882년 당시에 김옥균과 서광범을 "동지이며 친구", "절친한 친구"라고 했다. 박영효와 김옥균 등은 1882년 군인 폭동의 해결을 위해 수신사로 일본으로 갔을 때 일본의 대표적 문명개화론자인 후쿠자와 유키치(福澤諭吉)를 만났는데, 이것이 이들의 문명개화론 형성에 결정적인 영향을 미쳤다. 김윤식은 홍영식이 미국에 다녀온 후 "유교를 비판함에 기탄이 없어 이상한 무리가 되었다"라고 비난했다. 어윤중도 "오랑캐와 개화의 구별은 인의로운가, 잔혹한가에 있다"라고 전제하면서 조선의 현실을 야만으로 상정했던 윤치호를 "어리석다"라고 비판했다.

그런데 당시 문명개화론이 동도서기론보다 우월하다거나, 또는 독립론이 사대론보다 세계정세의 흐름에 맞는 사고였다고 규정짓는 것은 문제가 있다. 즉, 당시 활동했던 인물에 대해 동도서기론에 가깝다고 평가하는 것이 그 사람의 사상을 폄하하는 것으로 간주되거나, 독립론을 부정했다고 해서 친청사대파로 폄하하는 주장에는 동의하기 힘들다. 당시 문명개화론자들이 문명개화론을 제대로 소화하지 못하고 있었던 것은 사실이며, 또 일본의 무력을 동원한 독립론이 얼마나 무모한 것인지는 당사자들도 나중에 인정한 바 있기 때문이다.

김옥균을 비롯한 문명개화론자들이 체계적으로 남긴 자료가 별로 없기 때문에 이들을 정확하게 이해를 하는 데 걸림돌이 되고 있지만, 바로 그러한 점이 오히려 이들이 문명개화론에 대한 이해가 불충분했다는 근거가 되기도 한다. 아울러 이들의 생각이 조선을 문명으로 자부하던 당시 조선의 지식인 사회에서 얼마나 수용되기 어려웠는지를 보여준다. 따라서 이 시기의 문명개화론은 미숙하고도 조숙한 형태를 가질 수밖에 없었다.

한편 유길준은 문명개화론의 영향을 받았지만, 조선에서 개화를 실현하는 과정에 대해서는 점진적인 접근을 추구했다. 사회진화론의 영향을 받았기 때문이다. 그는 우선 개화를 "인간의 천사만물(千事萬物)이 지선극미(至善極美)한 경역(境域)에 이른 것"을 의미하는 것이라고 정의했다. 유길준은 개화의 등급을 세 단계로 나누면서, 개화를 인류사회가 도달해야 할 최고단계로 규정하여 그 당위성을 역설했다. 이때 조선은 문명개화론자들의 주장과는 달리 반개화국으로 규정되었다. 그는 반개화국인 조선이 개화국이 되는 과정은 기본적으로 점진적인 개량일 수밖에 없다고 생각했고, 그것을 '핵심(得中)'이라고 했다.

유길준은 문명개화론자들이 개화를 주체적으로 받아들이지 못했다는 의미에서 그들을 '개화의 손님(賓客)'으로 폄하했다. 또한 개화를 '실상개화(實狀開化)'와 '허명개화(虛名開化)'로 구분한 후, 개화파를 "외국의 모습을 칭찬하면서 자기 나라를 우습게 여기는", "개화당이라 칭하나 실제로는 허명개화만을 추구했던 개화의 죄인"이라고 비판했다. 심지어 수구당, 즉 척사위정론자보다도 더욱 폐해가 심한 집단으로 매도했다. 그의 저서인 『서유견문(西遊見聞)』이 후쿠자와 유키치가 운영하던 고준샤(交詢社)에서 출판된 것으로 미루어보면, 유길준이 후쿠자와의 영향을 받은 문명개화론자라고 여겨지지만, 그보다는 1884년 정변의 주도세력이 가지고 있던 급진적 문명개화론과는 다른 점진적 문명개화론자였다고 평가할 수 있다. 따라서 그는 1894~5년 개혁 당시 김홍집, 김윤식, 어윤중의 입장에서 박영효 세력과 대립하는 모습을 보인다.

　이와 같이 문호개방 이후 조선의 관료들은 새로운 시대적 과제에 대해 다양한 입장과 대응의 모습을 보였다. 사실 그들은 문명개화론을 체계적으로 이해하고 있었다고 볼 수 없을 정도로 모순된 사상적·정치적 태도를 보이고 있었다. 이는 일본과 청을 비롯한 외세에 대한 태도 역시 마찬가지였다. 오늘날의 역사학계가 이들의 사상적·정치적 태도를 일목요연하게 정리하려고 시도하는 것 자체가 무리일지도 모른다. 때문에 당시 조선의 관료들을 특정 사건에 대한 입장의 차이를 기준으로 나누기보다는 사상적 입장의 차이를 기준으로 분류하는 것이 덜 혼란스러운 일이라는 생각을 해본다.

광무개혁을 둘러싼 논쟁

왕현종

대한제국은 1896년 아관파천 이후 완전한 자주 독립권을 지켜 나가기 위해 밖으로는 열강의 세력 균형을 도모하고 안으로는 고종 황제 중심의 내정개혁을 추진했다. 1897년 10월 고종은 '대한(大韓)'으로 국호를 바꾸고 스스로 황제에 즉위했다. 이를 법적으로 보장하는 조치로서 대한국 국제(國制)를 1899년 8월에 제정·반포했다. 이 시기에는 황실 중심의 근대화정책을 추진해 나갔다. 개혁사업은 양전(量田)·지계사업(地契事業)이라고 부르는 토지조사사업을 비롯해 서울의 도시정비사업, 일련의 식산흥업정책(殖産興業政策)과 황실 재정의 확충, 원수부(元帥府, 고종이 군 통수권을 장악하기 위해 만든 기구) 창설과 군사력 강화 등에 이르기까지 실로 다양했다. 이러한 일련의 일들은 광무 연간에 수행된 개혁이었으므로 연호를 따라 '광무개혁(光武改革)'이라고 한다. 그러나 실제로 광무의 연호를 쓴 기간은 1897년부터 1907년까지지만, 개혁 기간은 1897년부터 1903년까지 한정된다.

'광무개혁'은 갑오개혁과 대비되어 사용되고 있다. 갑오개혁은 근대 제도개혁을 통해 조선 왕조국가를 근대국가로 전환시켰으나 일본군의 경복궁 점령이나 민비(명성황후) 시해사건과 단발령 강행에서 드러났듯이, 개화파 정권은 일제에의 타율성과 반민족적 행태를 보이고 있었다. 이에 비해 광무개혁은 일제 침략에 저항하는 대한제국의 마지막 개혁사업으로 높이 평가되었다.

광무개혁의 이념은 '구본신참(舊本新參)'이라는 용어로 불렸다. 당시 갑오개혁으로 인해 폐지된 옛 제도와 새로운 제도의 갈등과 부조화가 있었기 때문에 이를 반성하면서 구본, 즉 옛 체제를 기본으로 새로운 제도를 참작해 나간다는 의미였다. 그렇다고 해서 대한제국이 갑오 이전 옛 제도로 복귀한다는 것은 아니었다. 따라서 신분제 철폐를 뒷받침하는 법적 조치를 취했으며, 근대적 조세와 토지제도의 틀을 그대로 이어받았다. 그리고 탁지부의 주관 아래 국가예산제도를 비롯한 재정운영체계는 그대로 유지했다.

이후 대한제국은 사회 전반의 근대화를 위한 각종 사업을 추진했다. 예컨대, 광무 양전·지계사업은 일제의 토지조사사업에 비교해도 손색없는 근대적인 토지제도의 수립 과정이었다. 측량기술에서는 전통적인 방식을 취하기는 했으나 서양의 신식 측량기술을 부분적으로 받아들였다. 종래 지주제를 서구의 근대 소유권의 개념으로 그대로 인정하고, 토지 소유자에게 지계를 발급하여 소유권자로 인정해주었다. 대한제국은 위로부터 근대화 개혁을 추진해 기존의 지주층과 대상인층을 근대적 지주·자본가로 전환시키고 자본주의 경제체제의 근대국가를 수립하려고 했다. 이렇듯 광무개혁은 대한제국을 기존 구질서를 기본으로 하면서도 근대국가·근대사회로 전환시키고 있었다.

'광무개혁'이란 용어가 학계에 본격적으로 등장해 논의된 것은 1970년대 중반이다. 당시에는 일반적으로 독립협회의 개혁운동이 높이 평가받던 상황이었다. 이때에는 '광무개혁론'이란 말은 아예 성립할 수 없는 개념이라는 반론이 제기되었다.[6] 1898년 독립협회와 만민공동회가 추진한 '헌의 6조'와 중추원의 의회개편운동은 대의민주주의와 입헌주의에 입각한 것이었으며, 이는 근대국가·시민사회 형성에 가장 바람직한 것이었다. 이 운동을 통해 러시아와 일본과 같은 외세를 후퇴시킴으로써 국제 세력균형을 확립시켜 일시적이나마 이권 침탈을 저지하고 독립을 강화한 것이었다고 했다. 그런데 이 운동을 탄압한 자들이 바로 고종과 측근 정치세력이었으므로, 광무정권이야말로 반개혁적·수구적 반동정권이라고 규정했다. 때문에 당시 일부 학자들은 소위 '광무개혁'이란 것은 지나친 과장이며, 그것이 우리나라 근대사 발전의 주류가 될 수는 없다고 비판했다.

1980년대 이후에는 대한제국의 근대화정책 추진 과정과 성과를 구체적으로 살펴보는 가운데, 제반 개혁사업의 추진 주체와 그 실체를 해명하려고 했다. 근대개혁 과정에서 황실이 수행한 역할을 대단히 긍정적으로 보기도 했는데, 정치적으로는 관료제의 정비를 통해 왕권의 절대성을 추구하고 경제적으로는 지주제의 근대적 개편과 보호상업주의 틀 내에서 자본주의체제를 지향하면서도 군비의 측면에서 황실 중심의 군사권 강화를 꾀했다고 보았다. 그럼에도 불구하고 대한제국은 외세의 영향을 받을 수밖에 없는 '의사(擬似) 절대왕정'이라는 가설도 제기되었다.[7]

그런데 광무개혁의 전반적인 평가에 대해서는 유보적이거나 절충적인 견해가 많았다. 2006년 현재 고등학교 학생들이 배우고 있는 『국사』 교과서를 보면 다음과 같이 기술되어 있다.

> 대한제국은 "옛 제도를 근본으로 하고 새로운 제도를 참작한다"라는 구본신참(舊本新參)의 개혁 방향을 제시하고, 대한국 국제를 제정하여 전제 황권을 강화하고자 하였다. 또, 양전 사업을 실시하여 지계를 발급하고, 상공업 진흥책을 추진하였다. 그러나 이러한 개혁정책은 집권층의 보수적 성향과 열강의 간섭으로 큰 성과를 거두지는 못하였다.[8]

여기에서 '광무'라는 용어를 뺀 채 '개혁'이라는 용어를 쓰고 있다는 점도 주목되지만, "큰 성과를 거두지는 못하였다"는 말에서 알 수 있듯이 개혁의 역사적 성격에 대해 명확한 결론을 내리지 못하고 있다.

최근에는 대한제국과 황제의 권위를 높이는 조처를 지금까지 해석되어 온 것처럼 반동적인 것이 아니라 오히려 긍정적인 것이었다고 보는 견해가 제기되었다. '전제군주제의 근대적 변용'이라는 것이다. 독립협회를 통해 추진된 독립문 건립이나 국기와 애국가의 제정은 국민의 애국심을 고취하는 상징 조작으로 보았다. 황제 즉위 과정에서 보여준 칭제(稱帝) 상소, 존호(尊號)의 격상, 왕실 행사의 확대 등을 통해서 황실 권위를 높였다고 보았다. 그래서 고종은 만국공법(萬國公法)에 입각하여 대한제국을 근대 국가로 개편하고 계몽군주로서 자신을 개혁의 주체로 격상시켰다고 높이 평가했다. 혹자는 이런 고종의 개혁 의지를 강조하여 서구적 근대를 모델로 하는 '신본(新本)·구참(舊參)'이라는 새 용어로 보자고 제안하기도 했다.[9]

그러나 이 견해에는 고종을 위시한 집권세력의 무책임한 실정(失政) 부분을 도외시한 측면이 있다. 즉, 당시는 황제권의 지나친 강화와 황실

재정 기구의 확대, 민중에 대한 조세 수탈의 강화, 외획제도(外劃制度)의 남발과 백동화 유통권의 확대 등 내정의 난맥상이 있었다. 또, 서구 열강과 중국·일본이라는 이중의 외압에 대응하여 왕실의 안정을 위해 각종 이권을 팔아넘기면서 외세를 끌어들이고 있었다. 때문에 당시 국내외 상황과 개혁 과정에 대한 정합적인 해석 없이 고종의 개혁 의지만 일방적으로 부각시키려는 논리는 고종 중심의 또 다른 '부조적(浮彫的) 근대화론'이라는 비판을 면하기 어렵다.[10]

이러한 논의와는 정반대로 광무정권의 무능을 비판하면서 종전까지 외적 실패의 원인으로 돌렸던 일제의 침탈을 긍정적으로 보려는 시각도 제기되었다. 이들은 19세기 후반 이래 세계자본주의에 대한 문호개방의 영향으로 제반 생산력의 발전이 가속화되었지만, 대한제국은 그러한 발전을 가로막는 역기능을 가졌다고 했다. 반면에 일제는 이를 순기능적으로 흡수하여 한국 사회를 발전시켰다는 것이다. 일제의 식민지 근대화론을 긍정하는 논자들은, 광무개혁론의 주창자들이야말로 장기 구조적인 변화와 실상을 무시한 채 협애한 민족주의론에 빠져 있다고 비판했다.

이렇게 극단적인 찬반론의 경계를 허물고 개혁의 실체를 밝히기 위해서는 무엇보다도 대한제국의 근대국가상에 대한 전반적인 검토가 필요하다.[11] 대한제국은, 과연—정치적으로 입헌군주제이건 아니면 의회제도의 도입이건 간에—민권의 정치 참여와 제도화에 어느 정도 나아가고 있었는가를 물어야 한다. 당시 대한제국과 독립협회의 정치개혁운동은 처음부터 상호 적대적인 성격으로만 해석할 수 있는 것은 아니었다. 1898년만 해도 고종은 독립협회의 주장을 받아들여 입헌제 근대국가로의 지향성을 수용하고 있었기 때문이다. 또한, 대한제국은 주민들을 근대국가의 국민으로서 어떻게 탈바꿈하려고 했으며, 민권을 보장하기 위한 제반 법적·제도적 장치를 어떻게 마련해 나갔는가 하는 측면을 밝혀야 한다. 특히 1899년 대한국 국제의 경우에도 황제의 권리만 규정한 것이었지만, 향후 민·형법의 제정을 통해 국민에게 국가적인 의무와 권리를 보장받으리라고 예상할 수 있다. 이는 당시 지주·자본가를 중심으로 하는 자본주의 경제체제를 형성해 나가는 가운데, 노동자·농민의 사회관계를 어떻게 만들어 나가려고 했는가의 문제와도 관련된다.

그리고 대한제국 시기에 전통적인 사상과 학문이 서구적 근대를 어떻게 주체적으로 수용하고 발전시키고 있었는가 하는 점도 주목해야 한다. 예컨대, 1902년 새로 제정된 도량형 규칙에는 예로부터 썼던 면적 단위인 결부(結負)의 크기를 서구적 표준에 맞춰 일부 수정했다. 그래서 1부(負)가 1아르(are)로, 1결(結)이 1헥타르(hectare)로 일대일 대응하게 되었다. 전통적인 계량 단위를 고쳐 서구의 미터법과 완벽하게 일치시킨 것이다.[12]

이렇게 대한제국 시기 광무개혁에서는 전체 사회를 다시 '재구조화'하는 데 있어 전통에 철저하게 근거하면서도 근대적인 기준에 맞춰 전환하려는 독특한 방식을 취하고 있었다. 이러한 광무개혁의 실체를 밝히기 위해서는 당해 사회의 주체들이 내적인 의지와 역량으로 제반 역사적 과제를 해결해 나가고 있다는 내재적 시각이 보다 중시되어야 한다.

조규와 조약, 무엇이 다른가?

김민규

'강화도조약'(1876)은 (한)국사를 배운 사람이라면 누구나 다 알고 있는 역사용어이다. 그런데 이의 정식명칭이 '수호조규(修好條規)'라는 사실, 수호라는 말은 그렇다 치더라도 조약(條約)이 아니라 '조규(條規)'라는 사실에 대부분의 사람은 별로 신경 쓰지 않는 듯하다. 아마도 조규나 조약이나 그게 그것이 아니냐 하는 무관심 탓일 것이다. 그런데 '조규'와 '조약'은 진정 동의어일까? 만의 하나 그 둘의 의미가 전혀 다른 것이었다면? 그렇다면 우리가 이제껏 '강화도조약'으로 불러오고 또 당연히 조약이려니 하고 이해해온 것 역시 잘못 아니겠는가.

주지하는 바와 같이, 동아시아에서 국제법(=만국공법)을 기초로 한 조약체제가 처음 소개된 것은 아편전쟁 후 청이 서방국가들과 체결한 조약들에서 비롯된다. 일본 역시 도쿠가와 막부(德川幕府) 말기 미국의 페리 제독에 의한 이른바 '포함외교(砲艦外交)'에 굴복한 후 서방국가들과 차례로 조약을 맺어 국제질서를 규정하는 원리로서 조약체제를 받아들였다. 조선은 1882년 미국과 '조미조약(朝美條約)'을 체결함으로써 동아시아 3국 중 제일 마지막으로 조약체제를 수용했다.

조약체제가 소개·수용되던 당시, 동아시아 3국에서도 이 새로운 체제의 도래로 말미암아 기존의 질서, 즉 조공(책봉)체제를 어떤 식으로든 재편할 필요성에 직면했다. 그래서 맺어진 것이 청과 일본 간의 '수호조규'(1871)이고, 조선과 일본 간의 '수호조규'(1876)이며, 또 조선과 청 사이의 '상민수륙무역장정(商民水陸貿易章程)'(1882)이다. 그런데, 이들 3국 사이에 체결된 것들의 명칭을 보면 한 가지 특이한 점이 있다. 바로 '조약'이라는 용어가 사용되지 않았다는 사실이다. 그것도 3국이 모두 '조규'나 '장정' 체결의 준비 과정에서 '조약'이라는 용어를 빈번히 사용했음에도 정작 명명하는 단계에서는 이를 외면한 데서 의문은 한층 더 증폭된다. 왜 조약이 아니고 '조규' 혹은 '장정'이었을까? '조규'나 '장정'은 조약과 어떻게 다른 것일까?

청일 '수호조규'의 실질적 감독자였던 이홍장(李鴻章)이 조약이라는 용어를 회피한 까닭은, 조약이라는 자구(字句)를 드러내지 않음으로써 일본이 서양과 같지 않다는 것을 말하려 했기 때문이다. 조선과의 '무역장정' 역시 그러한 의도에서 나왔다. 청국은 적어도 동아시아권 내의 국가인 일본이나 조선은 과거 또는 현재의 조공국으로, 결코 자국과 대등할 수 없는 나라이기 때문에 이미 조약을 맺어 대등한 관계에 있는 서구 열강들과 달리 취급하려 했다. 이런 사실은 조약과 조규, 그리고 장정에 대해 명확히 규정하고 있는 다음의 청국 측 사료에서 확인할 수 있다.

지금 정하려는 것은 장정인바 조정이 특별히 허락하는 것이다. 조약은 피차가 대등하게 맺는 약장(約章)이지만, 장정이란 상하가 정하는 조규인 것이다. 그 명칭이 다르니 그 실(實) 역시 같지 않다.[13]

이것을 정리하면 다음과 같다. 장정이란 조정이 특별히 윤허하는 조규로 상하관계의 나라들이 맺는 것이며, 대등한 관계의 나라들이 맺는 조약과는 그 명칭이 다르기 때문에 그 성질 또한 다르다. 즉, 장정과 조규는 같은 말이나, 조규와 조약은 명실이 상이한 다른 용어이다.

조약체제의 침입을 맞이한 청은 그에 굴복하기보다는 일본 및 조선과 조규(장정)를 체결함으로써 대항하려 했다. 아니, 대항하는 것에 그치지 않고 조규라는 '트릭(trick)'을 사용해 조약체제를 오히려 기존의 조공체제 내로 흡수하려 획책했다. 청이 전제로 하고 있는 것은, 일본과 조선은 과거의 조공국 혹은 현재의 조공국으로 자국과 상하관계에 있다고 하는 점이다. 즉, 자국의 하위에 있는 두 나라가 서구의 제국과 조약을 맺어 대등한 관계에 놓였기 때문에 그 서구 여러 나라는 자연히 청의 밑에 놓이게 된다는 점을 노렸다. 결과적으로 조약체제는 기존의 중국 중심의 국제질서 체제 내로 편입·흡수될 수밖에 없는 모양을 띠게 되었다.

청이 조규를 통해 획책한, 조공체제도 아니고 조약체제도 아닌 '과도기적' 체제를 필자는 그간 몇 편의 논문을 통해 '조규체제'라 규정한 바 있다.[14] 근대 동아시아 국제질서 변동기의 상황에 대한 기존의 연구를 보면 '조규체제'에 대한 인식 내지 방법론의 부재로 말미암아 조공체제와 조약체제라는 이분법적 방법에 의한 것이 대부분이다. 따라서 당시의 역사상(歷史像) 역시 애매모호하게 서술될 수밖에 없었다. 그렇기 때문에 '조규체제'에 입각한 시각이 그 약점을 보완해줄 수 있을 것으로 기대한다.

한편 당시 그러한 중국 측의 숨은 의도를 일본과 조선이 처음부터 알아채고 심각하게 고민했던 흔적은 보이지 않는다. 단지 다음의 사료가 말해주듯이, 1882년 조선과 청 사이에 '무역장정'이 체결된 후 일본이 뒤늦게나마 청의 속셈을 간파하고 있음을 알 수 있다.

> 지나(支那)인의 지론은 조선에게 각국과 평등한 조약을 맺게 하고 또 내치외교를 공히 자주에 맡기면서 모두 지나의 속방(屬邦)이라는 것이다. 즉, 지나는 모든 나라 위에 위치하는 형세가 되는 것이다.[15]

청은 조선에게 미국 등 서방국가들과 조약을 맺을 것을 줄기차게 권했고, 조선 역시 미국과의 조약 체결을 통해 '자주국'으로서의 위상을 높이기 위해 1882년 조미조약을 맺는다. 몇 달 뒤 청은 조선에게 '무역장정'을 맺을 것을 강요하고는 조선이 청의 '속방'임을 명시했다. 이로써, 앞서 말한 것처럼 자국의 '속방'인 조선과 대등한 조약을 맺은 해당국들은 자연스레 청의 밑에 위치하게 되었다. 이 대목에서 서방국과의 조약 체결을 끈질기게 권도한 청의 계략을 읽을 수 있다.

'무역장정'은 내용과 형식 면에서 조공체제로도 또 새로운 조약체제로도 설명하기 어렵다. 그도 그럴 것이 '종주국'인 청도 분명히 밝히고 있듯이, 조공체제 내에서 조선은 내치·외교의 '자주국'이었다. 그런데 '무역장정' 체결 이후, 즉 '조규체제'의 완성 이후 청은 조선을 철저히 간섭했으며, 조선의 '자주'는 완전히 배제되고 무시되었다. 즉, 양국의 관계가 기존의 조공체제로는 도저히 설명이 되지 않는 것으로 변질되었다.

그러나 조선의 국제질서관은 청의 그것과 사뭇 달랐다. 즉, 조선이 비록 청의 조공국이긴 하지만 이제 미국을 비롯해서 서구 여러 나라와 대등한 조약관계를 맺고 있는 이상, 그들과 대등한 조약관계에 있는 청 역시 조선과 대등해져야 한다고 보았다. 청으로부터의 '자주독립'을 꾀하고자 하는 인식이 태동한 것이다. 그런 '탈화(脫華)' 인식의 급진적 표출이 바로 갑신정변(1884)이었다. 정변 실패 후에도 그런 인식이 지속되었다는 점은 유길준의 다음과 같은 글에서 확인된다.

> 증공국(贈貢國)의 군주는 수공국(受貢國)의 국민이 섬기는 군주의 친구 대우를 받는 동등 조약국의 군주로부터 역시 친구로 대우받는 동시에 동등 조약국의 군주인 것이다. 그러므로 증공국의 군주는 곧 수공국의 군주가 경의로써 대우하는 친구의 역시 경외하는 친구인 것이다. 친구의 친구는 곧 자기의 친구와 같은 것이니, 누구를 친구로 삼는다면 그 사람의 친구도 또한 친구인 것이다.[16]

여기에서 유길준은 친구(=서구 열강)의 친구(=청)는 곧 자기(=조선)의 친구가 되어야 한다고 말하고 있다. 그는 당시 조선의 애매모호한 국제적 위치를 조약체제도 아니고 조공체제도 아닌, 그 두 체제로부터 단절된 '양절체제(兩截體制)'라 비판했다. 유길준의 비판은 청이 획책해 행하고 있는 조규체제에 대한 비판에 다름 아니었다.

'조규체제'는 다음과 같이 정리될 수 있겠다. '조규체제'는 청이 자국보다 '하국(下國)'인 일본과 조선이 구미제국과 조약관계를 성립한 것을 전제로 안출(案出)한 것이다. 즉, 일본과 조선이 구미제국과 대등한 조약 체결에 의해 대등한 관계를 맺었음을 명확히 한 뒤에 이번에는 자국이 상하관계에 있는 일본 및 조선과 '조규'를 맺음으로써, 구미제국 역시 자국의 아래로 위치시키기 위한 방편으로 고안된 것이다. 특히 속방인 조선이 구미 열강과 대등한 관계를 맺음에 따라 종주국인 중국이 자연스레 그들 열강 위에 위치할 수 있게 된다.

흔히 조공체제를 조약체제 내로 무조건 편입·수용된 것으로 이해한다. 그런데 실상은 그 반대로 조약체제가 광의의 조공체제 안으로 편입·수용되었다. '조규체제'는 형식상 또는 이론상으로 볼 때 조약체제가 조공체제 안으로 포함·편입된 일종의 '변질된 조공체제'였다. '조규체제'는 청일전쟁에서 청의 패배로 해체되었으며, 그에 따라 조공관계 및 조공체제 역시 붕괴되고, 이후 동아시아 3국 사이에도 비로소 조약체제가 자리를 잡게 되었다.

한 가지 주목할 만한 것은 '조규체제'의 창출 및 운용, 그리고 그 해체 과정이 이홍장 등 양무파(洋務派) 관료가 주축이 되었던 양무운동의 전개와 몰락의 과정과 궤를 같이한다는 사실이다. 익히 알려진 바대로, 양무운동의 기본사상인 '중체서용(中體西用)'의 본질은 구미의 여러 제도와 사상의 전면적 수용을 전제로 한 것이 아니고, 중국의 현상(現狀) 유지를 우선으로 서양의 장기(長技)를 받아들여 그들을 제압하는 것에 있었다. '조공체제를 전제'(=중체)로, '조약체제를 수용'(=서용)한 '조규체제'는 이른바 중국판 '근대성'의 모색이라 일컬을 수 있는 양무운동 실천의 일환이기도 했다. 청일전쟁에서 청이 패배하자 양무운동은 빛을 잃는데, 이는 '조규체제'가 해체되는 시기와 일치한다.

이처럼 '조규체제'는 조선과 동아시아가 자체의 '근대성'—비록 그것이 단일개념이 아니라 할지라도—을 한창 모색하던 시기에, 청이 '유사(類似) 제국주의'를 조선에 실천하고 일본이 청과의 패권주의 쟁탈전에서 탈아주의를 표방하며 구미류의 제국주의를 흉내냄으로써, 그것이 철저하게 왜곡·좌절되어버리고 말았던 바로 그 중심에 있었다.

하나만 더 덧붙이자. 1882년 체결된 '조미조약'의 제12관은 "이 조약이 조선이 외국과 맺은 최초의 조약'이라 규정하고 있다. 그에 따르면, 우리가 최초의 근대조약이라 알고 있는 '강화도조약'은 '최초'도 아니었고 또 '조약'도 아니었다는 이야기가 된다. 혹자는, 1876년의 조일 '수호조규'를 '조규'로 표기함으로써 오히려 일본과의 상하관계를 규정하게 되는 것은 아닌가 고민할 수도 있겠다. 하지만 1876년 '수호조규'가 체결될 당시 조선과 일본 양국이 청이 인식하고 있는 그런 유(類)의 '조규'에 대해 충분한 이해와 인식을 가지고 있었다고 짐작되는 사료는 보이지 않는다. 따라서 '수호조규'는 양국 간의 상하관계가 인정되는 가운데 규정된 것은 아니었다. 그러한 의미에서 한국사가 적어도 우리나라가 주체가 되어 서술되어야 하는 것이라면, 응당 우리가 규정하고 서술한 대로 조약이 아닌 '조규'로 쓰여야 할 것이다.

을사조약이 아니라
한일외교권위탁조약안이다

이상찬

공식 명칭은 없다

1905년 11월 17일, 대한제국은 외교권을 일본 외무성에 위탁하고 일본은 대한제국의 외교 사무를 감리하기 위해 서울에 통감부를 설치한다는 것을 주요 내용으로 하는 조약안이 일본에 의해 대한제국에 강요되었다. 그렇지만 대한제국의 강력한 반발 때문에 일본은 조약을 성립시킬 수 없었다.

일본에 의해 강요되었던 이 조약안은 그동안 을사조약, 을사5조약, 을사늑약, 한일협상조약, 제2차 한일협약, 한일신협약 등 여러 가지 명칭으로 불려왔고 '강제로 체결'되었다고 서술되어왔다. 이렇게 여러 가지 명칭으로 불리게 된 이유는 공식 명칭, 즉 조약 원본의 제목이 없기 때문이다. 현재 한국(서울대 규장각)과 일본(외무성 사료관) 두 나라가 가지고 있는 이 조약안의 원본을 보면 첫 페이지 첫 줄이 빈칸으로 되어 있다. 다시 말해 글씨를 쓰지 않아 빈칸으로 남아 있다. 제목을 달지 못한 것이다. 공식 명칭이 없다 보니 부르는 사람의 생각에 따라 명칭이 달라졌던 것이다.

'제2차 한일협약' 또는 '한일신협약'은 타당하지 않다

이 조약안에 대해 일본 측은 '한일신협약' 또는 '제2차 한일협약'이라는 명칭을 주로 사용하고 있다. 1904년 8월 22일에 한일협약이 있었고, 협약으로서는 두 번째라는 의미이다. 1907년 7월 24일의 한일협약까지 합쳐서 세 차례의 한일협약이 있었다고 알려져왔고, 세 개의 한일협약을 구분하기 위해서 편의적으로 제1차 한일협약, 제2차 한일협약 또는 한일신협약, 제3차 한일협약으로 표현하고 있다. 그러나 한일 간 협약 등급의 조약은 1907년의 한일협약뿐이라는 사실에 주목해야 한다. 1907년 7월 24일자 조약의 제목은 "한일협약"으로 되어 있다.

1904년 8월 22일자 '한일협약'의 경우, 조약 원본은 일본어본 한 부만이 일본 외무성에 남아 있고, 한국 측에는 일본어본도 국한문 혼용본도 남아 있지 않다. 조인되었다는 기록은 있는데 무슨 이유에서인지 조약 원본이 전해지지 않는다. 그뿐 아니라 일본 외무성이 가지고 있는 일본어본 조약 원본에는 1905년의 조약안과 마찬가지로 제목이 없다.

어쨌든 1907년 이전에는 '한일협약'이라는 명칭을 가진 조약이 없었음을 알 수 있다. 만약 1907년 이전에 한일협약이 이미 두 차례나 있었다면 두 번째 협약부터 세 개의 협약을 구분할 수 있는 어떤 표현(한일협약, 한일신협약, 제3차 한일협약 등)을 집어넣어서 오해를 막아야 했을 것이다. 그런데도 1907년의 조약을 그냥 "한일협약"이라고만 명명했다는 것은 아무래도 납득하기 어렵다. 그리고 1907년 7월 24일자 조약 원본에 "한일협약" 또는 "일한협약"이란 제목으로 되어 있는 것은 1907년 7월 24일의 한일협약이 협약 등급의 조약으로는 최초였다는 사실을 말해준다. 따라서 1905년의 조약안은 협약 등급이 아니었음을 알 수 있다.

외교권 위탁은 정식조약에 의해 처리되어야 한다

그러면 일본은 왜 협약이라는 등급을 고집했을까? 협약(Agreement)은 정식조약(Treaty)과 협정(Convention)에 이어 세 번째 등급의 조약이다. 정식조약은 ① 주권자의 조약 체결 권한 위임, ② 체결 권한을 위임받은 전권대표의 조인, ③ 주권자의 비준이라는 절차를 거쳐 효력이 발생한다. 그에 비해 협약은 양국 주무대신의 합의와 서명만으로도 효력을 가질 수 있다. 즉, 협약은 주권자의 권한 위임과 최종 확인 절차를 생략할 수 있는데, 일본은 이 점에 착안해서 1905년의 외교권 위탁 조약을 '협약' 등급으로 처리하려 했다.

왜냐하면 일본은 외교권 위탁의 경우 정식조약으로 처리되어야 한다는 점을 잘 알고 있었으며, 주권자인 고종이 외교권을 빼앗기는 조약안을 순순히 승인하지는 않을 것이고 위임과 비준의 과정에서 문제를 일으킬 것이라고 예상했기 때문이다. 위임과 비준은 전적으로 주권자의 권한이기 때문에 위임과 비준을 필요로 하지 않는 등급을 선택한다면 고종이 일으킬지도 모르는 문제를 확실하게 피해갈 수 있었다. 고종 황제를 설득할 자신이 없었던 일본은 조약안 처리에서 고종 황제를 배제하기 위해 주무대신의 합의와 서명만으로도 효력을 가질 수 있는 등급으로, 즉 정식조약에서 두 등급이나 아래 단계인 협약으로 고의적으로 내렸던 것이다.

외교권이라는 아주 중요한 주권의 일부를 주권자로부터 빼앗아가는 조약을 주권자의 승인을 받지 않고 주무대신의 합의와 서명만으로 체결하는 것이 과연 합법적인가? 보호국화나 병합 등 주권의 일부를 빼앗아가거나 나라의 존폐 문제를 다루는 조약은 '정식조약'으로 처리되어야 하고 당연히 위임, 조인, 비준의 세 절차를 하나도 빠짐없이 거쳐서 주권자의 확실한 동의를 확인해야만 한다. 일본 측 연구자 중에는 정식조약이 아니어도 상관없다고 주장하는 사람도 있지만, 외교권 위탁에 관한 조약을 주권자의 승인 절차 없이 체결하는 일은 있을 수 없다.

외교권 위탁에 관한 한일 조약안은 체결되지 않았다

주권의 일부인 외교권은 주권자인 고종이 행사해야 한다. 또한 고종으로부터 외교권을 빼앗아가는 조약을 체결하기 위해서는 주권자인 고종이 대표에게 조약 체결의 전권을 위임하고, 특명을 받은 전권대표가 황제를 대신하여 조약의 내용을 검토·수정·보완한 후 합의에 이르러 조인을 하고, 조인된 조약은 추후에 고종의 동의를 얻어 비준서를 교환한 후 공포(公布) 과정을 거쳐야 할 것이다.

그런데 1905년 조약안의 경우 한국 측 대표라고 하는 외부대신 박제순(朴齊純)이 조약 체결의 권한을 위임받았다는 행정 기록이나 위임장은 아직까지 발견되지 않고 있다. 이는 이토 히로부미가 고종에게 외부대신을 전권대표로 임명하라고 여러 차례 강요했지만 끝내 전권대표가 임명되지 않았음을 의미한다. 조약 원본에도 한국 측 대표는 '특명전권대신(特命全權大臣)'이라는 표현이 빠진 채 '외부대신 박제순'이라고만 적혀 있다. 일본 측 대표인 하야시 곤스케(林權助) 주한일본공사에 대해서도 '특명전권대신'이라는 표현은 들어가 있지만 일본 천황으로부터 받았어야 할 위임장은 발견되지 않았다. 이를 통해 한일 두 나라의 대표자들은 조약 체결 권한을 위임받지 않은 사람들이었음을 알 수 있다.

또한 1905년의 조약안에 대해 때로는 '강제로 체결되었다'라고 쓰는 경우가 있다. 이것은 강제이긴 하지만 '대한제국 측이 도장을 찍었다, 즉 조인하였다'는 의미를 포함하고 있다. 그러나 대한제국의 외부대신이 도장을 찍지 않았을 가능성이 매우 크다는 사실에 주목해야 한다. 하야시 주한일본공사는 1905년 11월 17일 아침 일찍부터 외부에 사람을 보내 도장을 가진 관리를 감시했다. 한국 정부 대신들이 좀처럼 도장을 찍으려 하지 않자 드디어 이토의 명령으로 일본인 관리 마에마 교사쿠(前間恭作, 일본공사관 한국어 통역관)와 누마노(沼野, 외부 보조원) 두 사람이 외부대신의 직인을 훔쳐낸 후 이토와 하야시 두 사람이 조약안에 외부대신의 직인을 찍었다고 한다. 이것이 사실이라면 1905년의 조약안은 조인되지 않았다는 것을 의미한다.

한편 일제의 사주를 받은 이완용은 1907년 7월 16일 헤이그 사건 수습 방안(고종이 황제 자리에서 쫓겨나지 않는 방안)을 고종에게 올렸는데, 그 수습 방안의 첫째가 1905년 11월 17일의 조약에 옥새를 찍어 이를 추인할 것이었다. 외부대신의 직인을 훔쳐내 일본 측이 날인했지만 2년이 지난 시점에서 고종의 추인을 받아 조약 체결을 마무리하려는 것이었다. 그러나 고종은 이를 거부했고, 끝내 황제 자리에서 강제로 내쫓기고 말았다. 이런 사실로 미루어 1907년 7월까지도 1905년의 조약안은 주권자인 고종이 비준하지 않았음을 알 수 있다.

1905년의 조약안은 위임, 조인, 비준의 과정을 어느 것 하나도 거치지 않았다, 즉 체결되지 않았음이 분명하다. 따라서 '강제로 체결되었다'

라는 직접적인 표현도 하지 말아야 하고, 그런 의미가 들어 있는 '늑약(勒約)' 등의 표현도 쓰지 않는 것이 좋겠다.

한일외교권위탁조약안 또는 한일외교감리조약안으로 불러야

한국 측 연구자들은 '을사'라는 표현을 집어넣는 경우가 많은데 조약 명칭에 연도를 꼭 넣을 필요는 없다고 생각한다. 조약의 제목은 통상적으로 조약의 등급과 구체적인 목적, 당사국가 등을 밝히고 있다는 점을 고려해야 할 것이다.

1905년 조약안의 등급은 그 내용의 중요성에 비추어볼 때 협약이 아니라 정식조약이라야 맞는다. 이 조약의 핵심 내용과 목적은 외교권 위탁 또는 외교감리이다. 한일 양국 사이에 논의되고 체결을 강요받아 조인된 것처럼 꾸며졌지만, 실제로는 조인되지 않은 그야말로 '안(案)'에 지나지 않았다.

이 세 가지를 고려할 때 1905년 조약안은 잠정적으로 '외교권 위탁에 관한 한일조약안(한일외교권위탁조약안)'이나 '한일외교감리조약안'으로 부르는 것이 가장 적합할 것이라고 생각된다.

한국병합인가, 한일합방조약인가?

이태진

정한론에서 시작된 침략 야욕

일본은 메이지유신 초기에 대두한 정한론(征韓論)에서 이미 한국을 병탄(倂吞)할 뜻을 표명했다. 정한론은 서양 세력의 동양 진출이란 새로운 시대 상황에서 일본이 살아나려면 다른 어느 나라보다 먼저 한반도를 차지해야 한다는 주장으로, 영토 침략 야욕이 물씬 풍기는 용어이다. 1873년 일본의 이와쿠라(岩倉) 사절단*은 구미 지역을 시찰하면서 새 국제법 질서 아래서는 노골적으로 침략성을 드러낸 이런 용어를 사용할 수 없음을 알고 돌아

---

* 이와쿠라 도모미(岩倉具視)를 중심으로 48명의 일본 정부 주요 인사들로 구성된 사절단으로, 이들은 1871년부터 1년 10개월 동안 미국과 유럽 국가들을 순방하며 여러 조로 나뉘어 서구의 교육·행정·재정·법률 제도를 배워왔다.

온다. 그리고 그간 천황과의 관계로 정치적 비중을 높인 사이고 다카모리(西鄕隆盛)를 대표적 정한론자로 몰아 축출한 다음 공식적으로는 이 용어를 더 이상 사용하지 않았다. 그러나 한반도에 대한 일본의 침략 야욕이 소멸된 것은 결코 아니었다.

일본의 식자나 정객들은 조선이 조만간 강대한 이웃나라, 즉 러시아나 일본에게 합쳐지는 것이 당연한 순서라고 보고, 동양 평화를 위해 그 주체는 마땅히 일본이 되어야 한다는 논리를 폈다. 이런 인식 아래 사회적으로는 대동합방론(大東合邦論)과 같은 주장이 나오고, 일본 정부에서는 '대한정책(對韓政策)'이란 용어를 주로 사용했다. 1904년 러일전쟁이 일어난 그해 말 일본의 국제법 학자 도미즈 히론도(戶水寬人)는 『국제법잡지(國際法雜誌)』에 발표한 「조선의 처분」이라는 글에서, 일본은 영국의 이집트에 대한 정책을 배우기보다 조선을 "진(眞)의 영토"로 삼는 것을 최선책으로 삼아야 하며, 보호국화는 그것으로 가는 한 과정일 뿐이라고 논설했다. 일본에서는 오늘날까지도 한국병합은 국제정세의 변화에 따라 취해진 부득이한 결과라는 해석이 일반적이다. 그러나 정한론 이래의 경위로 보면 그것은 침략주의를 은폐하려는 기만적 해석에 불과하다. 일본의 한국 병탄은 의도된 것으로, 이를테면 정한론의 완전한 실현이다. 1905년 11월 보호국화를 성취한 뒤, 그들은 도요토미 히데요시(豊臣秀吉)의 혼령을 부르면서 당신이 이루지 못한 일을 우리가 이루었다며 축배를 들었다.

조약 강제의 경위

1907년 6월 헤이그 평화회의 특사파견사건이 일어난 뒤 일본 정부는 이에 대한 대책을 논의하는 과정에서 한국병합 문제를 공식적으로 처음

거론했다. 야마가타 아리토모(山縣有朋)와 데라우치 마사타케(寺內正毅)가 참석한 내각과 원로 연석회의에 제안된 첫 번째 검토안은 한국 황제가 일본 황제에게 양위(讓位)하는 것이었다. 이 안에 대해 당시 참석자 전원은 이번에 실천하기에는 시기상조라고 판단했다. 그러나 일본이 제시하는 협약에 대해 한국 황제가 동의하지 않을 때는 '합병의 결심'을 한다는 것으로 조건을 달았다. 연석회의는 현 한국 황제를 퇴위시키고 황태자를 신(新) 황제로 즉위시킨 다음, 통감이 관백(關白, 섭정)의 자격으로 대한제국의 내정까지 감독하면서 각 부의 대신과 차관으로 일본인을 기용하는 것을 최종 대책으로 확정지었다. 이 대책은 곧 1907년 7월 22일의 황제의 강제 퇴위, 24일의 '한일협약'(정미조약)의 강제 조인으로 실천에 옮겨졌다. 그리고 만약 이런 계획이 실현되지 못할 때는 바로 병합 조치에 들어간다는 조건이 붙었다.[17]

일본 정부는 한국 황제를 강제로 교체하면서 조칙을 위조해 대한제국의 군대마저 해산시켰다. 그리고 독차(毒茶)사건*으로 심신장애 증세에 빠진 신 황제(순종 황제)를 창덕궁에 유폐시키고 통감이 섭정으로 한국을 통치하는 상황이 벌어졌다. 이에 전국 곳곳에서 항일의병이 일어났으며, 이로 인해 일본 정부 안에서 병합론이 힘을 받았다. 통감 이토 히로부미는 '자치육성정책'을 앞세워 조선의 보호국 상태를 계속 유지하려 했다. 그것이 국제 여론상 모양새가 난다고 판단한 것이었다. 그러나 한국인의 의병활동이 갈수록 심해지자 병합 단행의 주장을 더 이상 누를 수 없었다. 그는 1909년 4월에 '일한일가설(日韓一家說)'을 발설하며 사실상 병합론에 굴복

---

* 광무 2년(1898) 9월 순종이 김홍륙의 사주로 아편독소가 들어간 커피를 마시고 쓰러진 사건으로, 이때 이후 순종의 건강이 매우 나빠졌다고 한다.

했다. 그해 10월 26일 하얼빈 역에서 의병장 안중근이 이토 히로부미를 사살하는 대사건이 발생하면서 병합론은 반석 위에 올랐다.

일본은 병합 단행으로 방향을 세우고서도 다시 한 번 국제적 이목을 의식하지 않을 수 없었다. 지금까지 일본의 한반도 진출은 국제언론을 통해 동양 평화를 위한 것일뿐더러 한국인도 바라는 것으로 선전되었다. 따라서 한국인이 일본에 병합되는 것을 원한다는 것을 국제사회에 다시 한 번 보여줄 필요가 있었다. 1909년 12월 21일 일진회가 앞잡이가 되어 '한일합방'을 건의하는 선언서를 발표했다. 이 선언서가 나오자 수많은 애국단체가 곧 반대집회를 열었고, 또 항일의병 전선도 달아올랐다. 일본 정부는 이듬해인 1910년 5월 데라우치 육군대신을 통감으로 임명해 병합 작업을 본격적으로 진행시켰다. 6월 초 한국 문제 전문 고급 관료들로 한국병합준비위원회를 결성해 병합에 필요한 절차와 문건을 모두 준비하게 하는 한편 서울에서는 한국주차군(韓國駐箚軍)이 대한제국의 친일 괴뢰내각으로부터 경찰권을 이양받는 경찰권 위탁에 관한 조약을 체결했다. 통감 데라우치는 1910년 7월 서울에 부임해 본국 정부와의 긴밀한 연락 속에 8월 22일 병합에 관한 조약을 조인시키고, 29일 이를 알리는 양국 황제의 조칙들을 공포했다.

합방과 병합의 차이

일본의 한국 국권 탈취는 1904년 러일전쟁을 일으킨 일본이 그 군사력을 배경으로 추진한 것이기 때문에 처음부터 형식과 절차에 관한 국제 관례를 무시했다. '의정서'(1904. 2. 23), '제1차 일한협약'(1904. 8. 22), '신협약'(제2차 일한협약, 1905. 11. 17), '한일협약'(1907. 7. 24) 등은 모두 국권에 관련된 조약이기 때문에 정식조약의 형식과 절차를 갖추었어야 했다. 그러나 일본 측은 전권위원 위임과 비준서 교환 등의 정식 절차를 밟으면 한국 측의 강한 반발로 성사되기 어려울 것으로 판단해 주무대신이 서명하는 약식 조약의 형식을 택했다.

한국병합준비위원회는 한국 측이 사용할 전권위원 위임장과 비준서에 해당하는 한국 황제의 공포 조칙까지 준비했고, 데라우치는 그것들을 가지고 1910년 7월 하순에 부임했다. 1910년 8월 18일 통감 데라우치는 내각 총리대신 이완용을 불러, 이번에도 전처럼 약식으로 처리해버릴 수 있지만 양국의 영원한 우호를 위해 모든 요건을 갖추고자 하니 적극 협조하라고 요구했다. 따라서 일본이 강요한 조약 가운데 이것만 유일하게 정식조약의 형식을 취했다. 순종 황제는 강압에 못 이겨 내각 총리대신 이완용을 전권위원으로 위임하는 위임장에는 서명 날인했지만 비준서에 해당하는 공포 조칙에는 서명하지 않았다. 비준을 거부했던 것이다.

그런데 이 조약의 명칭으로 병합조약과 합방조약이 섞여 쓰이고 있다. 강제된 조약에 정확한 명칭을 사용하는 것이 무슨 소용이 있는가라는 반문이 있을 수 있다. 그렇더라도 용어를 잘못 사용해서 사건의 성격을 잘못 알게 되는 일은 없어야 한다.

일본 측이 공식적으로 취한 이 조약의 명칭은 '한국병합조약'이다. 준비위원회의 명칭이 그랬고, 해당 조약문의 전문(前文)에는 "양국 간에 병합조약을 체결한다"라고 쓰여 있다. 합방조약이란 용어는 당시 일본 정부가 기피하던 것이다. 합방은 대등한 나라로서의 일본과 한국이 하나로 합친다는 뜻을 가지고 있기 때문이다. 1909년 12월 일진회의 선언서가 취한 것이 바로 '연방적 합방'이었다. 그러나 일본 정부가 바란 것은 대한제국을 일본제국에 흡수 통합하는 형태였다. 일진회의 합방 제안은 일본 낭인

조직인 흑룡회(黑龍會)의 지원을 받은 것이지만, 흑룡회는 이후 일본 정부의 방침이 정해진 뒤로는 더 이상 합방론을 거론하지 않았다.

그러면 조약을 강요당한 한국의 입장에서 취할 용어는 무엇인가? 일본이 정한 대로 이 조약을 '한국병합조약'이라고 한다면 병합의 사실 자체를 용인하는 결과를 가져올 수 있다. 그렇다면 이의 성립을 부인하는 입장에서 역사적 사건으로서 이 조약을 얘기해야 할 때 부를 수 있는 적절한 용어는 무엇일까?

첫째로 그 강제성을 드러낸 표현으로 '병합늑약(倂合勒約)'이 있다. 박은식은 『한국통사』와 『한국독립운동지혈사』에서 '합병늑약'이란 표현을 사용했다. 그런데 이 경우 두 나라 이름을 앞에 넣은 '한일합병늑약'이란 표현은 성립하지 않는다. '병합' 또는 '합병'은 어디까지나 한 나라가 다른 한 나라를 흡수 통합하는 것이므로, 두 나라 이름을 병기하는 것은 불가능하다. 따라서 '한일합병조약'이란 명칭은 성립하기 어렵다.

다른 하나로는 이 조약을 강요당한 당사자였던 순종 황제가 사용한 "소위 인준(認准)과 양국(讓國)의 조칙"이란 표현이 주목된다. 순종 황제는 1926년 4월 26일 임종을 앞두고 자신이 이 조약을 승인하지 않은 사실을 밝히면서 해당 문건들에 대해 이 표현을 사용했다. '소위(이른바)'란 표현에는 조약문에 대한 인준을 자신이 하지 않았고 나라를 내주는 내용의 조칙도 자신이 승인하지 않은 것으로, 그것은 어디까지나 일본 측이 말하는 것이란 점이 함축되어 있다. 이를 따르면 '소위 한국병합조약'이란 표현이 가능하다. 그러나 이 경우에도 '소위 한일병합조약'은 성립하지 않는다.

정리하자면, 1910년 8월 22일에 강제로 체결된 한국병합에 관한 강제 조약에 대해 우리가 사용할 수 있는 호칭은 '한국병합늑약'과 '이른바 한국병합조약' 두 가지이다. 반면에 '한일합방조약'이나 '한일병합(합병)

조약'은 사건의 본질에 부적절한 표현이므로 취할 것이 못 된다. 이런 변별이, 이 조약이 유효하다는 뜻은 물론 아니다. 이 조약도 그 일방적 강제 및 순종 황제의 비준 거부로 인해, 성립한 것으로 볼 수 없다.

한말, 개항기, 개화기, 애국계몽기

이윤상

역사학계에서는 일반적으로 한국 근대사를 크게 두 시기로 구분하고 있다. 하나는 1876년 개항 무렵부터 일본에 병합되는 1910년까지의 시기이고, 또 하나는 식민지 지배를 받은 1910년부터 1945년까지의 시기이다. '식민지시기'(이 용어도 아직 확정된 것은 아니다)에 대해서는 왜정시대, 일제시대, 식민지시대, 일제강점기 등 여러 용어가 사용되고 있지만,[18] 우리가 검토하려는 근대사의 앞 시기에 대해서도 매우 다양한 용어가 사용되어왔다.

'식민지시기' 당시에 바로 앞의 시기를 지칭하는 용어는 보통 '한말(韓末)'이었다. 1920~30년대에 간행된 『동아일보』, 『개벽』, 『동광』, 『별건곤』, 『삼천리』 등의 각종 신문잡지에는 「한말외교비록」, 「한말 풍운비사」 등 한말이라는 용어를 사용한 글들이 많이 눈에 띄고, 간혹 '구한말(舊韓

末)'이라는 용어도 사용되었다. 이처럼 '식민지시기'에 사용된 '한말', '구한말'은 해방 직후에 간행된 『신천지』, 『신세대』, 『민성』 등의 잡지에도 그대로 사용되었고, 1960년대와 70년대에는 이 시기를 가리키는 보편적인 용어로 굳어졌다. 1980년대 이후 학술용어로는 거의 사용되고 있지 않지만, 지금까지도 일상적인 대화에서 '한말', '구한말'이라는 용어를 드물지 않게 듣게 된다.

역사학계에서는 왕조국가를 중심으로 시기를 구분할 때 흔히 '고려 초기' '고려 말기' '조선 전기' '조선 후기' 같은 용어를 사용하고 있다. 이러한 용례에 비추어보면 '한말'은 '한국'이라는 국호를 사용한 '대한제국 말기'를 의미하는 것이 되는데, 1897년에 성립되어 1910년까지 13년간 존재한 대한제국의 말기라면 아무리 넓게 잡아도 1904년 일본이 러일전쟁을 일으키며 한국을 사실상 강점한 이후, 혹은 1905년 '을사조약'으로 한국이 일본의 보호국이 된 이후가 될 것이다. 이처럼 '한말'이라는 용어가 '대한제국 말기'를 의미한다면, 우리가 검토하고 있는 이 시기 전체를 포괄하는 용어로는 적당하지 않을 것이다.

'식민지시기'에 사용된 '한말'이라는 용어는 '대한제국 말기'라는 의미보다는 '한국 말기'라는 의미를 가진 것이었다고 생각된다. 1897년 대한제국의 수립 이후 '한국'이 우리나라를 통칭하는 용어로 사용되었으므로 일본에 병합되어 나라를 잃은 상황에서는 자연스럽게 한국의 말기라는 의미로 사용되었을 것이다. 그렇기 때문에 이제는 없어진 '옛 한국의 말기'라는 느낌을 가지고 있는 '구한말'이라는 용어도 같이 사용되었던 듯하다.

그러나 식민지에서 해방되어 다시 한국(대한민국)을 수립하고 60여 년이 지난 지금까지도 우리나라를 통칭하는 '한국 말기'라는 의미를 가지는

'한말', '구한말'이라는 용어를 사용하는 것은 옳지 않다고 생각한다. 중국사에서 '명말', '청말' 등 특정 왕조의 말기는 있어도 통칭으로서의 '중국말기'는 없는 것과 같은 이치이다. 만약 지금의 한국(대한민국)과 과거의 한국(대한제국)을 구별하기 위해 '구한말'이라는 용어를 사용한다면, 거기서의 '구한말'은 앞서 언급한 것처럼 대한제국의 말기를 가리키는 것이 되므로 더욱 부적절한 것이 되고 만다.

이러한 문제점 때문인지 1970년대에 들어서면서 이 시기를 가리키는 새로운 용어가 사용되기 시작했다. '개항기(開港期)'라는 용어는 아마도 1970년에 간행된 한우근의 『개항기 상업구조의 변천』(서울대 한국문화연구소)에서 처음으로 등장한 것 같다. 한우근은 그전의 논문에서 '개항 전', '개항 후', '개항 당시' 등의 용어를 사용하다가 그것을 책으로 묶으면서 '개항기'라는 용어를 사용했다. 한국 사회의 사회경제구조가 근대적으로 변화하는 핵심적 계기로서 개항에 주목하여 개항 전후의 시기를 '개항기'라고 설정한 것이다.

이처럼 한우근은 우리가 검토하고 있는 이 시기 전체가 아니라 개항을 전후한 비교적 짧은 시기의 사회경제적 변화를 다루기 위해서 '개항기'라는 범주를 설정한 듯하지만, 이후 다른 연구자들 사이에서도 '개항기'라는 용어의 사용이 확산되면서 이 시기 전체를 가리키는 것으로 범위가 넓어졌다. 그뿐만 아니라 사회경제사 이외의 분야에서도 널리 사용되기 시작했다. 따라서 요즈음에는 역사학계에서 '개항기'가 이 시기를 포괄하는 용어로 보편화된 듯하다. 사실 1876년의 개항은 한국을 세계자본주의체제에 편입시킴으로써 내재적으로 성장해오던 자본주의적 생산관계를 급속히 확대하고 왜곡하는 계기가 되었으며, 동시에 봉건 모순과 민족 모순의 해결을 위한 근대 민족국가 수립운동의 출발점이었기 때문에, 한국 근대

사의 기점으로도 설정할 수 있는 중요한 의미를 가지고 있다.[19]

하지만 '개항기'라는 용어에서도 적지 않은 문제점이 발견된다. '개항기'는 말 뜻 그대로 보자면 한우근이 설정한 것처럼 '개항을 전후한 시기', 또는 다른 의미에서 '개항을 하고 있던 시기'라고 이해할 수 있다. 그런데 '개항을 전후한 시기'로 풀이하면 이 시기 전체를 가리키는 용어로 적절하지 않고, '개항을 하고 있던 시기'로 풀이하면 너무 범위가 넓어져서 기간을 한정하기가 어려워질 것이다. 요컨대 개항이 한국의 사회경제 구조를 결정적으로 변화시킨 계기임에는 틀림없지만, 그것만으로 이 시기 전체를 포괄하기에 꼭 들어맞는 용어라고는 생각되지 않는다. 이러한 문제점 때문에 근래에는 '19세기 후반에서 20세기 초', 또는 '1894~1910년'처럼 서술적 표현도 간혹 사용되는데, 그것이 비슷한 성격을 갖는 하나의 시기를 가리키는 데 미흡하다는 점은 분명하다.

한편 '개화기(開化期)'라는 용어도 비슷한 때부터 사용되기 시작했는데, 아마도 1970년에 간행된 이기문의 『개화기의 국문 연구』(서울대 한국문화연구소)에서 처음으로 등장한 듯하다.(같은 연구소에서 한 달 차이로 간행된 이기문과 한우근의 책이 각각 '개화기'와 '개항기'라는 용어를 사용한 것도 흥미로운 일이다.) 이후 한국어문학계와 교육학계에서는 '개화기'라는 용어의 사용이 확산되어 이제 거의 보편화되는 추세이다. '개화기'라는 용어는 특히 1894년에서 1895년에 걸친 갑오개혁으로 국한문 혼용 등 근대적 어문정책이 실시되고, 신식학교의 설립 등 근대적 교육제도가 시작된 것에 주목하여 갑오개혁이 추진된 1894년부터 식민지가 되는 1910년까지를 가리키는 것으로 보인다. 당시 우리 사회의 화두가 '개화'였으며, 요즈음 역사학계에서 '개화파', '개화사상'과 같은 용어가 보편적으로 사용되고 있으므로 이 시기를 '개화기'라고 설정하는 것도 어느 정도 설득력이 있다. 사실 갑오개혁 이후 머리를 짧게 자르고 양복을 입고, 서양식 건물이 들어서는 등 근대적 문물의 도입이 확산되면서 한국 사회의 면모가 일신되었다는 감탄사는 당시의 자료에서 어렵지 않게 찾을 수 있다. 또한 창가·신소설·신체시 등 새로운 형식의 문학이 등장한 것도 이 시기의 특징적인 양상이었다. 이처럼 앞에서 검토했던 '개항기'라는 용어가 개항 이후의 사회·경제적 변화에 초점을 맞춘 것이라면, '개화기'라는 용어는 주로 갑오개혁 이후의 문화·사상적 변화에 초점을 맞춘 것이라 할 수 있다.

그러나 '개화기'라는 용어에도 문제점이 없지 않다. '개화'라는 용어에 대해서는 이미 척사파 유생을 중심으로 한 당시의 지식인들도 강한 거부감을 드러내고 있었다. '개화'가 '야만' 또는 '미개' 상태에서 벗어나는 것을 의미한다면 우리는 이미 개화된 상태였기 때문에 그러한 용어를 사용해서는 안 된다는 것이다. 사실 '개화'라는 용어는 영어 'civilization'을 일본에서 번역한 것으로서 서구중심적인 시각이 내재되어 있다고 봐야 한다. 더욱이 '개화'와 관련된 용어에 대해서도 아직 역사학계에서 논의가 진행 중이다.[20] 따라서 '개화기'라는 용어가 이 시기의 성격에 적합한지에 대해서는 좀더 검토할 필요가 있다.

근래에는 한국어문학계에서 '개화기' 대신 '애국계몽기(愛國啓蒙期)'라는 용어를 사용해야 한다는 주장도 나오고 있다. 기존의 문학사에서는 대체로 갑오개혁이 시작되는 1894년부터 식민지가 되는 1910년까지를 '개화기 문학'으로 설정하고 있지만, 새로운 형식의 문학작품이 본격적으로 나오기 시작하는 시기는 1905년 무렵이고, 그 작품들의 내용도 대개 당시의 시대적 요구에 부응하여 애국계몽적인 성격을 가지고 있기 때문에 '개화기 문학'보다는 '애국계몽기 문학'이라고 부르는 것이 좀더 타당하다는 것이다. 즉, 한국의 근대사가 제국주의 세력의 침략에 맞서 근대 민족국가를 수립하려는 노력으로 파악된다면, 문학사에서도 '민족문학'의 입장에서 그것에 걸맞은 용어를 사용하자는 것으로 이해된다. 하지만 '애국계몽기'는 1905년부터 1910년까지의 짧은 시기에 한정되기 때문에 특정한 분야에서는 사용할 수도 있겠지만 이 시기 전체를 가리키는 용어로는 적당하지 않다.

　지금까지 검토한 것처럼 한국 근대사의 앞 시기를 가리키는 용어로 사용되는 '한말', '구한말', '개항기', '개화기', '애국계몽기' 등은 모두 크고 작은 문제를 지니고 있다. 이는 한국의 근대사 자체가 상당한 굴절을 경험했고, 한국 근대사를 파악하는 다양한 시각이 존재하기 때문에 당연한 일일 수도 있다. 어떤 용어를 사용할 것인가는 단순한 편의에 의해서가 아니라 그것을 사용하는 연구자의 이념적 지향과 역사에 대한 평가에 따라 달라질 수밖에 없다. 따라서 당분간은 각각의 학문 분야별로 적절하다고 생각되는 용어가 사용될 수밖에 없겠지만, 여러 분야의 연구자들이 머리를 맞대고 좀더 적절한 용어가 없는지 찾아 나가는 노력은 계속되어야 할 것이다.

왜정시대, 일제식민지시대, 일제강점기

김정인

1910년부터 1945년까지 국망기(國亡期)를 지칭하는 용어는 왜정(倭政), 일제(日帝), 식민지(植民地) 등의 단어에 강점기(强占期), 시대(時代), 시기(時期) 등을 붙여 만들어져왔다. 왜정, 왜정시대, 일제강점기, 일제시대, 일제시기, 식민지시대, 식민지기, 일제식민지시대, 일제식민지시기 등이 바로 그것이다.

    해방 직후 사람들은 치욕의 35년을 왜정 치하로 기억하며 치를 떨었다. '왜(倭)'란 전통적으로 한국과 중국에서 일본을 가리키던 말인데, 중국과 한국 해안에 침입하여 약탈을 자행하는 일본의 해적을 왜구(倭寇)라고 부르면서 왜에 대한 이미지가 나빠졌다고 한다. 특히 우리에게 일본은 선진 문물의 전달자를 상대로 노략질을 일삼고, 심지어 전란까지 일으킨 배

은망덕한 존재로 인식되었다. 그래서 아편전쟁에서 청이 패하면서 동아시아에 위기의식이 고조될 때에도 동학도들이 서이(西夷), 즉 서양의 오랑캐가 아니라 오히려 "개 같은 왜적 놈"을 경계할 만큼 심한 불신의 대상이기도 했다. 일본의 침략 야욕에 국권 상실의 위기를 맞고 있던 대한제국기에는 공문서에조차 '왜정문서'라는 용어가 버젓이 등장하고 있었다.

국망이 현실화된 후, 해외 민족해방운동세력이 발간했던 신문과 잡지에서 침략자 일본을 '일본'이라 부른 예는 찾아보기 어렵다. 대한민국 임시정부가 상해에서 발행하던 『독립신문』이나 하와이 교포들이 발간했던 『국민보』에 등장하는 용어를 살펴보면, 왜정부(일본 정부), 왜총독부(조선총독부), 왜내각(倭內閣, 일본 내각), 왜경(倭京, 도쿄) 왜정탐(일본 스파이), 왜공사(倭公使, 일본공사) 등 일본을 일관되게 '왜'로 지칭하고 있다. 왜적(倭敵)이라는 용어도 등장한다. 이처럼 일본의 가혹한 식민통치를 경험하면서도 전통적인 대일의식을 바탕으로 이미 역전된 한일 간의 역관계를 인정하지 못하고 있는 정서, 바로 우월의식과 저항의식이 교차하는 지점에 '왜'라는 용어가 자리하고 있었다.

일본 제국주의 치하를 벗어났건만 해방 후에도 여전히 '왜정'의 기억은 강렬했다. 모든 언론은 그 시절을 여전히 '왜정하(倭政下)'로 상기하고 있었다. '왜적의 영토정치하'라는 표현도 등장했다. 공론의 장에서 일제 치하 35년을 왜정 혹은 왜정시대라 지칭하지 않게 된 것은 1950년대 말엽부터였다.

하지만 지금도 왜정이란 용어가 언론에 오르내릴 때가 있다. 바로 일제 치하에서의 기억을 구술할 때, 증언자들은 대개 왜정 때라든지 왜정시대라는 표현을 쓴다. 그렇게 왜정이라는 용어는 구전을 통해 꾸준히 세뇌되어왔다. 민요를 복원하는 작업을 할 때도 '왜정노래' 혹은 '왜정민요'라는 제목을 내건다. 민중의 정서에 깊숙이 배어 있는 일본의 이미지는 여전히 '왜'이고, 일제 치하 35년은 왜정 치하이다. '왜정'의 질긴 생명력은 우월의식과 저항의식이 함께 녹아 있는 우리의 반일정서를 상징한다.

그렇다면 해방 이래 학문적으로는 일제 치하 35년간, 즉 국망기를 어떻게 지칭했던 것일까? 일단 학계에서 왜정이란 용어를 사용한 예는 찾기 어렵다. 한편 해방과 6·25전쟁을 거치면서 역사학계를 주도하게 된 문헌고증사학 계열의 학자들은 해방 이후 현대사는 물론 일제 치하의 역사=근대사 연구도 당대의 일이므로 객관성을 확보할 수 없다는 이유로 외면했다. 일제 치하에서 일본 학계 인맥과 학풍의 가장 지근거리에 있었던 이들의 근현대사 연구 홀대는 객관성으로 포장된 고도의 정치적 판단에서 비롯된 것이기도 했다. 덕분에 일제 치하 35년간에 대한 성격 규정 및 용어 정립은 상당 기간 논의의 대상조차 되지 못했다. 다만, 이 시기의 대표적 통사서인 이병도의 『국사대관』에서는 '일제침략시대'라는 용어를 사용하고 있었다. 하지만 이 책의 본문에서는 침략 주체를 '일제'가 아닌 '일본'으로 쓰고 있다.

4·19와 한일회담 반대운동을 계기로 민족주의적 기풍이 되살아나고 역사학계에서 식민사학을 극복하려는 노력이 본격화되면서, 일제 치하 35년간의 역사가 학문 대상으로서 서서히 다루어지기 시작한다. 한일협정 체결 직후인 1966년에 임종국이 『친일문학론』을, 1967년에 문정창이 『군국일본조선강점36년사』를 내놓았다. 일본이 내놓은 청구권 자금으로는 생색내기용이나마 『한국독립운동사』(독립유공자사업기금운용위원회 발행)와 관련 자료집들이 발간되었다. 생존하던 친일 권력의 위세에 눌려 쉽사리 제기하기 어려웠던 친일 문제와 함께 일제 '강점'과 이에 저항한 민족해방운동의 역사가 해방 20년 만에 비로소 빛을 보게 된 것이다.

1970년대 이후 반독재민주화운동이 전개되면서 근현대사 학습 붐이 확산되었다. 그동안 연구 자체가 도외시되면서 역사적 진실에 접근하는 길이 차단당했던 풍토에 대한 반작용은 거셌다. 특히 '친일' 독재정권에 의해 은폐되거나 왜곡당했던 민족운동의 실상에 많은 관심을 보였다. 1970년대까지의 근대사 연구 성과를 망라해 발간된 『한국근대사』 I·II·III(1977)에서는 일제 치하를 '일제식민지시대'라고 일관되게 지칭하고 있었다. 일제식민지시대는 1960년대 말 한국사 시대구분 논쟁이 전개될 당시 역사학자 홍이섭에 의해 제기된 용어였다.

　1980년대에 들어와 본격화된 사회구성체론 논쟁에서는 일제 치하 35년을 어떤 사회로 성격을 규정할 것인가가 주요 쟁점으로 부각되었다. 역사적 사실에 관한 탐색과 그 사회성격 분석이 동시에 진행되는 '기현상' 속에서 주로 쓰인 용어는 '식민지시대'였다. 사회구성체 논쟁에서 식민지적 성격과 그 계승 여부가 쟁점화되면서, 일제 치하 35년간을 식민지시대로 명명하는 것은 그만큼 자연스러운 일이었다. 1980년대 중반부터는 민주화의 추세와 사회변혁이론의 득세 속에 인문·사회과학은 물론 예술 분야에서까지 우리의 근대사를 규명하고자 하는 붐이 조성되었다. 다양한 분야에서 많은 연구 성과가 발표되었는데, '일제시대'라는 용어를 가장 많이 사용하고 있었다.

　이렇게 등장한 '식민지시대'나 '일제시대' 혹은 '일제식민지시대' 등의 용어는 근대사 연구가 본격화되면서 자연스럽게 역사학적인 검토 대상이 된다. 우선, 한국사 전반의 체계를 고려할 때, '시대'라는 용어를 사용하는 것이 부적절하다는 지적이 있었다. 역사학에서 '시대'가 갖는 의미는 일상적으로 쓰는 '시대'와는 자못 다르다. 역사학에서 '시대'는 시간을 역사적으로 구분한 특정한 기간을 의미하는 동시에 그 사회의 전체를 표현하는 총체이기도 하다. 그 각각의 사회가 특정한 기간에 갖고 있는 개별적 특질을 세계사의 보편성과 함께 통일적으로 인식하고 그 발전 논리를 이론화하려는 노력의 소산이 바로 시대구분이다. 예를 들어, 근대라는 '시대'적 특질을 갖춘 대한제국'기'를 대한제국 '시대'라고 불러서는 곤란하다. 이때는 '시대'가 아닌 '시기'라는 단어를 사용해야 한다. 그리고 '일제(일본 제국주의)'에는 일본의 침략 본질에 대한 규정이 들어 있고, '식민지'는 당시 우리의 처지를 표현하고 있기는 하나, 둘 다 일본 침략의 강제성이 드러나지 않는다는 비판을 받게 된다.

결국 일본 제국주의의 침략성을 드러내면서 '국망'의 강제성을 표현할 수 있는 용어는 무엇일까? 이러한 문제의식에서 나온 것이 '일제강점기'이다. 한국정신문화연구원이 발간한 『한국민족문화대백과사전』에서는 "1910년 8월 국권피탈로 대한제국이 멸망한 이후부터 8·15광복에 이르기까지 일제 강점하의 식민통치시기"를 '일제강점기'로 정의하고 있다.(필자 신용하) 그리고 "일제 35년은 한국 민족의 장구한 역사상 단 한 번 있었던 민족의 정통성과 역사의 단절시기였다는 점에 치욕적인 특성이 있다"라고 부연하고 있다. 이후 '일제강점기'는 국사학계에서는 가장 친숙한 용어로 자리잡게 되었고, 근대사 관련 인문·예술 분야의 연구 성과 전반으로 확산되었다. 더욱이 한일 간의 조약 체결 과정에서의 강제성과 불법성이 쟁점화되면서 '강점'이라는 표현은 한층 자연스럽게 받아들여졌다. 한편 북한의 경우는 일찍부터 '일제의 조선 강점'이라는 표현을 쓰고 있었다.

그런데 '일제강점기'라는 용어는 민족국가사의 입장에서 보면 매우 정당한 표현이지만, 탈민족주의자들은 쉽게 수용하기 어려운 용어이기도 하다. 사실 '일제강점기'라는 표현은 '왜정'이라는 국민 정서를 학문적으로 포장한 것이라는 비판을 받을 수 있는 측면이 있다. 그렇기 때문에 최근 탈민족적 성향을 가진 역사학자나 사회과학자들은 이 용어 대신 경향적으로 '일제시대'라는 표현을 즐겨 쓴다. 동아시아적 시각을 강조하는 입장에서도 한반도의 경계를 넘어 동아시아 전반으로 시야를 확대할 때, 근대 동아시아사는 곧 일본 제국주의사라고 볼 수 있으므로, 일제시대라는 용어를 선호한다.

아직 우리 국민의 정서에 일본군 '위안부', 강제징용 등의 과거사 문제를 외면하는 일본의 지배를 받던 시절은 '왜정'이다. 민족국가사의 입장에서 보면 명백히 '일제강점기'이다. 한편 탈민족·동아시아적 시각에서 볼 때는 일본 제국주의의 전성기, 즉 '일제시대'이다.

이처럼 역사용어의 선정에는 학자의 역사적 안목이 그대로 투영된다. 고려시기, 조선시기처럼 국가가 존립한 경우는 하나의 용어가 쉽게 통용될 수 있다. 그러나 국망기의 경우에는 쉽지 않다. 민족국가로서의 주체성을 상실한 시기, 그 자체를 바라보는 시각이 여러 갈래일 수밖에 없고, 서로 합일될 성질의 것들이 아니기 때문이다.

12

'위안부', 정신대, 공창, 성노예

강정숙

종군위안부, 위안부, 정신대, 여자근로정신대는 무엇이 다른가?

2005년 6월 11일 당시 일본 문부과학상 나카야마 나리아키(中山成彬)는 "종군위안부란 말은 원래 없었다"라는 발언으로 국제적인 물의를 일으켰다. 이 말은 당시 일본 중학교 교과서에 '종군위안부'라는 말이 실려 있다가 삭제된 것에 대해서 잘된 일이라고 언급하면서 나온 것이었다. 그가 "원래 없었다"라고 말한 것이 '종군'이란 수식어가 붙은 '종군위안부'라는 표현 그 자체만을 지적한 것이었다면, 그의 말은 옳다. 그런데 그의 발언이 단순히 '종군'이라는 표현을 지적하기 위해서 나온 것은 아니라는 점이 문제이다. 그는 기본적으로 '위안부'라는 것이 없었다고 주장하고 싶었던 것이다.

일본은 물론 우리 사회 한편에서 지금도 사용하고 있는 '종군위안부'라는 표현은 언제 나온 것일까? 1970년대 일본에서는 중일전쟁 이래 아시아·태평양전쟁(제2차 세계대전) 기간의 경험을 토대로 한 회고담이나 논픽션, 픽션이 집중적으로 출간되었다. 이때『종군위안부』라는 책이 간행되는 등의 흐름 속에서 일본에서는 '종군위안부'라는 용어가 고정화되어갔다. '종군'이 붙게 된 것은 종군간호부, 종군기자만큼 군과 밀접하고 제도화된 존재였다는 인식에서 비롯되었다고 본다. 하지만 종군이란 수식어가 강제성을 드러내지 않는다는 점에서 한국의 관련 단체들은 이 용어를 적절하지 않다고 보았다.

한국 사회에서는 중일전쟁 이후 일본군에 의해 강제로 반복적·조직적으로 성폭행을 당했던 여성을 꽤 오랫동안 '정신대(挺身隊)'라고 불러왔다. 그런데 정신대라는 용어는 이름 그대로 '일본 국가(천황)를 위해 몸을 바치는 부대'란 의미이므로 이에 대해서는 좀더 명확한 설명이 필요하다.

정신대라는 용어가 조선에 나타나는 것은 1940년경부터이다. 이때 정신대는 남녀 모두에게 적용되는 용어였다. '사상의 정신(挺身)부대', '농촌정신대', '연료(燃料)정신대', 군부대장의 이름을 딴 '마쓰모리(松森)정신대', 요리영업 종사 여성을 조직했던 '특별여자청년정신대'와 같은 이름에서도 이를 확인할 수 있다. 정신대는 보국단, 보국대라는 말과 혼용하여 일반명사로서 활용되었다.

하지만 일반인들이 정신대라는 용어를 널리 쓰기 시작한 것은 1943년 이후였다. '여자정신근로령'이 논의되고 '여자근로정신대'가 조직되기 시작한 시기부터였다. 이때부터 '정신대' 하면 '여자근로정신대'를 말하는 것이 되었다.

원래 이 여자근로정신대는 전쟁으로 인해 남성노동력 부족을 느낀 일제가 여성들을 군수공장으로 동원하기 위해 만든 것이었다. 일본에서는 이러한 여자근로정신대와 군 '위안부'의 구분이 아주 선명하다. 그런데 왜 우리는 일본군에 의한 성폭력 피해자를 '정신대'로 생각하게 된 것일까? 그리고 여자근로정신대로 동원되었던 이들이 자신이 정신대였다고 말하지 않게 된 이유는 무엇일까?

그것은 일제의 여성 동원을 고려 공녀처럼 본 까닭이라고 생각한다. 당시에 '처녀공출'이란 말이 나왔던 것은 바로 정신대에 대한 이런 의식을 보여주는 것이 아닐까? 한편으로 여자근로정신대와 일본군 '위안부'가 완전히 분리되지 않았기 때문일지도 모른다. 문헌자료는 아직 발견되지 않았지만, 여자근로정신대로 동원되었던 사람 중에 군 '위안부'가 된 증언자가 있기 때문이다. 그리고 군 '위안부'가 된 여성을 가리키는 말로, 당시에도 '정신대'란 용어가 쓰였다고 증언하는 사람도 있다. 해방 직후 신문기사에서도 귀국하는 '위안부'를 정신대로 불렀다. 여러 가지 이유가 함께 작용했겠지만, 군수공장에서 노동을 했을 뿐인데도, 여자근로정신대로 동원되었던 여성 중에는 자신이 정신대였다는 말을 하지 못하고 숨기는 이들이 많이 있다. 이렇게 정신대란 용어는 혼란을 내포하고 있기 때문에 군 '위안부'와 정신대, 여자근로정신대라는 용어는 구분해서 사용해야 한다.

'위안부'를 둘러싼 논쟁

그러면 정작 일본군에 의해 반복적·조직적으로 성폭행을 당한 여성들을 당시에는 어떻게 불렀을까? 이미 널리 알려졌듯이 '군 위안부'와 '위안부'라고 불렀고, '작부(酌婦)'와 '창기(娼妓)'처럼 일본 공창(公娼)제도에서 쓰이던 표현이나 일반 성매매 여성을 지칭하던 표현을 그대로 쓰기도 했다. 실제로 일본군이 만든 규정에 의하면 군 위안소에서는 술을 먹지 못하게 되어 있었는데도 군이 이들에게 붙인 이름은 '작부'였다.

한동안 일본 우익 정치인들이 "위안부는 상행위를 한 것이다", "위안부는 공창이었다"라는 말로 우리 사회를 뒤집어놓은 적이 있다. 그러면 '위안부'가 된 여성은 돈이나 공창제도와 완전히 무관했는가? 일본인 군위안부의 증언은 극히 적지만, 지금까지 확인되는 바에 의하면 일본에서는 거의 기존 성매매 관련업을 통해 '위안부'를 동원했다. 여자근로정신대, 정신대라는 용어와 혼용되는 예도 별로 없다. 이것은 기본적으로 일본의 식민지와 점령지에서 '위안부'를 동원하는 방식이 식민본국인 일본과 차이가 있었기 때문이다.

일본 내의 '위안부' 동원에서도 물론 사기와 같은 방식도 있었고 이러한 일로 인해 재판도 있었으며, 일본 행정경찰기관과 군 사이에 약간의 이견이 없었던 것은 아니다. 일본 정부는 후방에 있는 일본 여성의 역할로 군수물자 생산과 후일의 병사 생산에 중요한 비중을 두었다. 때문에 일본의 일반 여성을 '위안부'로 동원한다는 소문이 나는 것을 경계하면서, 되도록 성매매에 종사하던 여성들로 '위안부'를 충원하려 했다. 하지만 이는 쉽게 관철될 수 있는 것은 아니어서, 국제법을 위반하거나 소위 일반 여성이 동원되는 경우가 종종 있었다. 일본에서도 이와 같은 상황이 벌어졌는데, 하물며 일본군이 전권을 휘두를 수 있는 식민지나 점령지의 여성 동원은 더 이상 말할 필요가 없다.

게다가 우리 사회에서 자신이 피해자임을 밝힌, 즉 커밍아웃을 한 피해자는 대부분 성매매와 관련이 없던 이들로서, 취업 사기나 물리적 폭력에 의해 동원된 경우였다. 커밍아웃을 한 피해자들에게 위안부가 되기 전 성매매 전력이 거의 없었다는 사실은, 초기의 '위안부' 관련 연구서나 한국의 민족주의적 경향 등과 연결되어 '위안부' 피해자에 대한 우리 사회의 고정관념, 즉 '위안부'로 동원된 여성들은 '순결한 꽃다운 처녀'였다는 이미지를 만들어냈다.

하지만 '위안부'가 된 여성들 가운데 '위안부'가 되기 전에 성매매업에 종사하던 여성이 전혀 없었다고 단정할 수는 없다. 오히려 꽤 많은 수가 이 영역에서 공급되었을 가능성이 높다. 또 '위안부'로 동원된 이후 위안소에서 돈을 받았던 경우도 없지 않다. '위안부' 여성들에게 그 돈이 직접 지불되었는가는 별도의 문제로 삼더라도, 일본군의 규정에 의하면 일반적으로 돈을 지불하도록 되어 있었다.

군 위안소를 감독·통제하는 주체는 궁극적으로 일본군이었지만, 위안소를 경영하는 주체가 꼭 일본군이었던 것도 아니었다. 직영위안소를 제외하면 관리인이 있었다. 필리핀·인도네시아 등지에서는 군정감부 휘하의 일본인 실업단이 이러한 시설의 설치 및 유지 책임자가 되는 경우도 있었다. 일종의 조합 형식을 띠며 운영하는 방식은 일본 내의 공창제도와 비슷했다.

그런데 문제는, '위안부'가 된 여성들이 돈을 받았다든지, '위안부'가 된 여성들의 전력(前歷)이 공창이라든지, 일본군 '위안부' 제도의 운영 방식이 공창제와 유사하다는 데에 일본군 '위안부' 제도의 핵심이 있는 것이 아니라는 점이다. '위안부' 동원과 수송, 위안소 설치, 운영 통제에 일본군과 일본 정부, 그리고 조선총독부가 직접 개입하고 있었다는 점에서 일본군 '위안부' 제도는 공창제와 전혀 다르다. 또 일본군이 위안소를 직접 경영하지 않았다고 하여 일본 정부와 일본군의 책임이 면제될 것이 아니다. 일본군 수뇌부가 일본군의 성병 예방, 성욕 해결, 치안 유지 등을 목적으로 제도를 만들고, 일본 정부가 이를 위해 지원하여 일본군 '위안부'라는 피해자들을 만들었다는 데 문제의 초점이 있다. 이러한 점을 외면하고 여성의 전력을 강조하거나 돈을 받았다, 혹은 공창제와 유사하다는 등의 특성을 강조하는 이들은, 이런 방향으로 세인의 관심을 돌려놓음으로써 '위안부' 제도의 범죄성을 은폐하려고 하고 있다.

'위안부'를 무엇이라 불러야 하나

일본군 '위안부' 문제가 제기된 이후 이 문제와 관련된 활동의 과정을 보는 것은 한국 현대(여성)운동사의 중대한 흐름을 포착하는 것이기도 하다. 우리 역사상 이처럼 외면당하고 묻혀 있던 사실을 역사적 문제로 수면 위로 끌어올린 예도, 또 우리가 제기하여 전 세계 공론으로 확대시킨 운동도 그리 많지 않다. 용어도 운동의 확대 과정과 연동된다. 1990년대 한국, 일본, 동아시아, 그 외의 세계로 파문이 확산되어가면서, 용어 역시 정치(精緻)화 과정을 거쳤다. 운동 초기에는 '정신대'라는 포괄적인 용어에서 시작했지만, 1990년대 일본군 '위안부' 문제를 제기한 운동에 역사 연구자들이 결합하면서 시대상과 결부되어 있는 역사용어로서 일본군이 만든 제도하에서 반복적으로 성폭력을 당한 여성들을 군 '위안부'나 일본군 '위안부'로 쓰게 되었다. 그런데 이 '위안부'라는 말은 당시 군이 붙인 이름으로, 집권자의 의도가 그대로 드러나 있을 뿐 아니라 남성 중심적인 용어이다. 정작 피해 여성들은 자신들이 무엇이라고 불리는지도 모르는 채 있었고, 피해자의 관점은 용어에 전혀 반영되지 않았다. 그래서 잠정적으로 따옴표를 써서 '위안부'라고 쓰는 것으로 주의를 기울여왔다.

'위안부'라는 용어를 명실상부한 적확한 표현으로 바꾸어야 한다는 문제제기도 꾸준히 있었다. 한일 간의 심포지엄에서 전쟁 성노예, 성노예

등의 명칭이 논의되었다. 하지만 우리 사회는 이러한 문제의식을 충분히 공유하지 못했다. 오히려 이 문제에 대한 논의가 유엔 등의 국제기구로 확대되는 과정에, 현대형노예제실무회의와 인권소위원회 등에서 일본군 '위안부' 제도는 자연스럽게 군대 성노예제(military sexual slavery)로 수용되었다. 이것은 일제하에 일어났다는 특수성을 가진 것이지만 전시하 여성에 대한 성폭력이라는 다른 지역의 경험과도 연결되어 쓰이게 된 용어였다. 그러나 '위안부'라는 표현 자체는 적절하지 않지만 역설적으로 일제가 '위안부'라는 용어를 만들어가면서 제도화했던 당대의 특수한 분위기를 전달해준다는 점, 이미 많은 이들이 익숙하게 사용하고 있다는 점, 생존 피해자들이 '군대 성노예'라는 표현을 섬뜩하게 여긴다는 점 등의 이유가 있어 한국의 관련 연구자나 활동가 사이에서는 아직 일본군 '위안부'와 일본군 '성노예' 두 용어가 함께 쓰이고 있다.

13

친일과 협력

이기훈

'친일(親日)'은 정말 익숙한 말이다. 일반적으로 '친일'과 함께 사용되는 역사용어라면 '부일(附日)'을 들 수 있지만, 사실 부일과 친일은 의미의 차이가 거의 없다. 먼저 친일에 대해 살펴보자. '친일'이란 용어는 언제 처음 쓰였을까?

사실 친일파란 말은 그 연원이 1세기를 넘지 않는다. 1894년의 동학농민전쟁이나 을미의병들의 포고문에서는 친일파라는 말을 찾기 어렵다. 이때까지만 해도 일본을 적대하던 사람들 대부분이 일본을 '왜(倭)'라 부르고 있었기 때문이다. 친일 또는 친일파라는 말은 1900년대 들어와서 본격적으로 사용된 듯하다. 친로파, 친미파 등과 나란히 일본에 기울었던 국내 정치세력을 지칭하는 말이기도 했고, 일본의 입장에서 '배일파(排日派)'

에 대항하는 우호적인 한국 내 세력을 지칭하는 말로 사용되기도 했다. 우리가 지금 흔히 사용하듯 '매국(賣國)'의 의미로 '친일'이 사용되기 시작한 것은 1905년 이후, 특히 1907년 이후였던 듯하다. 이즈음부터 "일본을 의지ᄒ야 우리 나라를 팔며 일본을 의지ᄒ야 우리 황상폐하를 릉욕ᄒ며 일본을 의지ᄒ야 우리 동포를 학살ᄒ며 잔인ᄒ고 악독ᄒ야 사람의 낫에 즘생의 ᄆ음 가진"[21] 존재로서 친일파를 공격하는 글들이 자주 나타난다.

이후 일본에게 국권을 빼앗기고 민족해방운동이 본격적으로 전개되면서 대다수 민중에게 친일파는 '매국노, 민족반역자, 저만 잘살려는 저질 인간'을 의미하게 되었다. 특히 국내외의 민족해방운동세력들에게 '친일파'란 일본 관리나 군인과 함께 처단해야 할 대상을 가리키는 말이 되었다. '친일파 암살단'[22]과 같은 조직도 결성되었고, 민족해방운동가들이 '친일파 밀정을 총살'했다는 기사도 자주 등장했다. 그러나 식민지 지배하에서는 어디까지가 '친일 행위'인지, 그리고 친일 행위를 하는 사람들인 '친일파'가 구체적으로 누구인지 확연히 정의된 사례는 많지 않다.

'친일' 행위가 과연 무엇이며 누가 친일파인가 하는 것이 구체적으로 문제가 되기 시작한 것은 해방 이후였다. 제국주의의 지배로부터 해방되어 새 국민국가를 건설하면서, 인적·제도적으로 일본의 지배를 청산하는 과제가 우선 제기되었다. 친일파는 정당한 민족의 일원으로 인정할 수 없는 존재였고, "조선인이면서도 조선인 아닌 일본 놈"이며 "조선 옷 입은 악질적인 일본 놈"으로 인식되었다. 특히 해방 직후부터 반민특위가 활동하던 시기까지 친일파는 '처단'되고 '일소'되어야 할 범죄였다. 친일 행위가 형사적인 죄와 처벌의 문제로 파악되면서, 친일파 또한 매우 구체적인 규정을 통해 지목하지 않을 수 없었다.

1948년 제정되었던 「반민족행위처벌법」은 제1장 '죄'의 항목에서 친일파를 1) 한일합방에 적극 협력하거나 한국이 주권을 침해하는 조항에 조인하거나 모의한 자, 2) 독립운동자나 그 가족을 살상 박해하거나 지휘한 자, 3) 일본 정부로부터 작위를 받거나 제국의회 의원이 된 자, 4) 습작(襲爵)한 자, 중추원 간부, 칙임관 이상 관리, 밀정, 독립운동 방해 단체 간부, 군경찰 간부, 군수공업 경영자, 관공리 중 악질적 죄질이 현저한 자, 도(道)나 부(府)의 자문기관 또는 의결기관 의원 중 현저한 반민족 행위자, 5) 종교·사회·문화·경제 등 각 부문에서 반민족적 행위자, 일제에 아부하여 민족에 위해를 가한 자, 6) 고등관 3등급 이상, 훈 5등급 이상 관공리, 헌병, 경찰, 헌병보, 고등경찰 등으로 정의하고 있다.

그러나 잘 알려져 있다시피 친일파에 대한 고발과 단죄를 담당한 반민특위는 이승만 정권에 의해 무력화되었다. 그 이후 '친일' 행적을 지닌 사람들이 기득권을 계속 유지하면서 1970년대까지 학문 영역에서 친일과 친일파에 대한 논의 또한 거의 전개되지 못했다. 친일 문제에 대한 본격적인 논의는 1980년대에 다시 시작되었다. 처음에는 지금까지 감추어졌던 친일 행위들의 실태를 드러내는 진상 규명이 논의의 중심이 되었다. 실제로 민족의 지도자로 알려졌던 사람들의 친일 행적은 많은 사람에게 충격을 주었다.

반민특위 당시처럼 '친일'을 죄와 처벌의 영역에서 다루는 것이 현실적으로 어려운 상황에서, 친일은 책임과 과거청산의 문제가 되었다. 그리고 1980년대 이후에는 '민족'의 가치를 윤리적 기준으로 하여 친일파들의 반민족 행위를 비판하는 것이 친일 담론의 중심이 되었다. 이는 해방 이후 한국에서 반민주적이고 종속적인 체제가 지속적으로 재생산되었던 것 자체가 일제 지배의 인적·제도적 잔재를 청산하지 못해서라고 파악했기 때문이다.

그런데 이후 어느 정도 친일 문제에 대한 연구가 진행되고 여러 가지 사실이 밝혀지면서, 어디까지를 '친일'로 규정할지 논란이 재개되기 시작했다. 사실 1945년 이후 한마디로 '친일'이라고 정의되기는 했지만, 그 내부에는 상당히 다른 수준의 행위들이 포함되어 있었다. 을사오적 같은 매국노들이나 숱한 사람들을 고문·살해하고 민족해방운동을 탄압한 자들이야 누가 봐도 명백한 친일파이며, 이들의 범죄 행위를 밝혀내 처벌하자는 데 반대하는 사람은 없을 것이다. 그러나 제 한 몸의 안일을 위해서 한 일이기는 하지만 일제의 식민통치와 침략전쟁을 돕는 수준에 머물렀던 많은 사람의 경우, 어디까지 개인에게 책임을 물을 수 있을까?

이런 친일의 정도와 죄질의 차이라는 것이 어떤 의미가 있을까? 한 개인에게 물을 수 있는 책임의 한계는 무엇인가? 이런 의문들에 더하여 최근 더욱 근본적인 문제가 제기되었다. 과연 책임을 묻는 주체는 누구인가? 지금까지 '친일파'를 단죄하고 그 책임을 묻는 주체는 '민족'이었다. 친일파 문제를 논할 때마다 흔히 제시되던 '민족정기론'이 바로 그 대표적인 예이다. 그런데 최근, 지금까지의 근대사 체계가 '민족'의 가치를 절대화하면서 식민지에 존재했던 다양한 삶의 양식을 지배와 저항의 흑백논리로 재단해왔다는 비판이 제기되었다. 식민지 사회를 '제국주의의 지배↔피억압 민족의 저항'이라는 단순 도식으로 파악하다 보니 사회정치적 행위를 저항이 아니면 '친일=반민족 행위'로 평가하게 되었다는 비판이다.

이런 입장에서 '친일' 대신 '협력'의 개념을 도입하게 된다. '협력'이란 용어는 '주변부 이론'에서 나온 말이다. 주변부 이론은, 19세기 제국주의의 팽창을 제국주의 중심 국가들의 의도나 목표보다 식민지나 반식민지 상황에 놓여 있던 주변부 내부에서 현지 엘리트로 구성되는 협력의 체제를 중심으로 설명하는 이론이다. 이런 의미의 '협력'으로 파악할 경우, 행위자 개인의 책임보다는 제국주의가 식민지를 지배하는 과정에서 형성되는 협력의 구조나 체제가 중요시될 수밖에 없게 된다. 그러나 구조의 문제를 무시할 수는 없겠지만, 역사적 과정 속에서 개인의 책임을 면제시켜 주지는 못한다. 책임을 묻는 주체로서 민족을 배제한다고 해도 여전히 책임과 윤리의 문제는 남게 된다. 그렇다면 이런 문제는 '협력'의 개념으로 설명할 수 없지 않을까?

협력의 개념을 사용했다고 해서 '친일(파)'이 가진 '책임'의 문제의식을 완전히 배제했다고 할 수 없다. 마찬가지로 친일의 문제의식 아래서 협력 개념을 사용하는 것이 불가능하다고 단언할 수도 없다. 그러나 식민지에서 제국주의와 현지 엘리트 사이의 관계를 설명할 때, 책임과 과거청산의 측면을 강조하는 역사인식과, 일상과 구조를 강조하는 협력의 인식 사이에는 상당한 거리가 존재한다. 지금 친일청산이 해방 이후 60년 만에 다시 제기되면서 이 문제에 대한 더욱 진지한 논의가 가능한 조건이 형성되었다. 섣부른 결론을 내리기보다 진지한 토론을 통해 우리는 역사 속에서 구조와 책임, 국가와 개인의 문제에 대해 새로운 인식의 지평을 열 수 있을 것이다.

민족자본의 개념을 다시 돌아본다

전우용

오늘날 '민족자본'이라는 말은 학술 논문에서나 간간이 눈에 띌 뿐 일상용어로는 거의 사용되지 않는다. 그것은 이제 마치 '중인(中人)'이나 '도고(都賈)'처럼 '역사적 용어'가 되어버렸다. 신자유주의 세계화, 즉 세계적 차원에서 자본운동의 통합성이 고도화된 현재에 '민족'과 '자본'을 결합하여 이해하는 방식은 정합적이지 못할 뿐 아니라 유용하지도 않다. 예컨대 한국의 대표 기업인 삼성전자는 그 주식의 50% 이상이 외국인 소유이다. 경영권은 '한국인'이 쥐고 있으나 이 기업의 이윤 중 상당 부분은 외국으로 유출된다. 반면에 기업 이윤 중 또 다른 일부는 국내에 재투자되어 고용을 창출하고 시장을 확대하며 관련 기업의 매출을 증대시킨다. '매판자본' 혹은 '예속자본' 대 '민족자본'이라는 구분선만으로는 이 기업의 재생산 과정을 이해하기 어렵다.

그렇다고 해서 '민족자본' 개념을 완전히 폐기할 필요는 없다. 역사적 사실을 이해하고 설명하기 위한 '역사용어'로서 이 개념은 과거에 그랬던 것처럼 현재에도 유용하다. 다만 문제는 이 용어가 지칭하는 대상이 본래 구체적이거나 확정적이지 않았던 탓에 개념상 혼란을 자주 빚어왔다는 데 있다. 사실 '민족자본'은 오용(誤用)이라고까지는 할 수 없어도 혼용(混用)되고 있는 역사용어임에 분명하다. 혼용을 바로잡기 위해서는 무엇보다도 '시기'—특정한 조건 또는 상황이 지속되는 역사적 시기—와 '대상'을 분명히 할 필요가 있다.

자본주의(Capitalism)와 민족주의(Nationalism)는 본래 쌍생아이다. 자본은 자신의 자유로운 운동 공간과 노동력을 확보하기 위해 모든 형태의 봉건적 지역주의, 분권주의, 가족주의에 적대적이었다. 민족은 봉건제에 대한 '자본'의 투쟁 과정에서 '발견'되었거나 '확장'된 공동체이며, 민족주의는 바로 이 공동체의 형성·발전·팽창에 최상의 가치를 두는 일련의 이념체계이다. 그런 점에서 원칙적으로 모든 자본은 '민족자본'이다. 그러나 우리는 영국이나 미국, 일본의 자본에 '민족자본'이라는 이름을 붙이지는 않는다. 이들은 민족의 형성과 독립을 뛰어넘어 그 '팽창'을 추구하는 자본이며, 그 과정에서 다른 민족을 억압, 지배하는 자본이다. 그래서 이 자본은 따로 '제국주의 자본'이라 부른다. 제국주의는 일면에서 '민족적 팽창을 추구하는 사상·행위·제도'로 이해할 수 있는바, 그 과정에서 만들어진 세계사적 모순, 곧 식민지 민족문제와 관련해서만 '민족자본' 개념은 비로소 유의미한 것이 된다.

1980년대 중반까지 민족자본이라는 말은 흔히 '김연수의 경성방직'이나 '박흥식의 화신백화점'처럼 자본의 출자(出自)와 구성을 불문하고 식민지시기 조선인 자본가가 '관리 운영'한 자본을 통칭하는 개념으로 사용되어왔다. 식민지 당대에는 이를 '조선인 자본'으로 칭했고, 이를 포함하여 조선 내에서 축적되고 운동하는 자본—조선 내에서 축적된 일본인 자본이 오히려 주(主)였다—은 따로 '지장자본(地場資本)'이라 불렀다. 그런데 1980년대 중반부터 사회구성체 논쟁과 사회성격 논쟁이 활발해지면서 이와 같은 민족자본 개념은 더 이상 지지를 받지 못했다. 이 시점부터 '민족자본' 개념은 자본 소유자나 운영자의 민족 귀속이 아니라 자본의 '운동 방식과 기능'에 의해 규정되는 것으로 변화했다.

이런 의미의 '민족자본'이라는 용어가 처음 출현한 것은 1930년대 중국혁명의 과제와 성격을 둘러싸고 코민테른과 중국 공산당 내에서 광범위한 논쟁이 전개되면서부터였다. 당시 논쟁의 핵심은 제국주의가 중국 자본주의의 발전을 억제하는가 촉진하는가, 그리고 중국인 자본가가 제국주의 및 국내 봉건세력에 반대할 것인가 아닌가 하는 문제였다. 논쟁은 중국혁명의 성공에 의해 사후적으로 마무리되었다. 마오쩌둥(毛澤東)을 비롯한 중국 공산당 지도부는 제국주의의 침략으로 인해 중국 사회가 반식민지 반봉건사회로 재편되었기 때문에, 중국혁명은 반제반봉건 민주주의혁명이 되어야 한다고 보았다. 즉, 제국주의는 중국 사회 내 몇몇 부문에서 자본주의적 관계를 발전시키기는 했지만, 본질적으로는 봉건제를 유지·온존시켰다는 것이다. 이는 중국 자본주의의 발전에 절실한 이해관계를 갖는 부르주아지들의 저항을 촉발하였던바, 중국 공산당과 코민테른은 이렇듯 제국주의 및 국내의 봉건적 질서에 적대적인 자본, 그럼으로써 당대의 시대적 조건하에서 '진보성'을 담지한 자본을 특정하여 '민족자본'으로 개념화했다.

중국혁명운동의 경험을 토대로 정립된 식민지반봉건 사회론은 이후

식민지 일반의 사회성격을 해명하는 이론의 하나로 자리잡았다. 1980년대 중반 한국 학계에서는 중국에서 정립된 '민족자본' 개념을 식민지 조선에 '적용하는' 문제가 주요 쟁점이 되었다. 즉, 중국과는 달리 완전 식민지였던 조선에서 민족자본이 범주적으로 존재할 수 있었는가, 있었다면 어느 정도의 양적·질적 비중을 점하고 있었는가가 논란거리가 되었다. 그런데 식민지 조선에서 중국에 존재했던 것과 같은 민족자본 범주를 검출하는 것은 사실상 불가능했다. 완전 식민지 상황에서 제국주의와 관련을 맺지 않고 자체의 원료 원천과 시장, 금융에 의존하는 민족자본이란 애초에 존재할 수 없었다. 설령 존재했다 하더라도 그것이 곧 소멸할 것은 필지의 사실이었다. 식민지반봉건 사회론자들은 이와 관련하여 민족자본과는 별도로 '토착자본(土着資本)'*이라는 개념을 사용하면서, 조선의 토착자본을 순경제적 관점에서 분석할 경우 '엄밀한 의미의 민족자본'은 검출할 수 없지만, '민족적이면서 동시에 예속적인' 자본은 범주적으로 성립할 수 있다고 보았다.

한편 당시 사회성격 논쟁의 다른 한 축을 형성했던 식민지 자본주의론에서는 '민족자본' 개념 자체를 인정하지 않았다. 이미 1930년대 중국 사회성질 논전 단계에서 소위 자본파는 '민족자본가'를 반제혁명역량의 하나로 승인하기를 거부한 바 있었다. 그들은 "중국은 이미 자본주의 사회이며, 자본가는 조만간 반제·반봉건투쟁으로부터 등을 돌릴 것"이라고 예견했다. 이들에게 중국 사회에 남아 있는 봉건성은 소멸해가는 '잔재'일 뿐, 강고히 유지·온존되는 것은 아니었다. 그들은 제국주의 자본과 토착자

---

* 이 개념은 지장자본과 혼동될 우려가 있다. 토착자본을 말뜻 그대로 풀이한다면 그 소유와 운영자의 민족 귀속과는 무관하게 조선 내에서 형성·축적되고 조선 내 시장을 배경으로 재생산되는 자본을 지칭하는 것이 된다. 그러나 당시 논자들은 이를 조선인이 소유·운영하는 자본의 의미로 썼다.

본 간에 일정한 대립이 있다 할지라도 그것은 자본간 경쟁의 정치적 반영에 불과하며, 곧 소멸해갈 것이라고 보았다. 식민지 자본주의론이 중국의 자본파보다 더 심화시킨 인식이 있다면, 그것은 자본간 대립의 축을 '제국주의 독점자본 대 토착 중소자본'의 구도로 파악한 데 있다. 자본가가 반제투쟁에 나서는 것은 '반봉건 민주화'의 요구로부터가 아니라, '반독점 민주화'의 요구로부터라는 것이다. 그런데 이 경우에는 식민지하 부르주아 민족주의자들이 일정 기간 동안 민족운동에서 지도적 위치를 차지했던 이유를 설명할 수 없다. 중소자본뿐 아니라 대자본도 어느 기간까지는 중요한 반제세력으로 존재했다는 사실을 인정한다면, 이들을 어떤 개념으로 범주화할 것인가의 문제가 남는다.

따라서 역사용어로서 '민족자본' 개념은 식민지시기의 사회경제나 식민지 민족해방운동을 이해하는 데 여전히 유용하다고 볼 수 있다. 다만 이 개념을 정치(精緻)하게 사용하기 위해서는 먼저 자본운동과 '민족주의' 또는 '민족문제' 사이의 관계를 검토할 필요가 있다. 한국사의 전개 과정에서도 19세기 말의 부르주아지들은 개화파, 계몽주의자로서 반봉건 과제 수행에 일익을 담당해왔다. 그들은 때로는 정변의 방식으로, 때로는 계몽운동의 방식으로 반봉건운동을 전개해왔으며, 일부는 반제투쟁에도 동참했다. 이미 식민지화 이전부터 개화파·계몽주의자의 상당 부분이 친일파로 전락해간 것도 사실이지만, 식민지화 이후로도 일부 부르주아지들은 중요한 반일세력으로 남아 있었고, 또 적극적으로 민족해방운동에 참여했다.

사실 제국주의는 항상 봉건제를 유지·온존시키는 것이 아니다. 마찬가지로 식민지에 봉건적 요소가 얼마나 오랫동안 온존하는가의 문제가 제국주의의 뜻에 일방적으로 달려 있는 것도 아니다. 제국주의는 식민지 내의 계급구성 변화와 계급투쟁의 추이에 따라 자신의 파트너를 얼마든지 달리 선택할 수 있다. 제국주의가 식민지를 '자본주의화' 하기 위해 침략한 것은 아니지만, 그렇다고 식민지의 '봉건성을 유지·온존' 시키기 위해 침략한 것도 아니다. 특정한 조건하에서는—1930년대 이후의 조선에서처럼—식민지 내 자본주의적 관계를 확대시키는 데 주력하기도 한다. 따라서 '민족자본' 을 '제국주의가 봉건성을 유지·온존시킨 탓에 본래적 반봉건성이 반제성으로 표출되는 자본' 으로 국한해서 본다면, '민족자본' 이 존립할 수 있는 시기와 조건은 극히 협소해지기 마련이다. 그런 점에서 '민족자본' 은 '제국주의가 온존시키는 봉건성' 에 반대하는 자본이 아니라 '제국주의 자본과 적대적 관계에 있는 자본 일반' 으로 개념화할 필요가 있다.

식민지화 이후 조선의 부르주아지들은 제국주의에 반대하는 일부와 그렇지 않은 일부로 분화되었다. 다시 1920년대 이후로는 제국주의에 저항하는 방법을 둘러싸고 분화되었으며, 그중 우파는 결국 최소한의 반제성마저 상실하고 말았다. 부르주아지들은 계속해서 제국주의에 타협하는 방향으로 경사(傾斜)하고 있었지만, 그렇다고 봉건적 관계의 온존을 지지하지는 않았다. 흔히 제국주의와 타협한 식민지 부르주아의 사상을 '민족개량주의' 로 개념화하고 그의 계급적 기초를 '예속자본' 으로 설정한다. 그에 대립되는 개념으로 사용할 수 있는 것은 이번에도 '민족자본' 이다.

식민지시기 조선의 예속자본은 제국주의에 예속되어 있을 뿐 아니라, 토지 소유를 매개로 하여 봉건제와도 결합되어 있었다. 그에 대립되는 민족자본을 설정하고자 한다면 시장, 원료, 금융 면에서 제국주의와 무관할 뿐 아니라 토지 소유, 고리대 등 모든 봉건적 잔재로부터 자유로운 자본을 찾아야 한다. 그러나 그러한 '민족자본' 은 상상의 세계 안에서만 존재한다. 식민지인의 자본은 어쩔 수 없이 '민족자본이면서 동시에 예속자본'이었다. 문제는 어떤 국면, 어떤 상황에서 '자본의 민족성'이 전면화하는가에 있을 뿐이었다.

일본 제국주의에 의한 식민지 경제의 재편 과정, 일본 제국주의 자본의 식민지 진출 과정은 조선인 자본 일반의 활동 영역을 규제하는 일차적 요인이었다. 그 진출 방향에 따라 조선인 자본은 재배치되었고, 그들이 제국주의 자본과 맺는 관계도 변화해갔다.

상품 수출이 중심이었던 1910년대, 회사령* 폐지를 계기로 일본 중소자본이 활발히 진출해온 1920년대, 그리고 일본 독점자본의 직접 진출로 특징지어지는 1930년대에 민족 부르주아지의 재생산 조건이 한결같을 수는 없었다. 제국주의 자본과 조선인 자본 간의 관계는 '경쟁'에서 '독점 대 비독점'으로 변화되고 있었고, 그에 따라 조선인 자본 일반은 경향적으로 '예속화'하고 있었다.

그러나 적어도 일정 기간 동안은 제국주의와 경쟁하는 조선인 자본이 존재했으며, 그 경쟁이 불가능해진 뒤에도 제국주의 독점자본에게 억압·수탈당하는 자본은 광범위하게 존재했다. 따라서 이들 자본, 즉 식민지시기 조선인이 소유·운영한 자본으로서 제국주의 자본과 경쟁적 관계에 있거나 그에 예속되어 성장에 제한을 받으면서 부르주아 민족운동의 물질적 기초로 작용한 자본을 특정할 때에는 '민족자본'이라는 개념을 사용해도 좋을 것이다.

---

* 일본이 한국을 강점한 직후 제정한 '조선회사령'은 식민지 내의 자본 활동 전반을 규제하여 총독부의 조선 경제 재편 방침에 순응하도록 하기 위한 것이었다. 따라서 그 규제 대상에는 조선인 자본뿐 아니라 조선 내 일본인 자본, 나아가 일본 본국 자본도 포함되었다.

독립운동인가, 민족해방운동인가?

이기훈

독립운동과 민족해방운동은 모두 제국주의와 싸워 이민족의 지배로부터 민족을 자유롭게 해방시키는 것을 목적으로 하는 민족운동을 가리킨다. 실제 사전적인 해석은 거의 유사함에도 불구하고, 독립운동과 민족해방운동이 주는 어감의 차이는 꽤 커 보인다. 많은 사람이 독립운동은 우익의 용어이며, 민족해방운동은 좌익의 용어라고 받아들이는 것 같다. 여기에는 북한이 지금껏 '민족해방'이란 말을 자주 내세웠던 탓도 있을 것이다. 하지만 북한에서 공식적으로 사용하는 용어라고 해서 다 사회주의자들의 전유물인 것은 아니다. 그렇다면 독립운동과 민족해방운동에 대한 오해, 특히 이 말들을 각각 우익이나 좌익의 전유물로 여기는 것에 대한 오해를 풀어보자.

우선 이미 일제하에서부터 민족해방운동가들이 독립운동과 민족해방운동이라는 표현을 함께 사용하는 경우가 종종 있었다는 점을 지적해야 할 것이다. 민족주의운동의 대표 격인 임시정부에서도 '독립운동'과 '민족해방운동'이라는 표현을 함께 사용했고, 한 문건 내에서 '독립운동'과 '민족해방운동'이라는 말을 같이 사용하기도 했다. 예를 들자면 1944년 임시의정원의 결의안 중에서 "임시정부가 우리 민족해방운동의 유일최고기관"[23]이라는 구절을 볼 수 있다.

그렇다고 독립과 민족해방운동이 같은 말이라는 것은 물론 아니다. 두 말은 어떤 차이가 있을까? 사실 독립운동, 사회운동, 해방운동, 계급운동처럼 특정한 목적을 달성하기 위해 여러 방면으로 활동하는 것, 특히 정치사회적 목적을 위해 사람들을 조직해서 움직이는 것을 '운동'이라고 하게 된 것은 대체로 1910년이 다 되어갈 무렵이었다. 1890년대 말부터 1900년대까지 '운동'은 신체를 단련하기 위해 몸을 움직이는 것을 의미했고, '운동회'가 크게 유행하면서 '운동'이라는 말도 널리 쓰이기 시작했다. 그런데 운동은 몸을 움직이는 것만이 아니라, 사적인 이익이나 목적을 위해서 무엇인가를 추진하는 것(현대식으로 표현하자면 '로비'에 해당하겠다)을 가리키거나, 또는 그야말로 움직임, 동향, 추이(청군의 운동, 미국 군함의 운동) 등을 의미하기도 했다. 그러다가 서서히 1904~5년 이후 러시아의 혁명운동, 개혁운동과 같은 말들이 소개되기 시작했고, '독립운동'이란 말도 외국의 사례를 소개하면서 이즈음 들어왔던 듯하다.

그렇다면 '독립'이란 말은 어떻게 도입되었을까? 독립은 사실 일본에서 먼저 번역되어 소개된 말이다. 후쿠자와 유키치를 비롯한 메이지시기의 일본 지식인들이 도입한 'independence(독립)'는 자유주의적 개인의 독자성과 국가의 문명화를 함께 의미했다. 따라서 국가의 완전한 독립이란 서구 국가들과 대등한 수준의 문명을 창출하는 것이며, 근대적 부국강병에 다름 아니었다. 우리나라에서도 대한제국기에 사용된 '독립'이란 말은 대체로 이런 틀에서 크게 벗어나지 않았으며, 특히 개인주의적 의미는 거의 탈각되고 국가의 문명화와 자주화를 가리키는 말로 정착했다.

한편 이때까지 국가의 독립이 강조되기는 했지만, 국채보상이나 교육구국과 같은 일련의 활동을 독립운동으로 지칭한 경우는 거의 없었다. 독립운동이란 외국의 사례를 소개하는 경우에만 국한되었던 듯하다. 그러나 1910년 일본에 의해 국권을 탈취당한 이후 '독립운동'은 우리의 문제가 되었다. 따라서 일본 제국주의의 지배에 반대하는 국내외의 저항운동들을 '독립운동'으로 일컫게 된 것이다.

'민족해방운동'이란 말은 독립운동보다는 좀더 늦게 사용되기 시작했다. 이 '민족해방'이라는 말은 제1차 세계대전 이후의 민족자결주의, 그리고 러시아혁명의 여파 속에서 확산되었고, 우리 운동가나 지식인들 사이에서 3·1운동 이후 1920년대부터 급격히 '민족해방운동'이라는 용어가 확산되기 시작했다.

그럼, 이처럼 가리키는 실체가 거의 동일하고, 또 실제로 혼용되기도 했던 '독립운동'과 '민족해방운동'의 차이점은 무엇일까? 우선 '독립운동'은 국가의 주권회복, 나아가서는 다른 국가와 대등한 지위의 확보를 목적으로 하는 운동이다. 이에 비해서 '민족해방운동'은 국가가 아니라 '민족'을 제국주의의 지배로부터 해방시키는 것을 목적으로 한다. 대체로 한 민족의 해방은 주권국가의 수립으로 귀결되겠지만, 그것이 동일한 차원의 문제는 아니다.

민족의 해방이 독립국가의 건설로 귀결되는 것은 민족 구성원들이 정치적 권리를 되찾았기 때문이다. 민족해방운동은 정치적 권리뿐 아니라

제국주의 지배하에서 빼앗긴 정치사회적 권리의 회복까지 모두 목적으로 한다고 할 수 있다. 따라서 민족해방운동이 독립운동보다 우리 항일운동의 성격을 더 포괄적으로 표현하는 용어라 할 수 있다.

한편 세계사 속에서 우리의 항일운동이 차지하는 위치를 설명하는 데에도 민족해방운동이 독립운동보다 더 적절한 표현이다. 민족해방운동은 주권을 완전히 탈취당한 식민지뿐만 아니라 반식민지 민족들이 펼치는 반제국주의운동도 모두 포괄한다. 하지만 독립운동은 그렇지 못하다. 인도의 독립운동이라는 말은 가능하지만 중국의 독립운동이라고는 하지 않는다. 중국은 어떻게든 국가체제를 유지했기 때문이다. 그러나 중국이나 인도, 그리고 한국에 이르기까지 식민지·반식민지 민중들이 제국주의 지배에 저항하여 싸운 세계사적인 흐름을 우리는 하나의 용어, '민족해방운동'으로 표현할 수 있을 것이다.

독립운동이 틀린 용어라고 할 수는 없다. 또 상황에 따라서 어떤 대상을 표현하는 데는 독립운동이 더 적절한 경우도 있을 것이다. 그러나 앞서 살펴본 바와 같은 이유로, 우리 민족의 반제국주의운동을 일반적으로 표현하는 용어로는 독립운동보다 민족해방운동이 더 적절하다고 본다.

16

무정부주의와 아나키즘

류시현

아나키(anarchy)란 지배자 또는 통치권력이 존재하는 않는 상태를 의미하는 그리스어에서 유래되었다. 이러한 아나키즘(anarchism)은 일본을 통해 한자 문화권에 수용되면서 무정부주의(無政府主義)로 소개되었고, 오늘날에도 양자는 혼용되어 사용되고 있다. 그렇지만 아나키즘은 정부를 전적으로 부정하는 것이 아니었다. 아나키즘은 정당한 국가란 있을 수 없다고 보기 때문에 사회 내의 제도들에 대한 모든 정치적·사회적 강제의 폐지를 요구하며, 더 나아가 인간의 인간에 대한 모든 강제적 권위 행사를 부정했다. 따라서 아나키즘이 지향한 사회는 자유로운 개인이 적정 규모의 공동체를 중심으로 연대하여 점차 큰 공동체를 이루고자 하는 데 있었다.

아나키즘은 프랑스 출신인 프루동(Proudhon, 1809~1864)이 1840년 출간한 『소유란 무엇인가』에서 "아나키, 즉 주인이나 주권자의 부재, 우리가 하루하루 접근해가는 통치 형태가 바로 이것이다"라고 선언한 뒤 하나의 사회이념으로 등장했다. 이러한 아나키즘은 인간, 특히 상대적으로 사회적 약자 사이의 상호주의와 협동을 강조했다. 반면 마르크스는 아나키즘에 대해 비판적이었다. 그는 1847년 『철학의 빈곤』에서 프루동을 유토피아적 비현실주의자라고 비난했으며, 1872년 헤이그에서 열린 인터내셔널 대회에선 프루동의 견해를 수용하고 선전하는 데 앞장섰던 미하일 바쿠닌 (Mikhail Bakunin, 1814~1876)을 제명했다. 바쿠닌은 자신의 아나키즘에 관해 집산주의(collectivism)*라고 했으며, 소집단의 원시적인 평화 상황이 그대로 대집단으로 넓혀질 수 있다는 신념을 갖고 있었다. 푸르동 이후 아나키즘은 생디칼리슴(syndicalisme),** 도시와 농촌의 조화를 고민한 아나코 코뮤니즘 등 다양한 이념 형태로 제시되었는데, 그 가운데 대표적인 아나키스트로 크로포트킨(Kropotkin, 1842~1921)을 들 수 있다.

크로포트킨 이론의 핵심은 흔히 '상호부조론(相互扶助論)'으로 일컬어지고 있다. 이론가이자 생물학자인 그는 동물들의 집단 활동을 관찰하면서 다윈의 진화론과는 다른 결론을 도출했다. 크로포트킨은, 생물은 서로 경쟁해서 우등한 존재만 살아남는 것이 아니라 서로 도와가면서 종족의 생존·발전을 도모하는 '상호부조'인 존재라고 보았다. 19세기 말 20세기 초 다윈의 진화론을 인간 사회에 적용해서 사회진화론이 생겨났고, '우승

---

* 집산주의는 경제적 개인주의에 대한 반대 개념으로 쓰이는 사회주의 사상의 일종으로, 토지와 공장, 철도, 광산과 같은 생산수단을 국유화해 이를 정부 통제하에 두는 것을 이상으로 삼는 이념을 말한다.
** 생디칼리즘은 19세기 말에서 20세기 초 프랑스와 이탈리아를 중심으로 일어난 무정부주의적인 노동조합 지상주의를 말한다. 의회주의뿐 아니라 노동계급의 정치투쟁과 프롤레타리아독재를 부정하고 노동조합을 혁명의 주체로 여겼다.

열패'와 '약육강식'을 강조하는 이 이론은 '문명'이 앞선 제국주의자들이 '열등'한 식민지를 경영하는 것이 당연하다는 논리로 활용되었다. 아울러 서구가 이룬 '문명·문화'를 쫓아가는 입장에 있었던 식민지·반식민지의 지식인에게도 '사회진화론'은 부정할 수 없는 논리체계로 받아들여졌다. 그렇지만 제국주의 열강 사이에 식민지를 둘러싸고 벌어졌던 제1차 세계대전이 끝나고 난 후 더 이상 무력과 폭력의 방식으로 인류가 당면한 문제를 해결할 수 없다는 '사회·세계 개조론'이 대두되었다. 따라서 크로포트킨의 '상호부조론'은 '우승열패'와 '약육강식'을 강조하는 사회진화론을 극복하는 논리로 작용했고, 식민지 지식인에게도 큰 영향을 미쳤다.

아나키즘은 이론의 실천 과정에서 테러리즘(terrorism), 니힐리즘(nihilism, 허무주의)과의 사상적 유사성이 많았고, 양자는 동일하게 여겨지기도 했다. 아나키즘 가운데 특히 조합체적 조직을 지향한 생디칼리슴은 민중의 직접 봉기, 폭동, 총파업과 같은 직접 행동을 통해 권력의 교체를 요구했으며 테러를 그 수단으로 사용했다. 한편 러시아의 나로드니키(Narodniki)*와 니힐리스트는 '허무당(虛無黨)'으로 번역되었고, 이들이 지향하는 것이 '무정부주의'라고 소개되었다.

그렇지만 아나키즘과 테러리즘, 니힐리즘은 사상적으로 직접 연결되지 않으며, 시대별·국가별 상황에 따라 각기 다른 형태로 변주되었다. 예를 들면, 러시아혁명 과정 이후 '노농(勞農)소비에트'를 통해 권력의 집중을 주장한 볼셰비즘은 권력의 해체 내지는 분산을 요구한 아나키즘과 대립하게 되었다. 이 과정에서 테러리즘은 조직적 역량이 상대적으로 약한

---

* 19세기 후반 러시아에서 사회주의혁명운동을 실천한 세력을 말한다. '나로드니키'는 러시아어로 인민주의자(人民主義者)라는 뜻이다.

아나키스트가 택한 운동 방식이었다. 또한 아나키스트 가운데 니힐리즘으로 전화한 경우는 있지만, 인간이 '선(善)한' 공동체를 이룰 수 있다고 보는 아나키즘을 개인의 존재가 강조되는 니힐리즘과 동일시할 수는 없다. 제1차 세계대전과 제2차 세계대전 사이에 식민지 본국인 일본에서 니힐리즘에 입각한 자살이 유행했던 것과는 달리, 식민지 조선의 아나키스트들은 민족운동에 나서는 길을 택했다.

식민지라는 상황 속에서 조선의 아나키스트는 테러리즘과 결합했다. 그 대표적인 단체가 1919년 11월에 지린(吉林)에서 김원봉, 윤세주 등이 중심이 되어 결성한 '조선의열단'이다. 이들은 조선의 독립을 포함한 혁명을 달성할 수 있는 유일한 무기는 폭력이고, 파괴는 곧 건설이라고 주장했다. 신채호는 의열단의 선언문으로 작성한 「조선혁명선언」에서 고유의 한국을 건설하기 위해, 한국 민족이 자유 민중이 되기 위해, 총독과 소속 관공리, 한국 귀족과 문화정치에 공명하는 신사·부호 및 밀정 등에 관한 암살과 일체의 시설물의 파괴를 주장했다. 김산은 『아리랑』에서 의열단원에 대해 "운동을 통해 항상 최상의 컨디션을 유지하도록 하였다. …… 그들은 사진 찍기를 아주 좋아했는데 언제나 이번이 죽기 전에 마지막으로 찍는 것이라고 생각"한 존재로 기억했다. 그렇지만 한국의 아나키스트들에게 테러는 그 자체가 아니라 민중을 각성시키는 것에 목적이 있었다. 이들은 선전 수단으로서의 테러의 역할을 강조했고, 봉기나 총파업 같은 민중의 직접 행동이 계속해서 일어나서 모든 민중이 참가하게 되면 결국 일제의 식민지 권력과 자본주의 사회는 타도된다고 여겼다.

한편 아나키즘과 마르크스주의 사이에 구별·차이가 강조되어왔다. 앞에서 언급했듯이 마르크스도 아나키즘에 대해 대립각을 세웠고, 러시아혁명 과정에서 볼셰비키와 아나키스트는 차르(tsar)체제 붕괴 이후 정치적으로 대립했다. 식민지 조선 사회에서도 식민지적 상황을 타개하고 자본주의체제를 극복하기 위해 20세기 초반에 사회주의와 아나키즘이 수용되었다. 그렇지만 3·1운동 이후 민족운동의 주체로 대두된 노동자·농민의 대중조직을 바탕으로 전위조직을 결성하고자 한 사회주의적 방안이 민족해방운동 진영에서 우위를 점하게 되었고, 아나키스트 가운데 상당수가 공산주의자로 전화했다.

중국에서 활동하던 의열단은 1920년대 중반 이후 개인 단위의 테러리즘 대신에 군사훈련을 바탕으로 한 무장투쟁으로 바꾸고 점차 사회주의적 성향을 지닌 정당 형태로 변화했다. 이러한 사회주의 세력의 성장 속에서 이후 중국 관내에서 활동하던 아나키스트는 분화하여 사회주의자가 되거나 대한민국 임시정부와 결합하게 되었다. 이렇듯 민족해방운동 과정에서의 아나키스트의 분화와 반공산주의적 정서에도 불구하고, 근본적으로 아나키즘과 마르크스주의는 모두 자본주의에 관한 비판에서 출발했으며, 자본주의가 인간을 불행하게 만든다는 데 전적으로 동의한 이념체계라고 할 수 있다.

일본에서 1880년대에 만들어진 '무정부주의'라는 번역어는 '무정부 상태'라는 혼란이 강조된 부정적 의미의 번역어라고 할 수 있다. 천황제 국가인 일본에서 사회주의자와 함께 일왕의 권위에 도전하는 아나키스트는 이른바 '신성불가침'의 영역에 도전하는 세력이었다. 따라서 일본에서 러시아의 볼셰비키를 '과격파(過激派)'라고 번역했듯이 아나키스트를 무정부주의자라고 한 것은 이들에 대한 부정적인 이미지를 강조하고자 했던 것에서 비롯되었다. 그렇지만 권력에 대항한 아나키즘의 목표는 권력을 철폐해서 '무정부' 상황에 놓이게 하는 것이 아니라 권력의 분산에 그 주안점이 있었다. 오늘날 아나키스트는 무정부주의자라는 용어 대신에 자유사회주의(libertarian socialism), 자유공산주의(libertarian communism) 등의 용어로 스스로를 표현하고 있다.

　18세기 이후 인류 역사상 국가 단위에서 아나키즘의 이상이 실현된 사례는 없었다. 러시아혁명과 스페인 내전에서, 그들은 반차리즘·반파시즘 활동에서 사회주의와 힘을 합쳤지만 이러한 실험은 항상 현실정치에서 수포로 돌아갔다. 그럼에도 불구하고 아나키즘은 인간에 대한 철저한 믿음이 전제된 철학이자 이데올로기였으며, 아나키스트는 자신들의 열정과 분노로 이를 실현하고자 했다. 즉, 아나키즘은 사람 개개인이 스스로의 자율성·존엄성·창조성에 근거해 자신의 운명을 가능한 한 스스로 통제할 수 있다고 보았다. 이러한 점에서 아나키즘은 인간에 대한 철저한 믿음과 신념에 근거한 사상체계라고 할 수 있다.

　계획적으로 조경된 정원도 물론 아름답다. 그렇지만 인간의 손을 거치지 않은 채 꽃은 꽃대로, 작은 나무는 작은 나무끼리, 큰 나무는 큰 나무끼리 어울린 꾸미지 않은 아름다움도 존재한다. 개인의 자율성과 창조성을 강조하는 아나키즘은 오늘날 국가사회주의 붕괴 이후 전일적 체제로 자리잡은 세계자본주의체제 속에서 지속적으로 제기되고 있는 자치, 민주, 환경 등의 과제를 해결하는 데 실마리를 제공해줄 것이다.

# 17

사회주의와 공산주의

류시현

18세기 후반 프랑스혁명 이후 인류사회의 두 가지 지향점은 자유와 평등 실현에 놓여 있었다. '누구에 의한 누구를 위한 누구의 자유와 평등인가' 하는 물음에 관해 이를 해결하고자 한 다양한 근대 사상이 만들어졌다. 서구의 근대는 상업의 발달, 지리상의 발견, 산업혁명과 공업의 발달 등의 모습으로 나타났다. 그리고 '신대륙의 발견'이라는 표현이 담고 있듯이, 서구인들은 근대를 만들어간 주역을 자임했으며, '발전·성장'으로 대표되는 그들의 경제체제인 자본주의가 근대의 모델·기준 역할을 했다. 그렇지만 서구의 장밋빛 근대는 많은 노동자의 땀과 고통 속에서 이루어진 것이었다. 심지어 기계제 산업시설은 부녀자와 아동에게까지 장시간의 노동을 요구했다. 19세기 이러한 자본주의의 모순을 해결하고자 한 사회주의사상은 생시몽, 푸리에, 오엔 같은 사회사상가에 의해 시작되었다. 19세기 중반 마르크스는 본격적으로 자본주의의 문제점을 구조적으로 분석했다. 그는 이전의 사회주의를 '공상적 사회주의'라고 규정하고, 자신의 사회주의를 '과학적 사회주의'로 차별화했다. 마르크스는 1848년 『공산당선언』에서 생산수단의 소유자인 부르주아지와 노동수단의 소유자인 프롤레타리아 사이의 모순을 혁명적 수단으로 해결하기 위한 노동자의 단결을 주장했다. 그가 사망한 뒤 자본주의의 모순이 국가 단위의 무력 대결로 발전한 것이 1914년에 발발한 제1차 세계대전이었다.

전쟁의 폐해를 경험한 인류는 더 이상 이러한 전쟁이 재발되지 않도록 세계 평화안을 구상하고, 나아가 전쟁의 원인이 되었던 자본주의 사회의 모순을 개선하고자 하는 방안을 모색하게 되었다. 식민지 조선의 언론에도 제1차 세계대전을 "저승을 옮겨온 것 같은 대전쟁"으로 묘사하면서 전쟁의 참혹함을 비판하고 "앞으로 인류사회가 합리·완전 또 철저하게 모든 인류의 요구에 적당하도록 개조"되어야 한다고 주장하는 이들이 자주 등장했다.

이렇게 '개조'에 관한 긍정적이고 낙관적인 인식 속에서 새로운 근대 사조인 사회주의 사상이 책과 잡지, 신문 등을 통해 본격적으로 식민지 조선에 전해졌다. 1920년에 발간된 잡지 『공제』를 보면, 마르크스주의, 영국 노동당식 민주사회주의, 기독교사회주의, 무정부주의와 함께 '혁명적 생디칼리슴'이나 생시몽·푸리에의 '공상적 사회주의'가 아울러 소개되었다. 이들 여러 사회주의 사상 가운데서 당시 대표적인 사상은 아나키즘과 마르크스주의였다.

우리나라에는 1920년대 초 여운형에 의해 『공산당선언』이 번역되었으며, 그 뒤로 「정치경제학 비판 서문」이 각 잡지와 신문 등에 중복 번역되었다. 또한 『임노동과 자본』이나 『가치, 가격 및 이윤』 등이 잇따라 번역되었다. 그리고 번역은 이루어지지 않았지만, 일본어판 『자본론』이 반입되어 학습되는 등, 마르크스주의 이론의 기초가 되는 '원전'들이 상당 부분 소개되었다. 이러한 과정을 통해 마르크스의 사회주의는 "현대 사회조직의 형태와 그 근본 원칙에 대하여 통렬한 일격을 가하는 것"으로 차별화되었고 '과학적 사회주의'로 알려지게 되었다. 즉, 사회주의 이론에 관하여 '재산제도의 개혁'이나 '공유제의 주장' 등 추상적인 수준에서 점차 '계급투쟁설', '유물사관', '잉여가치설' 등의 소개로 바뀌었다. 이렇게 소개된 학설은 대중운동이 활발히 전개되면서 민족운동 진영에서 한 축의 이론적 배경이 되었다.

3·1운동 당시 이미 사회주의를 상징하는 적기(赤旗)가 등장했으며, 시위 과정에서 "조선이 독립하면 국유지가 소작인의 소유가 될 것이니 지금 만세를 부르는 것이 득책(得策)"이라는 선동이 등장하기도 했다. 일제는 「소요사건에 관한 민정휘보(民情彙報)」를 통해 "소요(3·1운동_인용자) 발생 이래 조선인으로서 사회주의적 언사를 농하는 경향이 있다. 과격파 또는 사회주의자들이 이 기회를 틈타 은밀히 주의의 선전에 노력하고 있지 않는지 의심이 간다"라고 밝혀, 3·1운동 과정에서 나타난 사회주의적 사상의 영향을 지적했다. 제1차 세계대전과 함께 한말부터 단편적으로 소개된 사회주의가 본격적으로 수용된 직접적인 계기는 1917년 러시아 10월혁명이었다.

러시아혁명은 이론상으로만 존재했던 사회주의 국가가 최초로 현실화한 사건이었으며, 각국의 사회주의자들은 이를 자국 사회에 적용하고자 했다. 일본 정부는 '다이쇼(大正) 데모크라시'*로 불린 시기, 다양한 서구 개조 사상의 소개를 일정 정도 허용했다. 그렇지만 그들은 천황제에 도전하는 사회주의와 무정부주의에 관해서는 '치안유지법'(1925년)을 적용해서 사상적 통제를 가했다. 특히 러시아 사회주의가 소개되어 식민지 조선의 해방을 위한 이데올로기로 활용되는 것을 경계했다. 일본 정부는 레닌이 이끈 볼셰비키(다수파)를 '과격파(過激派)'로 번역함으로써, 러시아혁명과 참여자의 과격성을 강조했다. 또한 레닌주의가 처음 소개된 시기에 일본은 물론 식민지 조선에서도 마르크스와 레닌을 구별하여, 마르크스를 사회주의자로 레닌을 공산주의자로 묘사하는 경우도 보였다.

원론적으로 사회주의와 공산주의의 범주는 다른 것이다. 대략 서구의 사회주의 이론에서는 양자를 소유 방식의 차이로 구별했다. 사회에서 생산되는 막대한 생산물에 관해 사회주의 사회는 노동의 분량에 비례한 소유('능력에 따른 소유')를 지향하지만, 공산주의 사회는 '필요에 의한 소유'가 가능한 사회로 보았다. 혹은 사회주의에서 공산주의로 발전하는 것으로 보았다. 양자는 자본주의에서 사회주의 사회로의 변화처럼 급격한 계급 대립 없이 자연스럽게 진화(進化)하는 것으로, 공산주의 사회가 되면 자본이 국가 소유제로 바뀌게 되고 사유재산이 금지된다고 보았다.

당시 식민지 조선에서도 공산주의는 '협의의 사회주의'로 사회주의에 비해 더 급진적인 사상으로 인식되기도 했다. 그렇지만 식민지시기 지식인들도 프랑스혁명이 부르주아의 정치적 혁명이라면, 러시아혁명은 경제적 문제에서 해방을 이룬 사건으로 이해했다. 또한 사회주의혁명의 성공으로 차르 전제정치를 청산한 러시아 사회에 대해 "전제정치에서 평민정치로의 변화", "문화가 제일 뒤진 나라가 문화가 가장 발전한 나라로 되

---

* 일본에서 1905년 러일전쟁기부터 1920년대 다이쇼 천황 때까지의 정치개혁을 비롯해, 사회·문화 방면에 나타난 민주주의와 자유주의 경향을 일컫는다.

었다"라는 긍정적 평가가 주류를 이루었다. 아울러 식민지 조선의 민족운동 진영에서는 사회주의를 지향하는 사회당이란 명칭이 얼마 후 공산당이란 명칭으로 일반화될 정도로, 사회주의와 공산주의의 구별은 별다른 차별성을 지니지 못했다.

　러시아에서 10월혁명이 일어난 후 이동휘 등 볼셰비키에 찬성하는 정치세력은 1918년 5월 최초의 공산주의 단체인 한인사회당을 러시아 극동에서 창립했다. 이후 국내외에서 사회주의 이론을 연구하고 이를 실천에 옮기고자 한 여러 사상 단체가 수립되었고, '공산당'이란 명칭으로 전위조직체를 건설하고자 했다. 그 결과 1920년 해외 지역에서는 한인사회당에서 발전한 상해파 고려공산당과 러시아 귀화 조선인을 중심으로 한 이르쿠츠크파 고려공산당이 수립되었고, 마침내 1925년 4월 식민지 조선에서 조선공산당이 수립되었다. 조선공산당은 "일본 제국주의의 완전 타도, 조선의 완전 독립", "8시간 노동제 실시, 최저임금제 제정, 실업자 구제, 사회보장제 실시", "언론·출판·집회·결사의 자유, 식민지 노예화교육 박멸" 등을 투쟁 구호로 내걸었다. 이러한 구호에서도 볼 수 있듯이 사회주의자들의 활동은 노동자·농민의 이익을 대변해서 체제의 변화를 추구한 공산주의운동에만 한정된 것이 아니라 식민지 지배를 벗어나고자 한 민족운동의 일환이었다.

　이상에서 살펴본 바와 같이 마르크스주의에 대한 관심은 식민지적 상황을 벗어나 해방을 추구했던 지식인의 관심 속에서 본격적으로 수용되었고, 사회주의 이론은 실제 민족운동에 적용되었다. 따라서 이 시기 사회주의운동을 제외하고는 일제로부터의 독립과 민족구성원의 자유로운 평등함을 지향한 민족해방운동의 전체상을 복원하기 어렵다. 조선총독부가

1933년 발행한 『최근에 있어서의 조선의 치안상황』을 보면, "조선의 공산주의운동은 민족적 불평·불만 등과 결합하여 혁명의식이 한층 높고 (중략) 조선 통치에 대한, 또한 사회조직에 대한 반역 행위는 일본의 사상운동과 비교할 수 없다"라고 평가하고 있을 정도로 조선인 사회주의자들은 일제에 대해 강하고 지속적인 저항의식을 나타냈다. 다시 말해 식민지 조선인들은 사회주의와 공산주의의 원론적 이념 구별보다도, 이러한 이론체계를 인간해방과 식민지 상황의 타파를 위한 이론과 조직 원리로 수용하는 데 적극적이었고, 민족운동 차원에서 이를 활용하고자 했다.

18

부르주아민족주의, 우파 민족주의, 문화민족주의

박찬승

'민족주의'라는 용어는 언제부터 사용되었나?

한국사에서 '민족'과 '민족주의'라는 용어가 처음 사용된 것은 대한제국 시기, 그것도 1907년 즈음부터였던 것으로 보인다. 조선시대에도 비슷한 의미로 '동포(同胞)'와 같은 용어가 있었지만 '민족'이라는 용어가 사용되기 시작한 것은 이때가 처음이다.

갑오개혁기부터 '국민'이라는 용어가 사용되었지만, '민족'이라는 용어는 그보다 10여 년 늦게 사용되었다. 갑오개혁기에는 근대 국민국가를 만들고자 구상했던 개화파들이 일본을 통해 '국민(國民)'이라는 용어를 들여와 이를 사용하기 시작했다. 이는 전통적인 왕조국가의 '인민(人民)'을 대체하는 용어였다. 하지만 개화파의 개혁운동은 불과 1년 반 만에 막을 내렸고, 그 흐름을 이었던 독립협회운동도 2년여 만에 끝나버리고 말았기 때문에 '국민'이라는 용어는 더 이상 발전되지 못했다. 그 대신 대한제국이 들어서면서 새로운 용어인 '신민(臣民)'이 사용되기 시작했다. 이후 '신민'과 '인민'이 주로 사용되는 가운데 1906년 이후 다시 '국민'이라는 용어가 '신국민'의 형성을 주창하는 자강론자들에 의해 대두되었다. '신민'과 '국민'이라는 두 용어의 각축은 대한제국 시기 왕권과 민권의 각축을 그대로 반영하는 것이었다.

한편 '민족'과 '민족주의'는 1907년경 동시에 사용되기 시작했는데, 이들 용어는 중국의 계몽사상가 량치차오(梁啓超)의 『음빙실문집(飮氷室文集)』과 도일 유학생들의 학회지를 통해 소개된 것으로 보인다. 이후 '동포'와 '민족' 두 용어는 동시에 쓰였지만, '민족'은 '동포'보다 내적인 평등과 단결을 더 강조하는 의미로 받아들여졌다. 즉, 동포가 단순히 혈연적인 유대를 강조하는 의미를 지녔다면, 민족은 역사적인 운명공동체로서 당시의 시대적 과제를 해결할 주체로 받아들여진 것이다.

'민족주의'는 처음에는 민족의 정치적 자결, 즉 민족국가의 자주독립을 강조하는 의미로 받아들여졌다. 따라서 민족국가의 정치적 독립을 침해하는 '제국주의'에 대한 대립어로 주로 사용되었다. 신채호가 "민족주의를 분휘(奮揮)하여 제국주의를 막아내자"고 할 때 사용한 '민족주의'는 바로 그런 의미였다. 중국의 량치차오는 제국주의는 본래 민족주의에서 발전한 것이고, 따라서 제국주의는 '민족제국주의'라고 부를 수도 있다고 지적했는데, 이는 제국주의가 민족주의에서 발전한 것임을 지적한 것이다. 하지만 한국에서는 민족주의가 제국주의에 대립하는 것으로서의 의미가 더 강했다.

민족의 자주와 자결을 강조하는 가운데 '민족'의 실체에 대한 추구가 이어졌고, 이는 특히 문화적 측면에서 민족의 고유성과 특수성을 강조하는 방향으로 나타났다. 즉, 언어·역사·종교·관습 등에서 민족의 특수성을 확인하는 작업이 이어졌고, 이는 흔히 '민족혼(民族魂)', '국혼(國魂)' 등으로 표현되었다. 민족주의자들은 국망(國亡)의 현실 앞에서 민족혼이라도 유지해야만 뒷날 나라를 되찾을 수 있을 것이라 생각했다.

민족 내부의 사회적 평등, 민족의 정치적 자결, 그리고 민족문화의 특수성에 대한 확인과 강조는 결국 한국 근대 민족의 탄생을 가져왔다. 종족 혹은 'ethnie'라고 부를 수 있는 수준으로 결집되어 있던 한반도의 주민들은 이 시기 '민족'과 '민족주의'의 개념을 수용하면서 스스로 '근대 민족'으로 거듭나고 있었다. 한말에서 1910년대까지의 민족주의자들은 이와 같은 한국 근대 민족의 형성을 위해 노력했고, 그 결실은 1919년 3·1운동으로 나타났다. 3·1운동 당시 한국인은 모두가 평등한 위치에서 민족의 자결을 외쳤고, 이를 통해 '한국 민족으로서의 하나됨'을 확인했다. 3·1운동은 한국인이 명실상부한 '근대 민족'으로 거듭나는 계기가 되었다는 점에서도 역사적 의미가 큰 사건이다.

1920년대 민족주의의 분화와 '우익 민족주의', '좌익 민족주의'

3·1운동 이후 한국의 민족주의는 여전히 정치적 자결을 주창하고 문화적 특수성을 확인하는 작업을 통해 내용과 체계를 갖추어 나가고 있었다. 그리고 국내의 민족주의자들은 이제 정치적 독립을 위해서는 경제적 자립이 선결 과제라고 생각하게 되었다. 여기서 물산장려운동과 같은 경제적 자립운동이 시작되었다. 그러나 식민지 민족에게 경제적 자립운동이란 원천적으로 불가능한 것이었다. 결국 물산장려운동이 좌절되자 일부

민족주의자들은 완전 독립에서 일보 후퇴하여 내정 독립만을 의미하는 자치권을 얻는 방법을 모색하기 시작했다. 하지만 이러한 자치운동 모색을 다수의 민족주의자들은 일본 제국주의에 대한 타협으로 받아들였다. 여기서 자치운동 여부를 둘러싸고 민족주의자들의 분화가 일어났다. 당시 언론에서는 자치운동을 모색하는 이들을 '우익 민족주의자', 이에 반대하는 이들을 '좌익 민족주의자'라고 불렀다. 이때의 '우익'과 '좌익'은 각각 타협적, 비타협적이라는 의미를 지닌 것이었다.

그런데 자치운동에 찬성하는 이들과 반대하는 이들은 정치적 지향만이 아니라 경제적 지향에서도 일정한 차이를 보였다. 자치론자들은 대체로 자본가 중심의 자본주의를 지향했고, 자치 반대론자들은 대체로 소상품생산자 중심의 자본주의를 지향했다. 따라서 기본적으로 자본주의를 지향한다는 점에서는 이들을 모두 '부르주아민족주의자'라고 부를 수 있지만, 전자는 '부르주아민족주의 우파', 후자는 '부르주아민족주의 좌파'라고 구분해 부를 수 있다. 필자를 포함해 1990년대부터 학계에서 흔히 '민족주의 우파', '민족주의 좌파'라는 용어를 쓸 때, 그것은 '부르주아민족주의 우파', '부르주아민족주의 좌파'를 줄여서 쓴 것이다.

부르주아민족주의, 우파 민족주의, 문화민족주의의 구분

민족주의란 본래 정치사상이라고 보기 어렵기 때문에 자유주의와도 결합될 수 있고 사회주의와도 결합될 수 있었다. 1920년대 중반 이후 한국에 등장한 사회주의운동은 특히 초창기에 민족주의와 결합되어 있는 경우가 많았다. 따라서 식민지시기 한국의 민족주의를 분류할 때 자유주의와 결합된 민족주의는 '부르주아민족주의'로, 사회주의와 결합된 민족주의는

'사회주의적 민족주의'로 부르는 것이 가장 무난하다고 본다. 그리고 부르주아민족주의는 다시 그 내부에서 부르주아민족주의 우파와 부르주아민족주의 좌파로 분류하는 것이 어떨까 하는 것이 필자의 생각이다.

한국 학계에서 민족주의를 분류할 때, 흔히 '우파 민족주의'와 '좌파 민족주의'로 분류하는 경우가 많다. 그런데 여기에는 두 가지 경우가 있다. 첫 번째는 앞에서 말한 '부르주아민족주의 우파'와 '부르주아민족주의 좌파'를 약칭해서 부르는 경우이다. 이때 민족주의의 범주에는 사회주의가 포함되지 않는다. 두 번째는 '우파 민족주의'는 '부르주아민족주의'를, '좌파 민족주의'는 '사회주의적 민족주의'를 지칭하는 경우이다. 이러한 용법은 식민지시기만이 아니라 해방 직후의 상황까지를 염두에 둔다면 좀더 적절한 분류법이라고 할 수 있다. 그런데 이 경우 식민지시기, 특히 1920년대 우파 민족주의 내부의 분화는 어떻게 설명할 것인가 하는 문제가 남는다.

어쨌든 첫 번째 경우와 두 번째 경우는 의미가 크게 다르기 때문에 '우파 민족주의'와 '좌파 민족주의' 용어를 사용할 때는 매우 주의해야 한다. 가능하면 글을 쓰는 이가 자신이 말하는 우파 민족주의란 무엇이고, 좌파 민족주의란 무엇인지를 명확히 해주는 것이 좋겠다.

한편 국내외 학계에는 '문화적 민족주의(cultural nationalism)'라는 용어를 쓰는 이들도 있다. 이는 대체로 '부르주아민족주의 우파'를 가리키는 경우라 할 수 있다. 즉 경제적·문화적 실력 양성을 도모한 이들을 가리켜 '문화적 민족주의자'라고 부른다. 하지만 문화적 측면에서 한국 민족주의를 정립해보고자 한 이들은 '부르주아민족주의 좌파'에도 많았다.(안재홍을 그 예로 들 수 있는데, 1930년대 전반 조선학운동을 제창한 그는 '조선학'을 민족의 특수한 역사와 사회의 문화적 경향을 탐색하고 구명하려는 학문이라고 정의했다.) 따라서 문화적 민족주의라고 할 때 이들을 제외하는 것은 아무래도 어색하다. 또 한국의 민족주의는 전체적으로 볼 때 문화적 측면의 특수성을 강조하는 성격을 지녔기 때문에 특정한 흐름만을 '문화적 민족주의'라고 부르는 것도 어색하다.

민족주의는 그 자체가 하나의 사상으로서 체계를 갖추지 못했기 때문에 다른 사상과 결합하기 쉬운 속성을 지니고 있다. 따라서 그 앞에 우파니 좌파니 하는 말을 붙여 쓰기가 매우 쉬운 말이다. 하지만 그 경우에는 위에서 말한 것처럼 엄밀하게 개념 규정을 하고 쓰는 것이 바람직하겠다.

19

자유민주주의

임대식

'자유민주주의'라는 용어는 반세기 이상 우리 사회의 정체성을 상징해왔는데, 21세기에 다시 부활할 조짐마저 엿보인다. 극우단체 집회나 문건에서 가끔 볼 수 있던 이 용어를 최근 자주 목격하게 된다. 원로들의 두 차례 시국선언은 물론 올드라이트와의 차별성을 강변하는 뉴라이트의 문건들, 주요 신문의 사설과 시론, 한나라당의 국가정체성 캠페인에도 자주 등장하고 있다. 자유민주주의를 고창(高唱)할 때는 '참여정부=좌파'라는 등식이 동반된다. 좌파정권으로부터 자유민주주의체제를 수호하는 것은 물론 차기 대선 때는 좌파로부터 정권을 되찾자는 결의로 나아간다.

자유민주주의는 한국적 조어?

먼저 자유민주주의라는 용어가 한국에서 어떻게 사용되기 시작했고, 어떤 의미를 가진 것인지를 살펴보자. 우리의 사회과학적 용어들이 그러하듯이 이 용어도 서양어의 번역어인 것은 분명하다. 그런데 정치학 사전이나 영어사전에서도 'Liberal-democracy'라는 합성어를 발견하기 어렵다. 심지어 외국의 인문사회과학 서적에서도 이 용어를 찾기란 쉽지 않다. 그런데 한국에서 이 용어는 너무나 익숙하고 빈번하게 쓰인다. 이 용어는 한국적 상황에서 유달리 널리 쓰이는 조어라고 할 수 있다. 인문사회과학적 용어들 중 극히 예외적으로 한국적 조어라고 해도 무방할 것이다. 결론을 미리 말하자면 이 용어는 냉전시대의 것이고, 또 냉전의 한국적 발현인 분단과 독재시대의 산물라고 할 수 있다. 따라서 이 조어는 반공과 반독재 민주화의 의미를 가지고 있다. 그런데 탈냉전과 민주화가 진행된 지금에도 이 조어가 빈번히 등장하는 것은 도대체 무엇 때문일까?

우리나라 국시가 자유민주주의인지 반공(혹은 통일)인지에 대해서는 논란이 있었다. 대체로 자유민주주의를 고창하는 이들은 자유민주주의가 헌법에 규정되어 있다고 말한다. 그러나 현행 헌법에 자유민주주의라는 조어는 등장하지 않고, 다만 '자유민주'라는 단어가 두 번 사용되고 있을 뿐이다. 1972년 유신헌법의 전문에 '자유민주적 기본질서'라는 형태로 처음 등장한 이 단어는, 1987년 제정된 현행 헌법에 평화통일 조항(제5조)이 신설되면서 한 번 더 추가 등장했을 뿐이다.

일반론으로 말하자면 자유라는 단어는 평등과 동반되어 사용된다. 실제로 1948년 최초 헌법의 경우 자유와 함께 평등이나 균등이라는 용어가 자주 사용되고 있다. 자유와 함께 평등이나 균등을 강조한 것은 북한의 존재와 사회주의적 전통과 여론을 의식한 것이기도 했다. 1950년대 양대 정당인 자유당과 민주당의 경우에도 자유민주주의를 명시하지 않았다. 자유당은 정강 1조에서 "진정한 민주주의 정치체제의 확립"을 언급했고, 민주당은 정강 1조에서 "일체의 독재주의를 배격하고 민주주의의 발전을 기한다"라고 했을 뿐이다. 나아가 자유당은 "민족협동적 사회건설을 기함", "독점경제 패자(霸者)들의 억압과 착취를 물리치고 …… 호조호제(互助互濟)의 주의"를 명시했다. 그리고 민주당도 "사회정의에 입각하여 공정한 분배"를 명시했다. 1950년대 '우리의 맹세문'에도 "공산침략자를 쳐부수자"라는 말은 있지만 '자유민주'라는 조어는 등장하지 않는다.

결국 1950년대에 자유민주주의라는 조어는 일반화되거나 정립되지 않았다고 할 수 있다. 그러나 이 조어가 1950년대에 전혀 사용되지 않았던 것은 아니며, 간혹 그 사례가 보이기도 한다. 그 당시 공산주의는 자유도 없고 민주주의도 없다는 인식이 작용했던 것으로 추정된다. 북한이나 공산권은 스스로를 '진보적 민주주의', '인민민주주의', '민중민주주의', '사회민주주의'라고 자칭했기 때문에 이와 구별하기 위해 자유라는 단어를 덧붙여 상대의 민주주의와 구별하고자 하는 의도가 있었던 것이리라. 아울러 자본주의로의 지향을 명시적으로 드러낼 수 없는 당시 상황을 반영한 것이리라. 자유민주주의는 반공의 다른 표현이지만 기본적으로 자본주의를 의미했다. 공산주의의 상대어가 자본주의가 아니라 자유민주주의로 기형적으로 인식되고, 자유민주주의라는 조어에 '시장경제'라는 말이 필수적으로 동반되는 독특한 용어법에서도 이를 엿볼 수 있다. 정치사회적으로 자유민주주의, 경제적으로 시장경제라는 식이다. 즉, 자유민주주의라는 용법에는 공산주의=자유 없음·가짜민주주의·계획경제, 자본주의=자유 있음·진짜 민주주의·시장경제라는 인식을 엿볼 수 있다.

신문기사와 잡지 제목들을 검색해보면 이 조어는 1950년대 말부터 간혹 사용되다가 4·19와 5·16을 거친 1960년대 초반에 반공의 다른 표현으로 일반화되고 있다. 그런데 그 사용 예를 자세히 들여다보면 반공·반북의 의미만이 아니라 반독재민주주의라는 의미를 동시에 함의하고 있었다. 1950년대의 경우 독재정권인 이승만 정권보다는 반독재민주화 진영에서 이 조어를 주로 사용했다. 잡지 『사상계』와 야당인 민주당의 문건에서 이 조어를 상대적으로 자주 발견할 수 있다.

자유민주주의의 두 정체성—반공과 민주화

이 조어가 보다 널리 사용되기 시작한 것은 5·16쿠데타 직후이다. 박정희는 1961년 12월 7일 기자회견에서 혁명정부는 자유민주주의를 신봉한다고 했다. 이 시점은 박정희가 11월에 미국을 방문하여 쿠데타를 사실상 인정받고 귀국한 직후였다. 쿠데타라는 절차적 비정당성과 쿠데타 주체들의 좌익 경력 문제로 미국과 국내 일각으로부터 의혹의 시선을 받아야 했던 상황에 유념할 필요가 있다. 자유민주주의란 조어로 자기정체성 밝히기는 반복되었다. 의심받고 있는 자기정체성을 증명하기 위해 친미반공을 앞세운 혁명공약 제시하기, 혁신 계열 엄벌하기, 민족적 성향 인사들 멀리하기, 황태성 밀사 죽이기* 등 일련의 수고가 필요했다. 이러한 정체성 증명을 거치는 과정에서 자유민주주의라는 조어의 반공적 정체성이 더욱 분명해졌다. 결국 자유민주주의란 조어는 쿠데타 권력의 이념적 정체

---

* 5·16 직후 북한은 무역부상을 지닌 황태성을 밀사로 파견하여 막후 교섭을 시도했다. 황태성은 박정희를 알고 있었고 박정희의 형인 박상희와 친밀했다. 그러나 황태성은 최고권력과의 접촉을 시도하던 중 체포되었다가 공화당 사전 조직 등에 관계하고 있다는 의혹이 제기되면서 결국 사형당했다. 황태성은 간첩이라기보다는 북한 권력의 밀사였다.

성이 의심받던 시기에 정립되었다고 할 수 있다.

공화당은 1963년 2월 26일 제정된 강령 1조에서 "민족적 주체성을 확립하며 자유민주주의적 정치체제의 확립을 기한다"라고 했고, 민정당 등 대부분의 야당도 강령에서 이 조어를 사용했다. 이와 같이 여야를 가릴 것 없이 자기정체성을 모두 자유민주주의라고 천명했다. 그럼에도 불구하고 1963년 10월 대선과 11월 총선 국면에서 가짜 자유민주주의 시비, 즉 사상논쟁이 폭발했다.

쿠데타 세력은 자신들의 이념을 '행정적 민주주의'를 거쳐 '민족적 민주주의'로 정립했다. 1963년 10월 대선에서 야당은 박정희의 좌익 경력을 거론하며 사상공세를 선거 전략으로 택했다. 동시에 민족적 민주주의를 둘러싼 논쟁이 격렬하게 벌어졌다. 연이은 11월의 총선 국면에서도 이러한 논쟁은 지속되었다. 야당이 민족적 민주주의를 이질적·사이비·좌경적인 것이라고 비판하자, 이에 대해 쿠데타 주도세력은 야당의 자유민주주의는 낡고 사대주의적·서구적인 것이라고 역공했다.

삼선개헌과 유신체제 구축을 통해 독재체제가 강화되자 당시 반독재 민주화운동의 최소 강령은 '자유민주주의의 회복'이었다. 박정희도 '한국적 민주주의'로 자기를 정당화하지 않을 수 없었다. 한일회담 당시 민족적 민주주의의 장례식이 상징하듯이, 박정희 정권의 반민족적 측면이 드러나면서 '민족적'이란 수식어를 붙이는 것은 설득력이 없었기 때문이다. 1970년대는 이데올로기 차원으로 보자면 '한국적 민주주의'와 '자유민주주의'의 대결 시기였다. 이승만 독재정권하에서와 마찬가지로 1970년대에 '자유민주주의' 조어의 사용권은 대체로 반독재민주화 진영에 있었다.

1980년대 이후 좌파 혁명운동이 고조되면서 기존의 대립 구도와 반독재민주화 진영의 내부 구성에도 일정한 변화가 초래되었다. 반공적 자유민주주의를 일탈한 흐름이 등장하는 것에 조응하여 반공적 정체성이 강조되었다. 그러나 역설적이게도 전 지구적 차원에서는 사회주의권이 붕괴되고 냉전구도가 해체되어갔다. 국내에서도 급속도로 민주화와 연이은 권력 교체가 이루어지고 또 한편 남북 화해가 진전되면서, 극우가 이 조어를 사실상 독점하게 되었다. 민주화운동에 가담했던 인사들 중 반공적 입장이 철저한 이들 가운데 일부는 극우의 반공 공세에 가세하는 양상도 나타났다.

간단히 정리하자면 자유민주주의는 북한과 국내외의 공산세력에 적대함으로써 정당성을 찾는 반공국가의 이념이었고, 한편 국내적으로 독재에 반대하는 민주화운동의 이념이기도 했다. 독재 권력은 민주주의를 내세울 수 없었으므로 대체로 민주화운동 진영이 그 사용의 주도권을 갖고 있었다. 독재가 아닌 진정한 자유민주주의의 회복이 반공의 유일하고 효과적인 길이라는 주장이 민주화운동권의 대표적 논리였다. 이러한 논리에 대해 독재 권력은 오로지 경제성장만이 반공=자유민주주의체제를 지키는 토대라고 주장했다. 그런데 1980년대 좌파운동이 일시적으로 고조되고 민주화가 진전되면서 이 조어의 반공적 정체성이 한층 강조되었다. 최근 형세는 민주화운동에서 그 정당성을 찾고 있는 '국민의 정부'와 '참여정부'를 비판하는 이들이 이 조어를 독점하고 있다. 그런 차원에서 최근 국가정체성 논쟁에 이 조어가 자주 등장하고 있는 것이다.

21세기의 사상논쟁

자유민주주의 수호를 내걸고 국가정체성 캠페인이 한창이다. 이들의 주장대로 참여정부가 과연 자유민주주의에 배치되는 좌파정부일까? 뉴라이트재단 이사장인 안병직은 노무현 정부의 민족주의와 사회주의를 좌경적 사상이라 했다. 안병직의 이 표현은 한국적 현실을 일정하게 반영한 것이다. 한국의 민족주의란 북한과 미국, 일본에 대한 태도와 관련된 것이고, 사회주의란 평등과 분배에 관련된 것이다. 즉 참여정부가 친북·반미·반일적이라는 것이고, 성장보다 평등과 분배에 치중하고 있다고 비판한다.

우리는 식민주의, 반공주의, 성장주의와 같은 특정 이념의 배타적 지배하에 살아왔다. 그러나 점차 그러한 야만과 극단의 시대에 종지부를 찍어가는 중이다. 참여정부는 그러한 흐름에 위치하고 있다. 그런데 최근 이러한 흐름을 역전시키려는 시도가 진행되고 있다. 최근 자유민주주의가 한층 고창되고 친미반공적 정체성이 강화되고 있는 추세이다. 반민주주의와 반인권이라는 이유로 비판받던 이들이 이제는 북한의 민주와 인권을 고창하고 있다.

여기서 우리는 기묘한 역설을 떠올리지 않을 수 없다. 박근혜 한나라당 대표는 국가정체성 논쟁, 즉 가짜 자유민주주주의 논쟁을 촉발시켰다. 박근혜가 좌파라고 비판하는 참여정부의 여당인 열린우리당의 강령과 기본정책에도 '자유민주적 기본질서'가 명시되어 있다. 결국 박근혜 대표는 열린우리당의 자유민주주의는 이질적·사이비·좌경적이라고 비판한 셈이다. 앞서 살펴보았듯이 1963년 그녀의 아버지가 사상공세의 피해자였다면, 2005년 그녀는 사상공세의 가해자인 셈이다.(1963년 야당의 사상공세는 패인으로 평가되기도 했는데, 최근 박근혜의 사상공세가 그녀의 정치적 운명에 어떤 결과를 미칠지 자못 궁금하다.)

21세기에도 한반도에서는 구태의연한 사상논쟁이 재연되고 있다. 한반도에서는 냉전의 시계가 여전히 작동하고 있다. 더 우려스러운 것은 한반도 주변에 탈냉전시대의 냉전, 즉 신냉전의 먹구름이 드리우고 있다는 점이다. 신자유주의와 신냉전의 추세는 우리나라에서 친미반북과 황화론(黃禍論, 중국위협론)으로 단순화되어 나타나고 있다. 당분간 자유민주주의의 반공과 민주화라는 양 측면 중 반공=친미반북적 측면이 압도하는 자유민주주의 공세가 거세질 가능성마저 엿보인다.

해방인가, 광복인가?

신주백

주제와 관련해서 여러 자료를 뒤지다가 발견한 현상 가운데 하나는, 광복 또는 해방 40주년, 50주년, 60주년 때마다 '광복, 해방, 독립'이란 말의 쓰임새에 관해 비판적으로 언급한 글들이 많다는 점이다. 그러면서도 점차 세 단어, 특히 광복과 해방이란 역사용어의 쓰임새에 관해서는 어떤 선택적 주장보다 혼용해서 적절하게 사용하자는 주장이 늘어나고 있다는 점도 눈에 띄었다. 두 용어를 혼용해 사용한 경우는 60주년이었던 2005년의 8월 15일을 전후로 각 언론사에서 기획 보도한 기사를 보면 명확히 확인할 수 있다. 우리 사회의 이러한 경향은 어찌 보면 가볍게 넘어갈 수도 있는 것이지만, 광복과 해방이란 용어의 쓰임새가 바뀌어온 역사를 보면 그렇게 간단치만은 않다.

일본의 지배로부터 벗어난 지 1주년이 되던 1946년 8월 15일, 남과 북에서는 각각 '해방절' 기념식을 가졌다. 심지어 1948년 8월 15일 "해방절"에 "해방 제3주년 기념"식이 열리고 대한민국정부가 수립되었다고 보도한 기사도 있다. 이처럼 남북한에 각각 정부가 수립될 때까지 8월 15일은 '해방'의 의미로 다가왔다.

　　대한민국에서 해방절이 '광복절'로 바뀐 것은 1949년 10월 정부에서 4대 국경일을 제정한 때부터였다. 조선민주주의인민공화국도 정확히 언제부터인지 모르겠지만 해방절을 '민족해방기념일'로 이름을 바꾸어 기념하기 시작해서 오늘에 이르고 있다. 이처럼 국가의 주도 아래 같은 시기에 동일한 공간에서 경험한 일을 각각의 정부에서 달리 기억하도록 하고 있다. 남북의 정부가 자신들의 역사성에 맞게 각자 '하나의 기억으로 통일하는 작업'은, 다른 기억을 배제하는 과정을 동반한 분단시대의 '기억의 역사화, 집단화' 작업이 시작되었음을 의미한다.

　　그런데 대한민국의 경우는 좀 다른 점이 있다. 8월 15일 일본의 패전과 대한민국의 독립에 관한 국가의 공식 기념명칭은 '광복'이었지만 학교 교육과정에서는 1970년대까지도 '해방'이란 용어가 주로 사용되었다. 유신체제하의 제3차 교육과정에 입각해 국정으로 발행된 중고교용 『국사』교과서에서는 한국현대사의 첫 단원을 "민족의 해방과 국토의 분단"이란 이름으로 시작했다. 이 시기는 북한이 주체사관에 입각해 조선사를 전면적으로 재해석하던 때였고, 대한민국도 '주체적 민족사관'의 확립이란 이름 아래 교육과정을 전면 개편하고 한국사를 새롭게 체계화하던 때였다. 그리고 남북한 사이에 정통성 경쟁이 격화되면서 여기에 학교교육도 휩쓸려 들어갔던 시기였다. 그럼에도 교과서에서 주로 '해방'이란 용어가 사용된 것은 일제하 민족운동사에 대해 계통적이고 세밀하게 다듬는 작업이 아직 이루어지지 않았기 때문일 것이다.

    역사교과서에서 해방이란 말 대신에 광복이란 용어가 완전히 정착한 것은 1982년 제4차 교육과정 때부터였다. 당시 고등학교『국사』교과서에서 "대한민국의 성립"을 설명하는 첫 번째 소항목의 제목이 "민족의 광복"이었는데, 이는 기존의 "민족의 해방"에서 바꾼 것이다. 그리고 이후 발행된『국사』교과서에서는 그동안 이 소항목에 단골처럼 나오던 사진, 즉 '해방'이란 글자가 새겨진 플래카드를 들고 행진하던 사람들의 사진도 다른 것으로 교체되었다.

    광복이란 용어가 확정적으로 쓰이게 된 이유는 잘 모르겠지만, 남북한의 체제 우월성 경쟁이 심화되는 가운데 남북한 정권 중 어느 쪽이 더 '민족사적 정통성'이 있는가를 증명하던 치열한 체제경쟁과 무관하지 않을 것이다. 사실 우리 사회에서는 해방이란 용어를 쓰면 사용하는 당사자의 의도를 반영한 것이 아니라 하더라도 진보적 내지는 좌파적이라는 색깔이 덧씌워졌던 때가 있었다. '인민'이나 '동무'라는 말이 일상에서 거의 사용되지 않았던 것도 마찬가지 이유에서였다. 그래서 가치중립적이란 의미에서, 아니면 색깔이 덧씌워진 불필요한 오해를 받기 싫어 '8·15'라는 단어를 차용한 경우가 많았다. 색안경을 낀 시선은 1990년대 중반 이후 들어 세계적인 차원에서 냉전체제가 해체되고 남북 화해 국면이 열리면서 사라지기 시작했다고 보아도 무방하다.

    지금은 광복과 해방이란 용어가 혼용되고 있지만, 정치적 의미와 무관하게 두 단어를 뜻풀이함으로써 문제를 제기하는 사람들이 여전히 있다. 사전적인 의미에서 광복은 '빛을 되찾은 것'이란 뜻으로, 우리에게 있어 빛은 주권을 의미하므로 잃었던 주권을 되찾았다는 의미이다. 해방은 '속박으로부터 풀려나는 것'이란 뜻으로, 우리를 속박한 일본으로부터 벗어났다는 의미이다. 그래서 혹자는 광복이란 말에 능동적이고 정신사적인 의미가 내포되어 있다고 뜻풀이를 하는 데 비해, 해방이란 말은 수동적인 측면을 드러내는 용어로서 '도저히 용납할 수 없는 수치스러운 말'이라고 하는 사람도 있다.

어떤 의미가 내포되었든 사전적인 뜻에 충실히 한다면 1945년 8월 15일은 해방의 날이며, 1948년 8월 15일은 광복의 날이다. 그런데 1948년 8월에 세워진 대한민국은, 잃어버린 주권국인 대한제국을 다시 찾은 국가로서 세워진 것이 아니라 대의제 민주주의 국가로 출범했다. 사전적 의미를 충실히 따라가다 보면 8월 15일을 광복절로 기념하기에는 불완전한 측면도 있다.

역사용어로서의 불완전함은 해방이라는 말에서도 찾을 수 있다. 8월 15일 직후부터 38도선을 경계로 미군과 소련군이 일본군에게 항복을 접수한 직후부터 한반도는 점령지로 바뀌었다. 그들의 군대가 해방군인가 점령군인가라는 가치판단을 하기 이전에 분명한 사실은, 소련과 미국의 군대가 한반도에서 와서 점령정책을 실시했다는 점이다. 미군은 군정으로, 소련군은 직접적 명령보다는 북조선(임시)인민위원회를 통해 권력을 행사했다. 더 근본적인 것은 해방과 광복이란 용어 가운데 어떤 것을 취사선택해서 사용하든, 대한민국이 분단된 국가라는 현실을 먼저 주목해야 한다는 점이다. 분단이 우리의 주체적인 선택의 결과가 아니었고, 일본의 식민지 지배가 분단의 원인으로 작용했다는 역사적 사실을 염두에 둔다면, 해방과 광복 그 어떤 용어도 완전한 역사용어는 아닌 것이다.

광복과 해방이란 단어는 일본의 식민지시기에도 다양한 함의로 사용되었다. 1910년대의 대한광복회, 대한광복군정부, 1920년대의 광복군총영, 광복군사령부, 광복단과 같은 단체 가운데 복벽주의(復辟主義)를 지향한 경우는 없었다. 특히 1940년에 창설된 한국광복군은 민주공화정체를 지향한 중경임시정부의 군대였다.

그렇다고 광복이란 용어를 차용한 단체 모두를 민족주의운동 계열로 보아서도 안 된다. 1936년 결성을 선언한 재만조선인조국광복회는 사회주의자들이 주도한 항일민족통일전선 조직이었기 때문이다. 이 조직과 또 다른 성격의 단체가 1930, 40년대 중국의 관내 지역에 있었던 조선민족해방동맹이나 조선민족해방투쟁동맹이다. 두 조직은 좌파 성향의 단체이기는 하지만 사회주의자들만 가입한 단체는 아니었으며, 재만조선인조국광복회와도 성격이 약간 달랐다. 다만 사회주의운동 계열의 조직들이 해방이란 단어가 들어간 조직 명칭을 사용한 경우가 많았다는 점만은 분명하다. 참고로 3·1운동 이후 민족운동세력이 민족주의운동과 사회주의운동으로 분화되고서 민족주의운동 계열의 조직 명칭 가운데 해방이란 용어를 쓴 경우는 없다. 또 1945년 이후로 옮겨와서 살펴보자. 우리는 1945년 8월 이후 한반도의 사회적 공간을 설명할 때 '해방공간'이라는 말을 끌어들이지 '광복 공간'이라고 하는 경우는 없다. 1945년에 태어난 사람들을 '해방둥이'라고 말하지 '광복둥이'라고 하는 경우도 없다.

8·15로부터 60년이 지난 지금의 시점에서 해방이란 말이 옳은가, 광복이란 용어를 사용해야 맞는가라는 논쟁은 그다지 의미가 없다. 그보다는 사용자가 특정 시점에서 어떤 의미로, 어떤 쓰임새를 위해 사용하느냐에 따라 다를 수 있으며, 그렇기 때문에 현실 속에서 끊임없이 이 두 용어를 재해석할 수 있다. 오늘의 현실에 비추어볼 때 불완전한 의미를 내포하고 있는 해방과 광복의 진정성도 현실을 바꿔가는 과정에서 찾을 수 있을 것이다.

반탁은 있었지만, 찬탁은 없었다

박태균

찬반탁운동은 신탁통치를 찬성하는 운동(찬탁)과 신탁통치를 반대하는 운동(반탁)을 합친 말이다. 1945년 12월 27일에 결정된 모스크바 3상회의의 내용이 『동아일보』에 의해서 '신탁통치안'으로 알려지면서 찬성과 반대를 둘러싼 정치적 운동이 전개되었으며, 이것을 통칭 '찬반탁운동'이라고 부른다.

신탁통치 문제는 이승만이 귀국한 직후인 1945년 10월 22일의 기자간담회부터 본격적으로 논의되기 시작했으며, 당시 대부분의 정치인은 신탁통치에 반대하는 입장을 표명했다. 같은 해 10월 30일의 기자회견을 통해 아놀드 군정장관이 신탁통치가 미국의 입장이 아니라고 언명하면서 신탁통치 문제는 정치적인 논쟁의 중심에서 멀어지는 듯했다. 그러나 1945

년 12월 27일 모스크바에서 '조선 문제에 대한 3상협정'(이하 '3상협정'으로 약칭)이 발표되면서 김구를 중심으로 한 임정의 주도하에 신탁통치를 반대하는 운동이 광범위하게 확산되기 시작했다. 그리고 신탁통치를 반대하는 운동은 '반탁운동'으로 명명된다.

그러나 반탁운동과 대립했던 '찬탁운동'은 반탁운동 진영에서 좌익 정치세력을 비난하기 위해 만든 용어라고 할 수 있다. 좌익 정치세력은 '신탁통치를 찬성'한다는 용어를 사용한 적이 없으며, 단지 '조선 문제에 대한 모스크바 3상협정에 대한 지지'(이하 '3상협정 지지'로 약칭)를 주장했다. 물론 모스크바 3상협정의 제3항에 '최고 5년을 기한으로 하는 신탁통치의 실시'라는 내용이 들어가 있기 때문에 '3상협정 지지'가 '신탁통치를 찬성하는 것'으로 해석될 여지는 있지만, 그렇다고 해서 좌익 정치세력이 공개적으로 열강에 의한 신탁통치안을 지지한 예는 없다.

찬탁이라는 용어가 처음으로 사용된 것은 1946년 1월 4일이었다. 한국민주당은 담화를 통해, 1946년 1월 2일에 조선공산당이 반탁궐기대회를 한다고 서울 시민을 동대문운동장에 모아놓고 갑자기 반탁 대신에 신탁통치를 수락한다는 입장을 발표했다고 주장했다. 이 성명은 『동아일보』 1946년 1월 5일자로 보도되었으며, 그 이후 우익 정치세력은 자신들의 반탁 주장에 반하는 '찬탁'이라는 용어를 통해 좌익 정치세력을 비난했다.

좌익 정치세력이 찬탁을 주장하지 않았다는 사실은 1946년 1월 7일에 있었던 '4당 코뮤니케'를 통해서 잘 드러난다. 3상협정안이 발표된 이후 반탁운동과 3상협정 지지운동 간의 대립이 점차 심화되었다. 이러한 정치적 분열을 우려한 좌우익의 한국민주당, 국민당, 조선공산당, 그리고 조선인민당의 대표가 모여 3상협정에 대해 힘을 합쳐 대응할 것을 결의했다. 그 결의 내용의 핵심은 "조선 문제에 관한 3상회의의 결정에 대하여 조선의 자주독립을 보장하고 민주주의적 발전을 원조한다는 정신과 의도는 전면적으로 지지"하지만, 신탁통치 문제는 "장래 수립될 우리 정부로 하여금 자주독립의 정신에 기하여 해결"하도록 한다고 하여, 반대의 입장을 표명했다.[24]

4당 코뮤니케가 발표된 데에는 3상협정을 둘러싼 정치적 갈등 과정에서 한국민주당의 수석총무인 송진우가 암살(1945년 12월 30일 새벽 6시 30분)되면서, 더 이상의 정쟁을 피하겠다는 의미도 있었다. 하지만 3상협정안의 내용이 알려지면서, 3상협정안이 곧 신탁통치만을 의미하는 것은 아니라는 점에 대부분의 정치세력이 동의할 수 있었기 때문에 좌우익의 주요 정당이 참여한 가운데 '4당 코뮤니케'가 도출될 수 있었다.

초기에 『동아일보』에 의해 "소련이 주장하고 미국이 반대한 신탁통치안"으로 알려진 3상협정안은 크게 세 가지 내용으로 구성돼 있었다. 그 첫째가 '임시 조선민주주의 정부(a provisional Korean democratic government)'라는 조직을 조선인들로 구성하는 것이었다. 이것은 김구의 임시정부와는 다른 새로운 조직으로, 미군과 소련군의 점령하에서 조선인에게 주체적으로 참여할 수 있는 기회를 부여하기 위한 것이었다. 둘째로 한반도를 점령하고 있었던 미국과 소련으로 하여금 공동위원회를 조직하도록 하여, 조선의 민주적인 정당 및 사회단체와 협의하도록 한다는 것이었다. 그리고 마지막으로 최고 5년을 기한으로 하는 한반도에 대한 4개국 신탁통치 협약을 앞서 언급한 '조선임시정부'와 협의한 후 미·영·소·중 4개국에 제출하도록 한다는 것이다.

따라서 3상협정안은 신탁통치안의 내용을 포함하고 있지만, 그것이 곧 신탁통치안을 의미하지는 않았으며, 오히려 신탁통치에 대한 부정적인 내용을 제외한다면 조선인이 한반도의 미래를 결정하는 과정에 참여할 수 있는 길을 열어놓는 내용을 담고 있었다. 비록 4당 코뮤니케는 반탁운동을 주도하던 임시정부세력의 방해로 인해서 곧 무산되었지만, 3상협정안의 내용을 객관적으로 확인해주었을 뿐만 아니라 좌익세력이 신탁통치를 찬성하지 않았다는 점을 잘 보여주었다.

그런데 조선공산당의 총비서였던 박헌영이 1946년 1월 5일에 있었던 외국인 기자단과의 회견에서 "3상협정안에 있는 신탁통치안은 제국주의 시대의 침략 의도가 없는 것"이라고 주장했고, 이 회견 내용이 『뉴욕타임스』에 게재된 직후인 동년 1월 17일 『동아일보』에 의해 '박헌영이 소련에 의한 일국 신탁통치를 지지' 했다고 알려지면서 문제가 확대되기 시작했다. 반탁운동에 적극적으로 참여했던 우익 정치세력은 박헌영을 비롯해 3상협정을 지지하는 좌익세력을 '찬탁운동' 세력으로 강력하게 비난하면서, 이들을 소련에 국가를 팔아먹는 매국노로 규정했다.

박헌영은 1월 16일 기자회견을 열어 자신의 기자회견이 잘못 보도되었고, 특히 『뉴욕타임스』의 존스톤 기자에 의해서 잘못 알려졌다고 밝혔다. 그러나 여기에서도 박헌영은 '소련의 일국 신탁통치'에 대한 기자들의 질문에 대해 "연합국의 결정이 있기 전에는 말할 필요가 없다"라고 하여 본인의 입장을 적극적으로 부인하지 않았다. 또한 존스톤 기자는 1월 18일의 기자회견을 통해 자신은 어떠한 왜곡도 없었다고 발표했다. 여기에 더하여 미군정청 공보국은 2월 18일 존스톤의 기사에는 어떠한 왜곡도 없었다는 조사 결과를 발표하면서, 조선공산당의 존스톤 기자 추방 요청을 거절했다.

이러한 박헌영의 회견을 둘러싼 논쟁은 1946년 3월 미소공동위원회가 개최되면서 수면 아래로 가라앉았지만, 신탁통치 논쟁을 둘러싸고 심각한 왜곡과 오해를 만들어내는 과정에 결정적인 역할을 했다. 즉, 반탁운동을 주도했던 우익 정치세력은 3상협정 지지세력을 '찬탁운동' 진영이라고 규정하면서, 이들을 한반도가 신탁통치를 통해 소련의 일부분으로 편입되기를 원하는 '매국노'라고 규정했던 것이다. 이후 '반탁운동=민족주의=애국운동', '찬탁운동=친소반민족주의=매국운동'이라는, 사실과는 전혀 다른 주장이 반탁운동세력에 의해서 전파되기 시작했다.

1946년 1월 2일에 있었던 조선공산당의 집회나 1월 5일에 있었던 박헌영의 기자회견으로 인해 좌익 정치세력들이 '찬탁운동'을 전개한 것으로 오해받을 수 있는 소지는 있었지만, 이들이 스스로 신탁통치를 찬성한 사실은 없었다. 또한 해방 직후 가장 큰 과제였던 친일 잔재 척결 문제에 대해 반대하던 우익의 일부 세력이 반탁운동 진영에 참여하고 있었다는 점을 고려한다면, 반탁운동이 곧 민족주의이며, 애국운동이라고 말할 수 있는 근거 역시 전혀 없다. 오히려 반탁운동은 미국과 소련 간의 협의 사항을 반대하고, 좌우의 합작을 통한 통일정부 수립의 길을 반대하는 정치운동이었다고 볼 수 있다. 우익과 좌익이 정치적 실체를 가지고 존재했을 뿐만 아니라 미국과 소련이 한반도를 분할 점령하고 있는 상황에서 좌익과 소련을 비난하면서 그 존재를 부인하는 것은 곧 합의를 통한 통일정부의 수립을 반대하는 것에 다름 아니었다.

실제로 반탁운동은 1946년의 제1차 미소공동위원회와 1947년 제2차 미소공동위원회를 적극적으로 반대했으며, 2년에 걸친 미소공동위원회가 완전히 결렬되는 데 가장 큰 공헌을 했다. 3상협정안에 있는 신탁통치안을 주장했던 미국의 입장에서 볼 때, 자신들이 지원하는 우익세력이 반대하는 3상협정안을 계속해서 지지할 수는 없었다. 미국이 계속 3상협정안을 주장할 경우 3상협정을 지지하는 좌익세력에게 더 유리한 조건이 조성될 수 있었기 때문이다.

반탁운동세력은 미소공동위원회에의 참여를 반대했을 뿐만 아니라 미소공동위원회에 참여하는 대표들에 대한 적극적인 반대 시위까지도 서슴지 않았다. 1947년 6월 23일에 있었던 반탁시위는 소련군 대표에게 돌을 던지는 등 과격한 시위로 발전했고, 미소공동위원회의 결렬에 일조했다. 미소공동위원회의 결렬은 미국이 한반도 문제를 유엔에 이관하는 결과를 가져왔고, 이것은 곧 유엔 소총회의 결의에 따라 남한에서의 단독선거로 이어졌다.

결국 유엔한국임시위원단의 감시하에 치러진 남한에서의 단독선거를 통해 대한민국 정부가 수립되었고, 이 정부에는 반탁운동에 참여했던 세력이 주류를 형성했다. 비록 반탁운동을 주도했던 임시정부세력이 북한과의 남북협상에 참여함으로써 단독선거에는 참여하지 않았지만, 대한민국 정부는 반탁과 반공을 건국의 이념으로 삼았다. 1949년 3월 1일의 이승만 대통령 기념사와 1950년 1월의 신익희 국회의장 신년 담화는 대한민국 정부가 반탁정신을 계승하고 있음을 명확히 하고 있다.

이후 남한의 모든 교과서는 반탁운동의 해석에 따라 1945년 이후의 정치과정을 해석했으며, 3상협정안의 진실은 50년이 지난 최근에 이르러서야 밝혀지기 시작했다. 따라서 '찬반탁운동'은 잘못된 용어이며, '3상협정을 둘러싼 정치적 갈등'으로 표현하는 것이 더 정확한 용어라고 할 수 있다.

소군정은 실재했는가?

기광서

한반도 역사에서 한민족의 국가가 존재하지 않은 시기는 일제 36년과 해방 후 3년 동안을 들 수 있다. 일제 치하의 36년은 일본에 의한 강제 통치 시기였으며, 해방 3년은 미소 양군의 진주(進駐)에 의한 국가권력의 공백이 있었던 때였다. 이 시기의 남한을 미군정(美軍政)에 의한 통치 시기, 즉 미군정기라 부른다.

군정(軍政, Military administration, Военная администрация)이란 군대가 주축이 되어 국가권력을 장악한 후 실시하는 통치, 또는 외국 군대가 군사작전이나 전쟁을 통해 타국 영토를 점령한 후 실시하는 통치 형태를 일컫는다. 이 정치적 개념을 해방 3년의 북한체제에 도입한 우리 학계는 그것을 '소군정(蘇軍政)'이라 부르는 데 주저함이 없었다. 미군정과 대비시키는 의도도 있으나 그보다는 소련군을 북한 통치의 주체로 보았기 때문이다. 하지만 이 명칭이 과연 역사적 정당성을 확보할 만큼 학술적으로 검증되었는지는 매우 의문스럽다. 미군정과 달리 직접적인 대민 통치를 하지 않은 소련군을 마땅한 검증 절차 없이, 혹은 이데올로기적 편의에 따라 그와 같은 명칭을 붙인 것은 아닌지 고민해볼 필요가 있다.

동유럽과 북한

해방 후 북한의 통치 형태와 비교하기 좋은 대상은 소련군 진주라는 비슷한 경험을 한 동유럽 국가이다. 소련군은 시기적으로 다소간의 차이가 있었지만 거의 모든 동유럽 지역을 나치 치하에서 '해방' 시켰으며, 이 지역에 정부가 들어서기 전까지 일정 기간씩 주둔했다. 이들 나라에는 소련군 진주와 함께 지역 공산주의자들이 중심이 된 권력기관이 들어섰다. 이후 소련군의 철수 시기는 천차만별이었다. 유고슬라비아(지금의 세르비아-몬테네그로 연방)와 체코슬로바키아에서는 1945년 제2차 세계대전이 종결되자 곧바로 철수했고, 1947년 불가리아에서, 1959년 루마니아에서, 헝가리와 폴란드에서는 1989년과 1990년에 각각 철수했다. 이것만 보더라도 동유럽에서 소련의 정책은 나라별로 일정한 차이를 드러내고 있음을 알 수 있다.

소련군 주둔 기간 동안 일부 지역에서 잠시나마 군정이 실시되기는 했지만* 대체로 오늘날에도 그 기간을 '군정' 실시 시기로 부르지는 않는

---

* 예를 들면, 루마니아에서 소련군사령부는 1945년 3월 좌파연립정부가 수립되기 전에 민족 갈등이 심해지자 루마니아인으로 구성된 권력기관을 폐지하고 일시적으로 소련군정을 도입했다.

다. 다만 독일 동부 지역의 경우, 소련은 1945년 공식적으로 대독 전쟁의 영웅 G. K. 쥬코프 원수를 수반으로 한 주독일소련군정청(СВАГ)을 설치했다. 처음부터 소련은 패전국 독일에 대해서 '소군정'이나 '점령정책' 등과 같은 용어를 거리낌 없이 사용했다.[25] 침략국가인 독일을 피압박 국가와 달리 취급한 것은 당연한 일이었을 것이다. 소련 군정청은 동독체제 형성에 결정적인 역할을 수행했고, 1949년 독일민주공화국(동독)이 수립되기 전까지 최고 권력기관으로 남아 있었다.

북한의 경우는 어떠했을까? 유럽 지역을 중시한 소련은 애초 동유럽에 비해 북한의 전략적 가치를 상대적으로 낮게 평가했다. 10일 남짓한 짧은 기간이지만 다소 치열한 대일 전투를 치르면서 북한에 진주한 소련군은 우선 각 도·시·군 단위에 경무사령부를 설치했다. 경무사령부는 이들 지역의 질서 유지 및 통제 업무를 수행했고, 각지에서 조직되기 시작한 인민위원회와 관계를 맺기 시작했다. 경무사령부의 기능이 인민위원회와의 협력과 아울러 그에 대한 통제적 지도에 있었음은 말할 것도 없다.

중앙 차원의 소련군 '지도기관'으로는 10월 3일 제25군사령부 산하에 소련민정(гражданская администрация)기관이 조직되었다. 소련군 진주 초 소련군 정치기관의 몇몇 보고에는 '군정'이란 명칭이 등장하기도 하지만 이후 이 용어는 자취를 감추고 '민정'으로 대체되었다. 소련이 동독과는 달리 북한에서 '민정'이란 명칭을 쓴 것은 침략국가와 식민지 해방 지역을 구분짓는 정책적 차별성을 반영한 것으로 볼 수 있다. 즉, 군정과 민정은 똑같이 군부가 주도했다 하더라도 명칭뿐만이 아니라 엄연한 기능과 역할의 차이가 있었다.

처음 민정기관은 약 50명의 장교로 구성되었고, 그 책임자는 제25군 군사회의 위원인 A. A. 로마넨코 소장(제25군 민정 담당 부사령관)이었다. 민정

기관에는 행정·정치부, 산업부, 재정부, 상업·조달부, 농림부, 통신부, 교통부, 보건부, 사법·검찰부, 보안·검열부 등 모두 10개 부서가 설치되었으며, 11월에 북조선 중앙행정기관으로 설립된 북조선 행정10국에 대한 지도적 기능을 수행했다. 민정기관의 역할은, 소련 측 표현을 빌리면, "일제에 의해 파괴된 경제를 복구하고 정상적인 생활 기반을 조성하며 조선 인민 자신의 국가권력 수립에 방조하는 문제 등을 담당하는"[26] 것이었다.

이후 한반도 정치 상황의 변화와 북한의 행정·경제 기구의 규모와 사업이 확대되면서 민정기관의 조직적 규모와 체계도 확장되었다. 그리하여 민정기관은 1947년 5월 역시 제25군 군사위원 N. G. 레베데프 소장이 이끄는 주북조선 소련민정국(УСГАСК)으로 조직과 부서가 확대·개편되었다. 소련민정의 활동은 연해주 우수리스크에 위치한 연해주 군관구 군사회의 위원인 T. F. 스티코프 상장의 지휘하에 이루어졌다. 지금까지 통용되어온 '소군정'은 '스티코프(연해주군관구 군사회의)→제25군사령부/소련민정→경무사령부'로 이어지는 지휘체계를 일컫는 것이다.

정부 기능의 소재

소련군의 대북한 정책체계와 그 집행기관을 '군정'으로 표현하는 것은 과연 타당한가? 만일 1946년 2월 '최고행정주권기관'으로서 '북조선임시인민위원회'(이하 북임위)가 결성되지 않았다면 소련민정은 '민정의 외피를 쓴 군정청'으로 보아도 무방할 것이다. 마찬가지로 북임위가 소련의 정책 결정에 대한 단순한 집행자에 머물렀다면 이와 동일한 결론을 내릴 수 있다. 그렇지만 북한의 중앙권력 기관으로서 북임위가 실질적인 정부 기능을 수행한 것은 부인할 수 없는 사실이다.

소련으로서는 전반적으로 좌파세력이 우세한 한반도 정치 지형에서 자국 군대를 전면에 내세운 통치 방식을 고집할 필요가 없었다. "약소민족의 해방" 구호는 소련의 오랜 주장이기도 했지만 조선 인민에게 권력을 이양하는 것은 소련이 미국보다도 "조선의 자주독립"을 위해 애쓴다는 인상을 심어주는 일이기도 했다. 덧붙이자면, 모스크바 3상회의에서 미국의 신탁통치안 대신에 소련이 제기한 '후견(Опека)'은 "조선 인민의 정치·경제·사회적 진보와 조선의 민주주의적 자치의 발전 및 국가독립에 원조와 협력"이라고 했는데, 이러한 '간접적 통치' 발상은 이미 북한에 적용되고 있었다.

북임위가 구성되면서 북조선 행정10국은 '소련군 사령부/민정' 소속에서 북임위의 기관으로 이전했다. 토지개혁 법령을 비롯한 각종 법령과 시책은 대부분 북임위의 명의로 발표되었다. 그것은 북임위의 대민 통치 기능을 보여주는 일이었다. 그런데 북임위의 각 국(局)은 "북조선임시인민위원회와 소련군 사령부에서 발포한 모든 법령과 결정을 실시할 것"[27]을 의무로 했다. 이것은 그때까지도 소련군 사령부의 국가적 기능이 혼재하고 있음을 법률적으로 보여준다.

그러나 인민위원회는 '정권'으로 일반화되기 시작했다. 더욱이 1년 후 북임위가 도·시·군 인민위원회 선거를 통해 '북조선인민위원회'(이하 북인위)로 재조직되면서 북조선 지도부의 주권적 기능은 더욱 강화되었다. 북인위는 "조선에 민주주의 임시정부가 수립되기까지 북조선 인민정권의 최고집행기관"[28]으로 규정되었고, 북인위 산하 기관들이 소련군 사령부에 복종한다는 법률상 조항도 삭제되었다. 한편으로 북인위(북임위)는 자신의 활동 가운데 소련 정부기관과의 공식적인 협정 체결도 포함시켰다. 이 과정을 통해 소련 정부와 북한 간에 교역을 비롯한 여러 분야에 교류가 이루어졌다. 이것은 북인위(북임위)가 '정부'로서의 기능을 수행하고, 반대로 소련 측은 이를 인정한 주요 증거로 볼 수 있다.

혹자는 위와 같은 북인위(북임위)의 기능이 형식에 불과하고 실질적인 통제는 '소련군 사령부/소련 민정'이 수행했다고 말할지도 모른다. 물론 해방 3년간 북한에 대한 통제의 정점에 모스크바 지도부가 있었음은 잘 알려진 사실이다. 주요 정책의 결정은 어째든 최종적으로 크렘린의 승인하에서 이루어졌고, 또 당시 한반도의 운명이 미소의 교섭하에 달렸음을 본다면 소련의 위상과 역할을 과소평가할 수는 없을 것이다.

그럼에도 여기서 강조하고자 하는 것은 '종속된 권력'도 권력이란 점이다. 게다가 소련과 북한 공산당 지도부를 일방적인 종속관계로 파악하는 것은 올바른 판단으로 볼 수 없다. 스티코프는 주요 사안에 대해 김일성 지도부와 협의하는 과정을 거쳤고, 김일성 지도부 역시 자신들의 입장을 관철하기 위해 소련군 지도부의 일방적인 지시만을 받지 않았다. 국가 수립 이전 헌법 등 국가제도가 부재한 속에서 소련의 통제하에 활동했다 하더라도 북인위(북임위)는 자체의 법령을 발포하고 정책을 입안·집행한 사실상의 '정부' 기구였던 것이다.

어떻게 부를 것인가

해방 3년 동안 북한 권력체계에 미친 소련의 영향력을 감안하면 분명 거기에 '군정'의 요소가 있음은 명백하다. 그러나 그 요소가 '간접통치' 형태를 뛰어넘어 군정의 본질을 증명한다고 보기는 어렵다. '소군정'이라는 조직적 실체가 애매모호하기도 하지만, 북한 주둔 제25군사령부를 그렇게 부르더라도 그 역할과 기능이 군정과는 동떨어진다. 강조컨대 이 시기에 북인위(북임위)의 '정부' 기능은 실재했음을 인식할 필요가 있으며, 냉전 시기의 이데올로기적 악의와 편향성을 비판 없이 반영한 '소군정'이란 명칭은 역사적 이해를 바탕으로 할 때 부적절한 용어라 할 것이다. 한편 소련 측 스스로가 부른 '소련민정'이란 명칭은 이 기구의 구성 자체가 군인들로 이루어졌을 뿐 아니라 이 용어가 내포한 대민 통치기구로서의 기능을 수행한 것이 아니기 때문에 마찬가지로 적절한 표현이 아니다.

민족자주적 논리에 따라 해방 3년의 북한을 '인민위원회' 시기로 명명할 경우에도, 그것은 소련군의 존재와 역할을 부인한다는 점에서 타당성이 없다. 결국 해방 후 북한 내 소련군의 정책 지휘체계에 대해서는 '소련군 사령부'나 '소련군 지도부' 이상의 대체 명칭을 정립하고 이 시기를 통치 주체의 입장에서 규정지을 수 있는 개념을 찾기란 쉽지 않다. 이 문제는 향후 북한사 연구의 과제로 남기는 것이 어떤가 한다.

중간파인가, 중도파인가, 합작파인가?

서중석

중간파, 중도파, 합작파, 제3세력

중간파는 특정한 세력을 지칭하기도 하지만, 중간파·중도파는 상대적인 개념으로도 쓸 수 있다. 또 중국에서는 국공합작이 3차에 걸쳐 있었지만, 좌우합작파 또는 합작파라는 용어는 해방 후 한국에서 사용되었다.

1947년에 한 논자는 중간(중간노선)정당은 프랑스혁명과 제1차 세계대전 후의 파시즘 대두기에 중요한 역할을 한 소자산계급의 이익을 대표하는 정당으로, 자유민주주의를 옹호하며 파시스트 강압정치와 프롤레타리아독재를 반대한다고 주장했다.[29] 다른 한 논자는 미국에서는 중간파가 존재하기 어렵지만, 유럽은 중간파 또는 중간당이 존립할 수 있으며, 중국은 국민당과 공산당의 격렬한 투쟁 때문에 민주연맹 등의 중간파는 미약하다

고 지적했다.[30]

　위의 경우 중간파나 중간정당이라는 호칭은 상대적인 면이 강하지만, 공산주의자들한테는 특정 세력을 지칭하는 경우가 있다. 세계프롤레타리아운동은 제1차 세계대전기에 사회애국주의자, 중간파, 인터내셔널리스트로 분열되는데, 중간파는 합법성과 의회주의의 공기에 중독되어 이론상으로는 가장 마르크스주의인 것처럼 혁명적인 주장을 하지만 행동상으로는 개량주의이고 말로는 인터내셔널리스트이지만 사회애국주의 기회주의의 지지자인바, 무산계급해방운동에서 전선을 교란하고 계급의식을 혼탁케 하여 결국은 자본주의의 영속화를 기도하게 된다는 것이다.[31]

　해방 후 조선공산당(조공)은 8월테제*에서 사회개량주의자와 사회파시스트를 민족급진주의자, 민족개량주의자와 함께 배격했지만, 중간파가 하나의 정치세력으로 지칭된 것은 모스크바 3상회의 결정 이후, 그중에서도 신탁통치 문제를 둘러싸고 우익과 좌익이 민주의원·비상국민회의와 민주주의민족전선으로 분립되었던 1946년 2월경부터라고 보아야 할 것이다. 이때부터 우(극우)와 좌(극좌)는 대립적인 정치세력이나 좌우합작세력을 흑백논리로 논단하는 것이 심화되었다. 조공 기관지『해방일보』는 1946년 2월 20일자에서 "오늘 조선의 정치적 분열은 좌우의 분열이 아니라, 민주주의와 반민주주의와의 원칙적 분열"이라고 지적하고 '중간파'라고 하는 것은 존재할 수 없다고 역설했다.

　그렇지만 미소공동위원회 개회 직후인 1946년 3월 조공 총서기 박헌영이 "중간에 서서 좌우익이 다 같이 잘못이 있으니 덮어놓고 통일을 알선

---

* 1945년 8월 20일 박헌영은 조선공산당 재건준비위원회를 조직하면서「현정세와 우리의 임무」라는 테제를 정식으로 제기, 정치노선으로 통과시키는데, 이를 '8월테제'라 한다. 이후 '8월테제'는 조선공산당과 남조선로동당의 이론 지침이 되었다.

하는 소위 중간파들도 금일에 와서는 깊이 반성하고 자각이 있어야 될 것"이라고 언명한 바와 같이, 아직 '중간파'를 적대시하지는 않았다. 조공 간부파가 여운형 등 합작운동세력을 격렬히 비난한 것은 조공이 신전술을 채택하고 3당합당 문제로 좌익이 여운형 지지세력과 박헌영 지지세력으로 분열하면서 발생한 9월총파업, 10월항쟁 와중에서 좌우합작 7원칙이 발표되고(1946. 10. 7.), 곧이어 남조선로동당(남로당)이 결성될 때였다.(1946. 11. 23.) 7원칙이 발표되자 우익의 경우 한민당이 반발하고 이어서 이승만이 가세했던바, 이들은 다음 해 초 김구 세력과 함께 김규식 등의 합작운동을 강력히 반대했다.

중도우파는 7원칙 발표 이후 단결하려는 움직임을 보이는데, 1947년 미소공동위원회가 재개됨과 동시에 여운형 등의 중도좌파와 함께 중도파 정치세력을 형성했다. 이처럼 남한 정국이 우파(극우파), 좌파(극좌파), 중도파로 삼분되는 형국을 보일 때, 중간파라는 말은 일정한 정치세력을 가리키는 말로서 합작파라는 말과 함께 널리 사용되었다. 1947년 7월 여운형 사후 중도좌파 일부를 포함해 중도파 정치세력을 규합해 1947년 12월 민족자주연맹(주석 김규식)을 결성할 때 중간파라는 말은 더욱 널리 사용되었다.

그런데 1948년에 들어와 유엔조선임시위원단이 서울에 오고, 김구가 방향 전환을 해 김규식과 함께 남북요인회담, 곧 남북협상을 주창해 그해 4월 평양에서 남북제정당사회단체대표자연석회의와 남북협상이 열린 이후부터는 협상파라는 말이 널리 사용되었다. 그리고 남과 북의 두 정부 수립 이후부터는 협상파, 중간파, 합작파라는 말과 함께 제3세력이라는 말이 등장했다. 제3세력은 1950년대 전반기에는 조봉암 세력을 가리키는 말로 주로 사용되었고, 그 이후에는 혁신계 또는 혁신세력이라는 말이 일반화되었다.

여운형·김규식 노선은 회색노선이 아닌 중도노선

　필자는 중간파(중간노선파)라는 용어가 가지고 있는 부정적 의미 때문에 여운형·김규식 노선을 지지하는 세력을 중도파나 중도노선세력 또는 합작세력이나 통일전선세력으로 부르는 것이 타당하다고 주장한 바 있다.[32] 제3의 길을 걷는다는 뜻에서 제3세력이라는 말도 쓸 수 있겠지만, 해방정국에서는 그 말이 사용되지 않았다.

　조공 간부나 남로당원은 주로 여운형 지지세력을 중간파로 규정하고 그들을 기회주의자라고 비판했다. 그뿐만 아니라 박헌영은 「좌우합작 7원칙 비판」에서 "제2인터는 노동자계급을 대신한다면서 자본가계급과 타협하는 개량주의 노선으로 자본가계급의 이익을 옹호한 것은 천하주지의 사실에 속한다"라고 지적하고 그것을 좌우합작과 등치시켰다. 그들의 비판은 레닌의 제2인터내셔널 비판, 또는 사회애국주의와 레닌의 인터내셔널리스트 사이에 끼어 있었던 중간파를 염두에 두고 있었다. 이 때문에 여운형 노선을 지지한 사회주의자(공산주의자)들은 자신이 정통 레닌주의 노선에서 이탈한 것이 아닌가 하는 자책감을 가질 수 있어서 여운형 노선을 지지한 다른 중도파보다 타격이 훨씬 더 클 수 있었다.

　우익(극우)도 중도파 정치세력을 부동(浮動) 회색분자들의 집결이라고 공격했다. 그런데 우익은 극좌세력과는 대조적으로 여운형 지지세력을 좌익 또는 공산주의자들로 몰아붙였다. 그 때문에 김규식 지지세력은 중간파 공격의 주된 타깃이 되었다. 1947년 1, 2월에 이승만 주도의 독립촉성국민회에서는 김규식 중심의 합작위원회를 '독립운동'의 반역집단이라고 규정하고 이들의 회색행동을 철저히 소탕할 것을 결의했으며, 반탁투쟁위원회(위원장 김구)에서는 합작위원회를 유령집단으로 매도했다.

　극우는 중도우파를 회색분자로 비난하는 것 못지않게 공산주의자로 몰아세우는 쪽을 선호했다. 그들은 1947년 내내 김규식 등을 공격하면서 때때로 공산주의자, 민족반역자로 비난했다. 1948년에 들어와 김구가 김규식 노선에 합류해 남북협상을 주장하자 남로당중앙위원회는 3월 1일자로 "제국주의자의 앞잡이가 되어 조국의 분할 침략계획을 지지하고 나라를 팔아먹는 이승만 김구 김규식 김성수 등의 정체를 폭로하고 인민으로부터 고립 매장시키지 않으면 안 된다"라고 역설했다. 반면 한민당은 김구와 김규식의 주장이 남로당 주장을 대변하고 있는 것 같다느니, 그들이 "크레믈린 궁의 사자(使者)"라느니 하며 비난했다. 한민당은 「총선거에 임하여 만천하 동포에게 고함」에서 김규식은 공산당원이었으니 그 태도가 공산당과 동일할 것은 필연의 귀결로 볼 수 있고, 김구도 토지국유정책 등을 볼 때 공산당과 통할 가능성이 있다고 주장했다. 이미 이때부터 극우세력은 자기 세력의 영수로 모셨던 사람들조차도 정적이 되면 모두 색깔로써 몰아붙였다.

여운형은 해방정국에서 자신을 어떠한 주의자라고 말하지 않았으며, 여운형과 김규식 등은 그들의 일부 추종자들과 달리 자신을 중간파 또는 중도파 등으로 부르지 않았다. 다만 중도우파의 이데올로그 안재홍이 극좌·극우를 다 배척하고 중앙당으로서의 나아갈 길을 똑바로 나아가자고 주장하거나[33] 합작노선을 중앙노선이라고 주장하면서[34] 중도파와 비슷한 의미로 중앙당 또는 중앙노선이라는 말을 쓴 바 있다.

필자가 여운형 노선과 김규식 노선을 중도노선으로 보는 것은 그것이 기회주의 노선 또는 회색노선이 아니라고 판단했기 때문이다. 물론 그들의 노선은 제1차 세계대전기에 있었던 중간파와도 성격이나 위상이 다르다. 여운형, 김규식은 그들의 노선이야말로 올바른 노선, 곧 중도노선이라고 확신했고, 극좌·극우노선은 잘못된 노선이라고 배척했다. 그것은 일제강점기 민족해방운동을 펼칠 때부터 그러했고, 해방 3년기 때도 조금도 흔들림이 없었다.

　중도파는 프롤레타리아독재건 특수계급(자본가계급)독재건 한 계급의 전횡 또는 독재를 배격했지만,[35] 특히 민족문제를 중시했다는 점에 주목할 필요가 있다. 여운형은, 사회체제는 인민 다수의 의견을 따르겠다고 하며 자신의 주장과 다른 체제를 받아들일 수도 있다고 시사했지만, 통일민족국가의 건설에는 절대적 우위를 두었다. 그리고 그것은 친미친소 좌우합작에 의해서만 가능하며 다른 주장은 모두 비현실적인 것으로, 즉 분단으로 나아가게 할 뿐이라고 판단했다. 김규식은 1947년 신년사에서 반미친소 노선이나 친미반소 노선은 민족의 자주적 입장을 망각한 것이며, 민족적 통일단결을 파괴하는 것이고, 임시정부 수립을 저지하는 노선이라고 비판했다.

　합작론자들은 지정학적 성격 때문에도 좌우합작이 필요하다고 역설했다. 다시 말해 한국은 북방세력(대륙세력)과 남방세력(해양세력)이 접합하는 지역으로, 세계 최강국의 이해관계가 걸려 있기 때문에 자주국가의 건설과 유지, 발전은 좌우협력을 통해서만 가능하다는 것이었다. 또한 합작론자들은 한민족의 국제적 제약성을 십분 인식하여 자주적 노력을 기울이는 능력에 따라 지정학적인 약점이 강점으로 전화되어 세계정치에서 상당한 발언권을 확보할 수 있으며, 강대국의 원조도 적극적으로 활용할 수 있다고 주장했다. 오늘날에도 생각해볼 수 있는 통찰이 아닐까 한다.

덧붙이는 글

　중도파 민족주의자들은 1948년 4월 평양 남북협상에 다녀온 뒤 계속 어려움에 봉착했다. 김구는 1949년 6월 암살당했다. 1950년 5·30선거에서 중도파는 민중의 지지를 받고 있음을 확인했지만, 곧이어 발생한 전쟁으로 대부분이 납북당했다. 잔존한 중도파들은 계속 감시를 받았다. 5·30선거에서 옥중 당선된 장건상은 국회에서 상당 기간 입을 열 수가 없었다. 중도파였던 조봉암은 1954년에 출판한 소책자 『우리의 당면과업』에서 중간파니 협상파니 해서 사갈시(蛇蝎視)·역적시하는 경향이 있는데, 이들의 영수인 김구와 김규식이 어떠한 분이냐고 반문했다. 같은 해 5·20선거에 조봉암은 서류 강탈 등으로 국회의원에 입후보조차 할 수 없었다. 그해 가을 함상훈의 뉴델리 밀회설 발표에서부터 사사오입개헌 강권 통과에 이르는 시기에는 자유당과 조병옥 등의 민국당, 그리고 원외의 민의대(民意隊)에 의해 제3세력을 타도하자는 살벌한 공안정국이 조성되었다. 1955년 서울시경은 『사찰요람』을 작성했는데, 그 부제가 '좌익, 중간, 제3세력, 기타'였다. 서술 내용을 보면 그 첫 번째가 '중간파 및 제3세력의 연혁적 분석'이다. 또한 사찰 대상의 정당·사회단체도 그 순서가 첫째 민족자주연맹, 둘째 한국독립당으로 되어 있고, 남조선로동당과 북조선로동당은 한참 뒤에 배치되어 있다. 따라서 중도파 또는 제3세력이 가장 중요한 사찰 대상이 아니냐는 느낌을 주고 있다.

혁신계는 1960년 4월혁명기에 활동할 기회를 가졌으나 곧 1961년 5·16군부쿠데타로 최악의 사태를 맞이했다. 장건상과 김성숙 등 여운형 노선의 중도파를 포함하여 4월혁명기에 통일운동을 벌였던 혁신계는 일망타진되었다. 이들은 피학살자유족회 관계자들과 함께 특수반국가행위 사범으로 규정되어 '특수범죄처벌에 관한 특별법'으로 처단되었다. 그들은 석방 후에도 중앙정보부에 의해 감시받았고, 유신체제에서는 사회안전법의 대상이 되었다.

그렇지만 쿠데타 세력도 4월혁명이 열어놓은 자유의 공기는 차단할 수 없었다. 민족주의자들을 감옥에 처넣을 수는 있었지만 민족주의의 확산을 막을 수는 없었다. 한일협정 반대투쟁이 거세게 지나간 1967년에 집필된 「한국지식인론」에서 송건호는 4·19 이후를 내셔널리즘의 백범이즘(김구 노선)이 부활해 승만이즘(이승만 노선)과 대결하고 있는 것으로 평가했다. 그 이후 유신체제의 암흑 속에서도 해방 후 역사를 알려는 노력이 커졌고, 좌우합작운동이 재평가되었다. 하지만 1980년대에는 급진적 변혁노선이 강세를 떨쳤다. 이러한 과정을 거쳐 1990년대 이후에는 현대사에 대해 극우적 시각, 급진파적 시각과 함께 중도파적 시각이 공존하게 되었다.

한국전쟁/6·25를 기억하는 방식
: 역사용어와 사유체계의 문제

박명림

6·25와 두 한국

한국에서 냉전과 탈냉전 역사인식을 가르는 가장 결정적인 준거의 하나는 한국전쟁에 대한 이해라고 할 수 있다. 그것은 사실 역사 이해에 관한 몽매(蒙昧)와 이성의 분계(分界)를 보여주는 한 사례이기도 하다. 민주화 이후의 이념 공방 및 주목할 만한 몇몇 학술 사건은 이를 다시 한 번 확인시켜 주고 있다. 예상과 달리 민주화가 사회통합이 아니라 이념적 양극화와 함께 진행되고 있는 한국 사회에서 한국전쟁은 하나의 역사적 바로미터 역할을 수행하고 있다. 민주화의 심화가 사회통합의 진전이 아니라 '친북좌파' 대 '수구꼴통'이라는 대립 구도를 형성·고착해가는 이상현상의 현실적 중심고리는 분단국가로서 북한 및 미국을 둘러싼 찬성과 반대의 구조이나 그 역사적 연원의 근저에는 상호 절멸을 시도했던 전쟁의 경험이 존재한다. 남과 북에서의 최근 사례를 하나씩 들어보자.

2003년 6월 21일 서울시청 광장에서는 '반핵반김 한미동맹강화 6·25국민대회'가 열려 11만 명의 시민과 기독교도들이 참여, 북한의 독재체제와 핵개발 시도에 대한 강력한 반대집회를 개최했다. 이후 반북집회는 일상화되었고, 2004년 들어 국가보안법 이슈가 추가되면서 반핵반북집회는 내부 민주개혁에 대한 보수적 저항과 빠르게 중첩되었다. 당시의 중심 구호는 "상기하자 6·25, 몰아내자 김정일"이었다. 대회에서는 "6·25전범 김일성과 김정일 고발하고 타도하자"라는 목소리가 높았다.

북한의 독재와 빈곤을 넘어 탈출해온 한 탈북자는 "애국 시민 여러분! 전쟁은 끝나지 않았다. 김정일을 민족의 이름으로 응징하자"라고 절규한다. 반미친북세력을 처단하라는 구호 역시 드높았다. 우파세력에게 반미는 곧 친북으로 의제되었다. '처단하라', '척결하자'는 구호에서 우리는 국가 형성과 전쟁 전후의 섬뜩했던 좌우 대결의 기억을 떠올리게 된다. 전후 오랫동안 평양에서 일상화되었던 구호들이 이제는 급기야 남한의 중심 서울에서도 등장하고 있는 것이다. 김일성 공산집단에 대한 증오를 스스로 어거(馭車)하지 못해 손가락을 자르고 혈서를 쓰던 1950년대의 반공 시위가 재연되지 말라는 보장이 없는 것이다.

이 '6·25국민대회'에서 실제 울려 퍼진 노래는 "아아 잊으랴 어찌 우리 이날을"로 시작하는 〈6·25의 노래〉였다. 탈냉전 시점에 듣는 이 노래의 가사 내용은 국가를 의심하여 시민사회 자체가 스스로 체제 수호를 다짐하겠다는 결단과 각오, 결의를 보여주고 있다. 중대한 변화는, 권위주의시대에 국가가 반공집회와 시위를 동원했다면 이제는 국가의 안보 능력과 의지를 의심하는 시민사회 내 보수세력이 자생적으로 반공시위와 집회를 조직하고 있다는 것이다. 그것은 시민사회 영역 내에서 보수와 진보의 갈등과 양극화가 점점 더 심각하게 진행되리라는 예견을 가능케 한다. 과거 국가 대 시민사회의 갈등에서 현재 시민사회 대 시민사회로 갈등의 중심 계선이 이동한 것, 이는 결정적인 변화가 아닐 수 없다. '6·25국민대회'는 마지막을 〈6·25의 노래〉로 장식하면서 군복 입은 일단의 예비역 장병들이 나와 "김정일 집단을 처단하자!"라는 외침으로 끝맺었다.

　4일 후인 2003년 6월 25일 한국전쟁 발발일에 휴전선 너머의 평양 김일성광장에는 남한 '6·25국민대회'의 열 배가 넘는 무려 100만 명의 군중이 참집(參集), 거대한 반미집회와 시위를 전개했다. 광장은 국가에 의해 동원된 질서 정연한 군중과 구호로 넘쳐흘렀다. 동원, 구호, 매스게임, 천연색 물결은 이념동원체제 북한의 핵심 특징을 함축한다. 현대 세계에서 이 정도의 이념적 군중 동원 능력을 갖춘 전일적 국가는 거의 없다. 이 거대한 집회에서 북한의 군중은 국가의 공식 구호에 따라 이른바 '미제'에 대한 강렬한 증오의 마음을 일사분란하게 표현했다.

　말할 필요도 없이 민주주의가 결여된 북한에서 시민사회의 등장과 그것의 양극화를 기대하는 것은 불가능하다. 탈북자의 증가로 인한 탈출(exit) 계층이 뚜렷하게 등장하고 있음에도 불구하고 그것이 북한의 정치적·사회적 내부 균열로 전이하여 나타나고 있다는 증거는 없다. 북한은 국가 전체가 하나의 이념공동체로서 6·25 기억에 바탕해 동원체제를 유지하고 있다. 생존 국군 포로의 지속적인 생환과 분단질서의 유지처럼 가시적인 직접적 영향은 물론이려니와, 위의 두 사례에서 보듯 남과 북 주민의 사고체계와 영역, 이념 구조에서도 아직 한국전쟁, 6·25의 유산은 그 자체로 독특한 독립층위를 갖고(sui generis) 매우 강력하게 존속하고 있다.

역사 이해와 용어 사용

일반적으로 견해가 대립적인 특정 사건에 대한 역사인식의 귀결은 개념과 용어의 명명으로 귀착되곤 한다. 사건의 명명이 곧 성격 규정으로 연결되곤 하기 때문이다. 이것은 인간 사유의 일반적 특징이자 한계인 동시에, 과거가 갖는 현재적 의미를 정확하게 반영한다. 때문에 '정명(正名)'을 갖기 위한 우리의 노력은 자주 역사적 실천의 의미를 갖는다. 사태, 항쟁, 반란, 폭동, 운동, 혁명, 의거, 봉기……. 이 가운데 어느 것으로 호명되고 이해되느냐에 따라 한 사건과 그 사건에 연관된 사람들에 대한 사후적(ex post) 이해와 평가는 판이해진다. 현재의 이념과 도덕, 윤리 기준으로부터 자유로운 역사 연구가 어려운 이유가 이로부터 발원한다. 따라서 역사 이해와 명명은 세 수준의 의미를 함께 갖는다.

첫째로, 그것은 과거의 문제가 아니라 바로 현재의 문제이다. 특별히 오늘의 우리 삶과 직접 연결된 현대사·당대사 사건에 대한 이해는 과거 사건을 어떻게 이해하느냐에 따라 오늘에 대한 대면, 그리고 미래에 대한 전망이 거의 결정된다고 해도 과언이 아니다. 둘째로, 그것은 그 사건에 참여하고 연루된 사람들의 집단적 삶을 평가하는 참으로 무겁고도 어려운 문제이기도 하다. 평가의 무게는 집합적·개인적 삶의 긍정과 부정, 정당과 부당을 가를 만큼 크기에 그토록 신중해질 수밖에 없는 것이다. 셋째로, 그것은 사회적 합의의 창출 능력에 좌우된다는 점에서 한 사회의 집합적 이성과 민주주의의 문제이기도 하다. 역사 이해의 능력은 결국 현실 인식, 그리고 민주주의 실현 능력 및 미래 창조의 비전과 연결되어 있으며, 동시에 그것의 바탕을 이룬다.

한국 사회에서 이 세 수준의 명징한 궤적을 가장 잘 보여준 사례는 폭동에서 항쟁으로 수정 명명된 제주 4·3에 대한 사회적 이해의 변화라고 할 수 있다. 명명의 그러한 전환은 위 세 차원 모두에서의 한국 및 제주 사회의 변화에 바탕했고, 또 이를 추동했다. 사회변화와 역사인식의 상호 맞물림이었다. 개인적으로 필자에게 이것은 6·25 기억 방식에 대한 문제 인식과도 직결되어 있었다.

필자는 자주 여러 사람으로부터 처음에 어떤 연유로 6·25 기념을 폐지하자고 주장하게 되었느냐는 질문을 받곤 했는데 그 단초는 무슨 거창한 기억에 관한 역사 이론이나 사회과학적 분석에 바탕한 것이 전혀 아니었다. 처음 그것은 제주 4·3에 대한 개인적 체험과 관련돼 있었다. 역사적 사건에 대한 명명이 갖는 현실적 무게와 의미, 일반 민중의 삶과의 연관성을 처음 깨닫게 된 것은 제주 4·3을 공부하러 1987년 제주도 현지에 취재 및 답사, 증언 채록을 나갔을 때였다. 그곳에서 노소의 여러 사람을 만나면서 '제주 4·3'에 대해 '폭동', '반란', '폭도'라는 공식 이름과 규정—사실상의 왜곡—으로 인해 당시 제주민들이 갖고 있던 엄청난 크기의 가위눌림과 정신적 억압을 생생하고도 구체적으로 목도할 수 있었다. 그러한 이념적 위축이나 가위눌림을 모르고 유년 및 학생 시절을 지내온 필자에게 할머니와 할아버지들, 그리고 여러 유족의 겁먹은 눈망울과 놀란 반응은 실로 처음 당해보는 충격이었다.

그 당시 그들에게 '폭동'과 '반란'이라는 명명은 추상적인 역사 해석이나 사유체계를 넘어 압도적인 실제의 권력체제였고, 역사적 진실을 말하지 못하는 것은 물론 이념적 움츠림, 현실적 사회 진출에 대한 포기 등 거의 모든 삶의 출발점이자 규정 요소였다. 답사와 증언을 마치고 제주를 떠나면서 이 주제를 공부하는 이상 평생 겁에 질려 살아온 저 눈망울들을 위해 적어도 폭동과 반란이라는 이름 하나만은 바로잡아야겠다고 눈물을 머금었던 기억이 새롭다. (그러기 위해서는 급진적 관점에서 제주 4·3을 '인민항쟁' 또는

'반남친북봉기'라고 하는 북한의 주장 역시 강하게 비판해야 했다.)

　1988년 제주 4·3에 대한 석사논문을 제출하면서 제목에 '제주'와 4·3 '민중항쟁'이라는 용어를 반드시 넣어야겠다고 생각했는데, 이는 당시 분출했던 학술운동이니 민중사관이니 하는 흐름과는 관계없는, 제도권 학술연구(학위논문)에서 이념에 윤색된 역사용어를 바로잡지 않으면 실제의 힘 관계를 반영하는 현실 세계에서 제주민들의 삶이 옳게, 객관적으로 복원된다는 것은 전연 불가능할 것이라는 소박한 문제의식의 산물이었다. 좀 덜 위험한 제도 공간에서 이념적 역사 접근을 비판하여 거리를 확보하려는, 즉 역사 해석의 변화를 통한 현실적 파장의 희구였다.

　일반적으로 역사적 사건의 명명, 개념 정의, 용어 사용, 그리고 그에 바탕한 사건의 기억과 기념 방식의 문제는 적어도 다음과 같은 세 수준의 복합적인 의미를 갖는다. 첫째, 특정 사건을 일정한 방식으로 기억하고 기념하여 현재의 사회와 체제를 탄생시킨 그 정신을 오늘에 되살리자는 의미를 갖는다. 국가를 포함한 일련의 공동체 형성과 등장을 기념하는 방식은 이에 직결된다. 둘째는 일반 국민과 시민, 세계인에 대한 역사교육의 의미를 갖는다. 과거를 오늘에 불러내는 것은 깨우치고 알려서 대중을 교육하려는 의도와 직결된다. 셋째는 사건이 제공한 바람직한 교훈 및 정책적 선례의 추출을 위해서이다. 역사는 종종 현실적 대안 선택의 문제와 연결된다. 지도자와 엘리트에게는 현실적으로 이 문제가 중요하게 다가온다.

　결국 역사용어와 기억의 문제는 역사 이해의 문제이자 미래 건설의 철학 및 방향과 연결된 것이라고 할 수 있다. 요컨대 과거 이해의 미래 (창조) 역할인 것이다. 즉 "미래로서의 과거"를 말한다. 한국과 세계의 많은 사건은 위의 세 범주에서 크게 벗어나지 않는다. 동시에 이 세 범주는 분리되어 있다기보다는 서로 밀접하게 연결되어 있다.

냉전시대 절대적 사유체계로서의 '6·25' 담론

문제를 한국전쟁으로 좁힐 때 결론부터 말해 배타적인 이념적 체제정당성 경쟁의 의미를 벗어난다면 우리가 '1950년 6월 25일' 자체를 기념해야 할 객관적 의미는 추출되지 않는다. 전시 대결 구조 자체에서 조금이라도 벗어나려 한다면 앞서 언급한 정신·교육·정책선택 세 준거 어디에 비추어보아도 6·25를 기념해야 할 근거는 확보되기 어렵다. 특별히 1950년 6월 25일부터 1953년 7월 27일에 걸친 3년 1개월 2일 동안 있었던 역사적 사건 전체를 '6·25' 하나로 축소해서 기억하고 기념하는 것은 더욱 옳지 않다. 하나의 짧은 계기로서의 6월 25일 남침 공격과 역사적 사건으로서의 전체 한국전쟁은, 전자의 후자에 대한 규정력이 아무리 압도적일지라도 분리해서 인식해야 한다.

이날을 기념하는 것은 북한의 침략 행위를 되살려 북한을 증오하는 동안, 타자의 행위에 의거해 자기정당성을 주장하려는 '소극적', '부적(負的, negative)' 노력의 소산이라고 할 수 있다. 또한 이는 역설적으로 자기 자신에 대한 자신 없음, 즉 자기부정의 산물인 것이다. 말할 필요도 없이 이 노력은 '적극적', '정적(正的, positive)' 역사 이해로 바뀔 때 보편타당한 근거를 상실한다. 정당성은 체제가 설정하고 추구해온 적극적 이상과 그것의 성취에서 찾아져야지 특정 상대방의 행위에 대한 대응 논리에서 확보될 수는 없다. 철학적으로 말해 타자부정이 곧 자기긍정은 아닌 것이다.

더욱이 민주주의·화해·평화·통일을 지향할 때, 냉전·증오·분단·적대의 논리인 '6·25 기념' 논리를 지속할 수는 없다. 체제경쟁이 사실상 종식된 탈냉전 이후 남한과 북한 사회의 현실이 확인된 이후까지, 즉 자유, 인권, 민주주의, 복지, 평화⋯⋯ 등 누가 더 보편적 가치와 이상에 가까이 다다가고 있는지 판명된 오늘날엔 현실을 위해 과거로서 '6·25'를 동원하고 기념할 필요가 더욱 없다. 북한의 참혹한 실상과 체제 실패를 고려할 때 그들을 부정하고 적대하기 위한 역사적 자원의 동원 필요성은 거의 완전히 사라졌다고 해도 과언이 아니다.

하나의 새로운 이상과 가치로서 '6·25담론'을 극복하는 문제는, 단순한 과거 기억 방식의 변화를 넘어 정신·교육·정책선택 세 영역 모두에서 그러한 담론 및 인식 구조와는 다른 것을 선택하겠다는 실천적 방향전환의 시도를 의미한다. 실제로도 우리에게 '6·25'는 오랫동안 단순한 하나의 사건 이해를 넘어 한 사회의 과거 이해 방식을 결정짓는 거의 전일적인 지배적 담론체계였다. 그것은 냉전시대 한국 사회의 가장 강력한 사고체계였다는 점에서 냉전기 한국 사회의 거의 모든 냉전적·양분적 세계 이해와 사유 구조, 행동 논리, 나아가 정책 선택 요인을 지배하는 '절대적 사유체계 또는 세계관'이었다. 한국 사회에서 냉전반공주의의 핵심은 사실 체제 절멸과 유지를 가르는 가장 결정적인 사건에 대한 인식 구조였던 '6·25'라는 역사적이면서도 사회적인 기억체계와 사유 방식 하나에 압축되어 있었던 것이다.

개인적으로 필자는 이 역사적 사건을 이른바 '6·25'로 단순하게 이해하고 기억하는 것에 대해 오랫동안 반대해왔다. 민주화와 함께 지금은 사회와 기억의 저편으로 사라졌지만 냉전과 권위주의시대 우리는 학교와 관공서 어디에서나 아무런 문제제기 없이 6·25 기념과 기억 의례가 일상적으로 존재했음을 알고 있다. 오히려 국가의 6·25 공식 기념이 폐지되자 앞서 보았듯 시민사회의 (보수적) 기억 재생 노력과 이념적 양극화의 심화를 목도하고 있다. 1987년 전후 한국전쟁 연구를 시작하면서 다른 나라의 여러 사례를 살펴보니 전쟁 발발, 그중에서도 특히 동족에 의한 피침을 기념하는 나라는 찾기 힘들었다. 6·25를 국가와 전 사회 차원에서 기념하는 것이 무언가 이상했고, 이해하기 힘들었다. 그러나 우리 사회의 안을 들여다보면 볼수록 곧바로 그것이야말로 한국 사회를 지배하고 움직이는 거대한 질서요 권력체계라는 점을 알 수 있었다. 그것은 단순한 이념체계를 넘어 현실 세계였고 폭력 구조였다. 일종의 두려운 깨달음이었다.

필자가 조심스럽게 '6·25' 용어 사용 중지와 6·25 기념식 폐지를 주장했을 때 여기에는 '6·25담론'에 대한 이성적 논의와 재성찰을 통해 이런 내면의 냉전 사유체계와 사회구조를 극복하자는 지향이 담겨 있었다. 조금 과장하자면 냉전적 6·25 이해를 넘어 냉전적 세계관의 극복을 추구하려는 것이었다. '6·25담론'은 1950년 6월 25일부터 1953년 7월 27일까지 존재했던 사건을 오직 6월 25일의 사태, 즉 북한의 남침 행위 하나를 중심으로 기억한다. '6·25담론'은 또 그로부터 전쟁과 관련한 모든 담화구조를 재생산해내는 특정한 집합적 기억 방식이며, 동시에 전후 한국 사회의 사고와 사회 전망을 결정지은 극히 현실 규정적이고 미래 구속적인 사고체계였다. 그것은 하나의 법률체계를 넘는, 약간 과장하자면 반공주의라는 한 사회 전체의 집단적·집합적 사유체계와 세계관의 특정한 총칭이었다.

또 '6·25담론'은 개인과 사회 모두에게 실제의 상처와 경험에 바탕한 지울 수 없는 영향의 산물이었다. 이 점은 국가에 의한 동원이나 공식 기억 구조와 일정하게 유리된, 실제의 체험과 특정 시간으로서의 역사에 바탕한 구체적 경험 세계로서 존재한다. 동원체계와 경험 세계, 이 둘은 비록 맞물려 있으나 일정하게 분리되어 이해되지 않으면 안 된다. 지금 진행하고 있는 필자의 한국전쟁 영향 연구에서 이는 역사적 트라우마(trauma)에 바탕한 한 사회의 집단정신 구조—일정 정도의 병리현상을 포함하는—로 다루어진다.

1990년대 이후 필자가 강연과 발표에서 종종 화해와 평화를 위해 증오와 전쟁의 담론인 '6·25'를 기념할 수 없다고 주장했을 때, 처음 이러한 견해는 수용될 수 없었다. 1990년 한 진보적 학술단체가 주최한 한국전쟁 40주년 학술토론회에서 발표를 맡았을 때 처음으로 '6·25 기억', '6·25 기념'이 갖는 문제를 조심스럽게 지적했지만, 좌우를 막론하고 그것의 의미나 중요성은 거의 소통되지 않았다. 처음에는 모두 '그것이 뭐가 문제냐'라는 식의 반응이었다. 경험과 동원에 바탕한 질서체계에 대한 무력한 문제제기였던 것이다. 당시는 기억으로서의 6·25체계에 대한 사회적 문제의식이 아직 존재하지 않을 때였기 때문에 그것은 당연한 반응이었다. 필자가 당황스러웠던 것은, 보수는 물론 진보 역시 같은 반응이었기 때문이다.

그러나 아무리 생각해도 국가 방어나 승전이 아닌, 전쟁의 발발 자체, 즉 피침략 주체가 동족에 의한 피침을 기념하는 것은 이성적으로 이해할 수 없다. 다른 한편, 6·25라는 하나의 계기적 요소로서 역사를 기억하고 이해하는 것 자체도 비합리적인 사유체계였다. 당시 필자는, 냉전적 인식체계가 시대정신으로 자리잡았기 때문인지 상반되는 '극도의 무관심'(좌파와 진보파에 의한)과 '극도의 이념적 폭발성'(우파와 보수세력에 의한), 두 가지가 모두 내장되어 있다고 판단해, 6·25 용어 사용이나 기념(식) 폐지에 대한 발언을 중단했었다..

필자는 1990년대 중반부터 다시 이 문제를 제기하기 시작했다. 민주화, 탈냉전, 북한 실상이 드러난 이후 이념적 수용의 폭은 일시적으로 크게 넓어지는 듯했다. 2000년의 '6·25 50주년 기념행사'를 앞두고 1997년에 정부의 한 부처가 주최한 적지 않은 규모의 행사에서 필자는 6·25 기념의 폐지를 다시 강조하며 최소한 6·25부터 7·27까지 함께 기억하고 기념하는 풍토를 만들자고 제안했다. 1990년의 첫 번째 주장이 진보단체 앞에서의 주장이었다면 1997년은 정반대로 전쟁을 체험한 많은 국방·보훈· 향군 단체 및 기관, 관련 인사, 군인들 앞에서였다.

기실 6·25 용어·담론, 기념 구조의 폐지 문제는 단순한 기억 방식의 수정을 넘어 많은 사람의 현실 삶과 연결된 예산 배정 및 보훈체계와도 직결된 것이었다. 때문에 당시 상당히 긴장한 상태에서 단어 하나하나에도 조심조심 발표를 했던 기억을 갖고 있다. 그러나 이미 민주화가 상당 정도로 진행되었고, 또한 6·25 용어와 기념에 대한 문제제기가 일정하게 이루어지고 있었기 때문인지, 거의 모든 토론 및 참여자들이 반대하기는 했지만, 예상했던 극단적인 이념 공격과 매도는 없었다. 큰 발전이었다. 물론 그것은 이념 공방을 넘기 위한 (6·25의) 진실 규명, 그리고 '보상'(충성세력에 대한)과 '포용'(적대세력에 대한)의 결합을 통한 보훈체계의 개편이라는 두 가지 주장을 함께 제기했기 때문인지도 모른다.

객관과 보편을 위한 기억체계를 위해

필자가 지속적으로 '6·25'라는 용어나 기념체계를 반복하지 말자고 주장해온 것은 학문적·실천적 문제가 어우러진 몇 가지 지점 때문이었다. 첫째는 사건 발생일을 기준 삼아 단일 의제로 역사를 이해하는 비과학적 방식에 대한 문제제기였다. 둘째는 '6·25'라는 명명 자체가 담고 있는 이념성과 공격성 때문이었다. 셋째는 사실 날조를 포함해 심각한 역사 왜곡을 일삼는 북한에 대한 문제제기를 상정했기 때문이다. 끝으로는 공동체를 위한 희생에 대한 보상체계, 즉 보훈 문제와 연결되어 있었다.

먼저, 필자는 한국전쟁을 포함한 현대사의 특정 역사적 사건을 달력의 날짜를 중심으로 기억하고 표기하는 방법에 대해 동의하지 않는 편이다. 그러한 역사인식은, 대중적 기억일 수는 있어도 학술적·과학적 역사용어이기는 어렵다. 즉자적 경험의 산물인 대중적 기억 역시 일별 기억은 많은 부분 수정되어야 한다. 그것은 사건의 당대성, 또는 인간 기억의 한계성과 감정성, 즉자성이 두루 결합된 산물이라고 할 수 있다.

현재로부터 근접한 2·28, 3·1절, 4·3, 4·19, 5·16, 5·17, 5·18, 6·10(만세와 항쟁), 6·25, 7·27, 8·15, 9·28, 10·26, 12·12 등의 기억은 그것을 '먼 역사'가 아닌 '가까운 현실'로 기억하는 세대 및 정서의 소멸, 즉 근접성의 소멸과 함께 상당히 어려운 인식·기억·서술·해석의 문제를 야기할 것임이 분명하다. 모든 월별, 일별 역사 기억은 인간 기억의 현재성과 한계성의 동시 산물, 특히 현재성의 산물이라는 점에서 즉자적이며 정서적이고 도덕적인 이해에 직결되어 있다. 그것은 긍정적이건 부정적이건 동일하다. 현재적 과제와 어느 정도 분리된 식민시대 이전의 과거 역사에서 우리가 이러한 일별 기억, 일별 서술을 갖고 있는 사례는 거의 없다. 현대사 기억과 서술의 이러한 문제에 대해 오랫동안 우리 학문이, 특히 역사학이 심각하게 문제를 제기하지 않은 것은 이해하기 어렵다. 시간의 풍화작용을 견디는 기억 능력이 없다는 점은 개인이나 집단이나 동일하다. 따라서 역사성을 획득하는 것은 역설적으로 당대성이나 실천성, 이념성의 후퇴와 직결된 것인지도 모른다.

둘째는 '6·25담론'이 갖는 이념성과 폭력성이다. 그 이념성은 민주주의적 사고와 실천을 가로막는 반민주성인 동시에, 역사를 마치 도덕적 정당성을 다투는 문제로 치환시키는 반과학적인 한계를 안고 있다. 즉, 이성적 사유의 마비를 초래하는 도덕유일주의에 빠지게 되는 것이다. 동시에 이것은, 목적을 유일한 판단 근거로 삼는 근본주의와는 정반대로, 수단을 모든 것의 전부인 양 오해할 수 있게 한다. 6월 25일 김일성과 북한 공산군이 전면적인 군사 공격을 개시했다는 점은 의심할 수 없다. 또한 이 점에 대한 사실적 비판을 주저할 필요는 없다. 그러나 그렇게 북한의 남침을 주장하고 비난하는 동안, 우리는 남침 자체의 증명은 물론이려니와 그러한 사태로부터 무엇을 가려 배울 것인가, 무엇을 반성할 것인가를 성찰하지 않게 된다. 반공보수주의 관점에서 남침을 주장하면서 남침을 증명하지 않아온 오랜 이율배반은, 그것이 그들에겐 이성과 과학의 영역 이전에 존재하는 경험과 이념의 영역으로, '그 자체로서' 당연시되었기 때문이다. 다시 말해 경험과 이념을 그대로 이성과 과학으로 간주하는 관성적 몽매에 빠져 있었던 것이다.

그러나 자기 사회와 역사에 관한 모든 연구는 본래적으로 자기반성의 의미를 담고 있다. 그것이 없는 역사 연구는 무의미하다. 간단하게 말해 '6·25 남침'과 등치된 김일성과 박헌영, 또는 북한, 그리고 스탈린을 공격하고 증오하면 그것으로 끝인가? 이 거대한 역사적 사건으로부터 우리가 배울 것이 고작 타자 증오로 멈추어야 하는 것인가? 그것이 과연 '우리' 자신을 위하는 행위인가? 그러한 이념적 해석의 모든 과거, 행태, 사고, 성취는 '6·25'라는 하나의 상징에서 응축되고 정지된다. 더 나아가지 못하는 것이다. 거기에 바로 6·25 용어와 담론의 자기모순적 함정이 숨어 있다.

따라서 필자는 6·25담론을 극복하는 문제를 '사실'과 '세계관' 두 영역에서 모두 도전해야 한다고 판단했다. 왜냐하면 사실 없는 이성, 특히 실천이성은 불가능하기 때문이다. 바른 이성과 실천으로 나아가는 토대는 진실이다. 화해라는 정신 상태에 도달하려 할 때, 왜곡된 사실에 근거한다면 그것은 불가능하다. 이 점에서 사고와 행동의 의미 연관 고리를 제공해주는 근거로서의 역사적 사실이나 진실은 단순한 실증과는 크게 다르다.

때문에 실체 없는 과거의 냉전적 공방과는 반대로 6월 25일 자체의 역사적 진실에 대한 규명은 철저할수록 좋다. 그것은 우리가 제주 4·3이나 광주민주항쟁의 경우처럼, 진실이 규명되지 않았을 때 끊임없는 이념 공방이나 정치 공방을 지속해온 수많은 전례를 보더라도 그러하다. 공방의 형태는 정치나 이념의 외양을 띠어도 공방의 내용은 진실다툼인 경우가 허다하다. 따라서 그러한 공방을 종식하는 가장 좋은 방법은 역사적 진실의 규명인 것이다. 6·25의 진실을 가장 자세히 규명하는 것이야말로 냉전시대의 허구적 쟁론으로서의 6·25담론을 극복하는 핵심 통로인 것이다. 그것은 일찍이 칸트가 사실 이전의 이성과 사실 이후의 이성을 사이비 이성과 참된 이성으로 가른 것에 비유할 수 있을는지 모른다. 칸트가 말하고 있는 이 점은 진실에 육박하는 요체이기도 하다.

그러할 때 비로소 우리는 한국전쟁에 관한 역사적 사실 자체를 제대로 규명하는 것이 실제로는 그동안 우리에게 익숙했던, 사실을 통해 전통주의나 수정주의, 또는 남침설이나 북침설, 친북이나 반북, 진보나 보수, 외인이나 내인 등을 가르려는 기존의 차원 낮은 고식적인 분류 도식과는 관련이 없는 영역이라는 점을 깨닫게 된다. 이 점은 학문과 실천의 영역 모두에서 그러하다. 우리가 의도하지 않았던 방법(론)적 단절이 발생하는 것이다. 그러나 오늘의 우리 사회와 학문의 한국전쟁 이해는 여전히 기존의 도식적 이해 구도에 머물러 있다. 철학 부재의 역사 연구가 어떻게 자기부정의 한계를 노정하는지, 자기도 모르게 기존 구도에 어떻게 깊숙이 빠져 있는지 이처럼 잘 보여주는 사례도 드물다.

결국 다시 문제의 본질로 돌아가면, 역사적 사실 규명은 사실로부터 출발하여 사실과 진실, 진실과 이성, 이성과 실천을 어떻게 연결지을 것이냐는 문제와 직결된다. 그 실천에는 화해도 포함된다. 그래서 결국 우리는 진실 없는 화해는 불가능하다고 말할 수밖에 없는 지점에 도달하게 되는 것이다. 필자는 6·25담론의 이념적 폭력성을 극복하고 이성과 화해로 나아가는 지름길은 6·25 자체의 진실 규명이라고 여겼고, 그것은 필자에게 진보와 보수의 이념 대결은 물론 기존의 전통주의나 수정주의의 어떤 양분적 대립 구도도 의식하지 않은 채 사실적 논의를 진행할 수 있는 자유를 안겨주었다.

세 번째로 필자가 6·25 기념을 지양하자고 주장하는 것은 북한 문제, 그리고 남북 화해 노력과 관련된다. 즉, 전체 한반도 차원에서의 보편사관, 또는 보편적 역사인식 및 실천 문제와 연결된다. 1990년대 중반 이후 북한 관료 및 학자들과 만나 평화와 통일, 그리고 남북 화해에 대해 자주 논의하면서 필자는 북한의 역사 왜곡, 그리고 그에 바탕한 대남인식과 평화·통일정책의 일탈과 모순이 매우 심각하다는 사실을 깨달았다. 현대사의 경우 북한의 역사 왜곡과 자의적 해석은 상상을 초월한다. 완전히 왜곡된 사실에 바탕한 '북침으로서의 6·25'는 그들에게 가장 강력한 체제이데올로기서의 반미·반남 공격과 증오, "원쑤" 이데올로기 창출, 위기 동원, 자기정당성의 출발점이자 최대의 역사적 자원이다. 그것은 선군주의와 강성대국론으로 나타나는 오늘의 군사주의로까지 연결된다. 북한 군사주의 기반의 하나인 7·27 전승담론의 출발은 '북침'이라는, 진실에 바탕하지 않은 6·25 왜곡이었던 것이다.

따라서 1990년대 중반 이후 필자는, 우리 사회에서 6·25 기념을 폐지하자고 주장하는 동시에 기회 있을 때마다 북한 관계자들에게 100만 군중을 동원해 진행하는 7·27 전승절 행사를 폐지하라고 요구했다. 대신 종전이 결정된 7월 27일을 남북 공동으로 '한반도 평화의 날'로 설정, 전혀 다른 의미로 함께 기념하자고 했다. 필자는 6·25담론에 바탕한 분단질서의 핵심 기제인 국가보안법 역시 6·25 기념 문제와 마찬가지로 동일한 근거에서 접근했다. 1990년대 중반 이후 북한학자 및 관리들과의 학술회의에서 필자는 남한이 평화와 통일을 위한 실질적 준비로서 분단질서를 재생산하는 내부 기제들, 예컨대 국가보안법을 개폐해야 한다고 주장했다.

국가보안법을 통일의 근본 장애로 여기고 철폐를 주장해온 북한의 학자와 관료들 앞에서 남한의 학도가 그것의 개폐를 공개적으로 주장한다는 것은 기존의 시각에서 보면 약간 이례적일 수 있다. 그러나 필자는 북한의 조선로동당 규약 전문의 통일 관련 내용과 형법의 반인권적·반민주적 문제 조항 역시 개폐되어야 함을 조목조목 지적했다. 북한의 현행 형법에는 제3장「반국가 및 반민족범죄」중 제1절「반국가범죄」(59조~66조), 제2절「반민족죄」(67조~69조), 제3절「반국가 및 반민족범죄에 대한 은닉죄, 불신고죄, 방임죄」(70조~72조)에 중대한 문제 조항이 다수 존재한다.[36]

다른 한편에서는 북한과의 6·25를 둘러싼 실제의 화해적 역사인식을 위한 논쟁도 포함했다. 2003년 3월 28일 평양 애국열사릉을 방문했을 때 필자는 6·25와 6·25 이후 기념 문제로 북한 관계자들과 격렬하게 논쟁했다. 그곳에는 김준(1982년 사망), 김성순(2001), 박남일(2002), 박정호(1959), 배철우(1989), 김영덕(1976), 김영택(1999), 염충혁(1991), 유갑수(1999), 오세진(1992), 김영덕(1976), 정경희(1996) 등 우리가 모르는 다수의 인사가 남한체제 전복 활동에 종사했다는 의미의 "남조선 혁명가"로 명명, 안치되어 있었다. 이들 대부분은 '동지'로 표기되어 있는 것으로 미루어 친북-반남 지하 투쟁가였을 확률이 높다. 이들 이외에 우리에게도 알려진 한국전쟁 전후의 남한좌파와 게릴라 지도자들, 이를테면 강규찬, 고찬보, 김달삼, 김삼룡, 김오성, 박영발, 방준표, 성시백, 윤상칠, 이덕구, 이현상, 이호제 등도 전부 '남조선 혁명가'로 표기되어 있다.

필자는 당시 평양에서 오랫동안 함께 학술회담을 해온, 남북 관계를 담당한 북한 고위인사에게 화해와 협력에 전혀 적절하지 않은 '남조선 혁명가'라는 표현을 전부 삭제해줄 것을 거듭 요구하며, "남한이 북한 전복 지하 조직을 비밀리에 운영한 뒤 국립묘지에 위패를 안치할 때 거기에다가 '북한해방운동가', '북한민주화투쟁동지'라고 표기하면 당신들이 와서 보았을 때 어떻겠느냐"고 물었다. "그렇다면 6·25도 아직까지 남조선 혁명 시도로 이해하고 있다는 말이냐"는 물음과 함께. 6·25를 북침이라고 주장하던 그들은 대답을 못하고 당황하는 표정이 역력했다.(2004년 7월 29일 ~31일 금강산에서 필자는 북한의 대남 담당 중견인사와의 회담에서 다시 한 번 '남조선 혁명가'라는 표현의 수정을 요구했다. 그는 "사실이냐"는 반문과 함께 알아본 뒤 가능한 한 빠른 시일 내에 적절한 조치를 취하겠다고 약속했다. 그러나 아직까지 확인하지는 못하고 있다.)

결국 필자가 6·25용어와 담론에 대해 문제제기를 한 것은 남북 공동의 발전 또는 보편적 가치의 추구를 위해서는 이 핵심적 사태에 대한 역사인식의 근본적 전환이 필요하다는 문제의식을 느꼈기 때문이다. 6·25 기억과 담론의 폐지는 남한은 물론 이성과 민주주의, 인권의 발달을 위해 북한에게도 필요하다. 민주주의와 비판적 사유가 전혀 불가능한 그들에겐 오히려 더욱 절실하다. 요컨대 6·25 용어 사용의 문제를 제기하고, 용어는 물론 역사적 기념 자체를 폐지하자고 주장하는 연유는, 그러할 때 비로소 그것으로 표상되는 남과 북의 맞물린 대립적인 두 세계관을 함께 넘어 비판과 종합이 가능하기 때문이다. 이것이야말로 바로 두 전쟁 주체인 남한과 북한이 극복해야 할, 반대 방향에서 서로 맞물린 인식 구조이자 실천의 문제인 것이다.

마지막으로 6·25담론과 기념체계의 폐지는 그동안 허위의 반공주의와 한 짝으로 나타났던 현상, 즉 국가의 직무유기를 극복하기 위한 희생자에 대한 보훈의 강화와 연결돼 있었다. 희생자들의 실존 및 생활 문제와 연결된 이 문제는 매우 중요했다. 증오와 적대의 동원을 위한 6·25 기념이라는 가공과 허상의 반공주의 이념 때문에 정작 중요한 전후 처리로서의 인권, 보훈, 보상, 유해 발굴, 국군 포로 송환 문제 등에 대해 반공권위주의 정부로 일관한 대한민국 국가는 사실상 거의 한 일이 없었기 때문이다. 필자가 이해하기에, 국가를 위해 죽거나 다친 사람들에 대한 체계적 지원과 복지체계는 고사하고 아무런 체계적인 보상제도 없이 갑자기 사회의 한가운데로 내동댕이쳐진 그들의 삶을 볼 때 반공국가의 철저한 직무 유기는 도저히 정당화할 수 없었다. 그러고도 매년 6·25 때만 되면, 반공주의가 필요하면, 또 휴전선 너머 적과의 적대를 강화하려면 수시로 그들을 동원해왔던 것이다. 마치 국가에 의한 자동 호출 대상처럼. 아무것도 해준 것이 없는 국가는 무슨 염치로 신체나 가족의 일부를 바친 이들에게 다시 충성과 동원을 요구할 수 있단 말인가? 필자는 매년, 그리고 평생 6·25 기념에 맹목적으로 동원된 그들이야말로 이중 동원, 이중 버림받음에 대해 오히려 국가에 저항해야 할, 동시에 우리 사회가 보듬어야 할 존재라고 생각한다.

따라서 보훈의 강화는 가공의 6·25담론을 넘기 위한 중요한 해결 방법의 하나이다. 우리가 보훈의 양대 원칙으로 '보상'과 '포용'을 동시에 말할 수 있는 것도 6·25 폐지와 직결된다. 즉, 대한민국을 위해 충성한 사람들에 대한 '보상'의 확대와 더불어 그들에게 적대했거나 온건좌파 노선을 걸었던 사람들에 대한 넉넉한 '포용'을 함께 추진할 때 가공과 허상, 동원과 희생으로서의 6·25담론의 극복은 남과 북 모두에서 가능할 것이다. 그러할 때 비로소 우리는 한 지점에서 만나면서 진정한 화해를 시작할 수 있을 것이다.

기억에서 창조로

　'6·25 기억'과 '기념'의 폐지가 곧 우리가 한국전쟁을 제대로 기억하고 거기에서 바른 역사적 교훈을 추출해야 할 필요성을 부인하는 것으로 이해되어서는 안 된다. 우리는 이 거대한 사건에 대해 발발을 포함한 모든 진실을 규명하려 최대한 노력해야 하고, 당시 행위 주체들에 대한 엄정한 비판을 통해 적절한 교훈을 찾으려는 시도를 중단해서는 안 된다. 따라서 우리는 6·25를 기념하는 좁은 논리에서 벗어나 현재의 여러 사회적·민족적 과제를 해결하기 위한 지평으로 논의 구조를 바꿀 필요가 있다.

　남과 북 모두에서 민족 내부의 참혹한 동족상잔을, 나머지 절반을 공격하고 증오하기 위한 방편으로 삼아 편의적으로 불러오는 것은 전형적인 과거지향적, 생사투쟁적 기억 방식이다. 6·25라는 사건 자체에서 한 발자국도 벗어나지 못했음을 반증하는 것이기 때문이다. 따라서 6·25 전쟁 시작을 넘어 7·27 전쟁 종식을 기억하고, '한국전쟁' 전체를 반성하고 비판하는 것으로 인식을 전환하는 것은 매우 중요하다. 그렇게 될 때 우리는 비로소 전쟁이 남긴 분단질서의 극복, 전후 청산, 평화를 위한 실천적 해결을 모색할 수 있다.

　분단 고착의 계기인 7·27 종전을 기억하는 것은 종전, 평화, 통일의 담론으로의 전환을 의미하며, 불안한 '7·27체제=53년체제=전후체제=휴전체제'를 넘기 위한 평화 과제 추출 노력과 연관된다. 전술했듯 하나의 중간 단계로서 7·27을 '한반도 평화의 날'로 선포하여 남과 북이 기존의 두 기념 및 기억과는 전혀 다르게 공동으로 기념하고 기억할 계기를 창출해야 할 것이다. 사실 '7·27'조차 기념할 필요가 없는 상황, 즉 이 전쟁을 '역사'로 기억하는 상황(항구적 평화 구축, 또는 통일)이 도래한다면 더 바랄 나위가 없을 것이다.

다만 '6·25담론'의 극복 노력을 전제로 이념적 지평을 벗어난 새로운 역사인식의 차원에서, 즉 당대사로부터 떼어내서 일정한 거리를 두고 볼 수 있다면, 그러할 때 '6·25' 용어 자체의 사용은 제한적으로 의미가 있다고 생각한다. 요컨대 6·25 용어가 6·25담론과 분리될 수 있다면, 그것은 일정한 역사적 의미를 갖고 우리 사회에 학문적 공간을 확보할 수 있을 것이다. 말할 필요도 없이 1950년 6·25에서 1953년 7·27까지의 역사적 사건 전체에 대해서는 이념이나 성격, 특정 현상과 요인에 치우치지 않는 객관성이라는 면에서 '한국전쟁'이 가장 합당한 명명이 될 것이다.

최근 '한국전쟁' 명명에 대해 ① 그것은 외국 사람들에 의한 호명이라면서, ② 그 사건 이전에 한반도에서 벌어진 전쟁을 부를 적당한 이름이 없다면서 이를 비판하는 견해를 목도할 수 있는데, 이는 바른 비판이 아니다. 먼저 '프랑스혁명', '미국혁명', '독일 통일'의 경우에서 보듯 외국에서의 호칭이 아닌 내외 모두가 그렇게 부를 때 이 사건들은 이미 누구에게나 '특정한 역사적 사건'으로서 이해되고 수용된다. 한국전쟁 역시 동일하다. 따라서 한국전쟁을 반드시 외국의 명명으로 이해할 필요는 없다. 또한 프랑스에서 '프랑스혁명' 이전의 다른 사건들을 프랑스혁명이라고 부르지 않는다는 점에서 후자의 비판 역시 타당하지 않다. 오히려 한국전쟁이라고 명명함으로써 내외의 여러 복합 요인에 대한 현재적·미래적 함의를 훨씬 더 깊이 가질 수 있게 된다.

끝으로 다시 강조하게 되는 것은 과거에서 현재를 거쳐 미래에 이르기까지 사실을 매개로 하여 사실과 이성, 그리고 이성과 실천 사이의 관계 문제라고 할 수 있다. 곧 미래를 위한 기념, 창조를 위한 기억을 말하려는 것이다. 전쟁 연구는 연구자 개인이 누구이건 전쟁 연구에서 멈출 수 없는 그 자체, 기본적으로 평화와 인권 지향적인 실천의 속성을 요구한다. 전쟁

이해 역시 당연히 그러하다. 출발부터 사회적 실천의 의미를 갖는 것이다.

　사실이 판단과 행동을 좌우할 경우, 사실이 먼저 객관적으로 규명된 연후에 이성적 사고와 실천이 가능해진다. 즉, 이성적 판단의 토대가 없는 실천이성은 불가능하다. 실천을 이끄는 이성의 매개 작용이 진실을 전제로 성립된다고 할 때, 진실의 규명 없이 행동을 요구하는 것은 불가능한 것이다. 전쟁을 기억하고 이해하는 방식은 무엇보다도 평화를 향한 의식 및 운동의 성장과 관련이 있다. 따라서 '전쟁 연구'는 출발부터 이미 '평화 연구이자 지향'인 것이다. 또한 그것은 죽음에 맞선다는 의미에서 '인간'과 '생명'에 관한 이해이자 실천을 함의한다. 우리 사회의 한국전쟁 인식과 이해가 그것을 향해 나아가고, 또 그곳으로 모이기를 소망해본다.

정전협정인가, 휴전협정인가?

박태균

1953년 7월 27일, 유엔군 사령관과 공산군 측의 북한 및 중국 대표는 전쟁의 중지를 합의한 협정문에 서명했다. '정전협정'이 성립된 것이다. 이는 남한에서 일반적으로 '휴전협정'으로 알려져 있다. 정전협정이 조인된 당일 미8군 사령관은 9개 국어 방송으로 오후 10시에 정전 명령을 발표했으며, 이 시각을 기해서 모든 전선에서 전투가 종료되었다.

정전협정은 1951년 7월 10일 개성에서 시작된 정전협상이 2년이 넘게 진행된 이후에서야 합의가 이루어졌다. 1950년 6월 25일 전쟁이 발발한 이후 1년이 지난 시점에서 미국의 비밀 제안을 받았던 말리크 유엔 주재 소련대표가 공식적으로 정전협상을 제안했고, 이 제안을 공산군과 유엔군 측이 수락하면서 정전협상이 시작되었다. 총 5개항으로 되어 있는 정전협상의 의제는 다음과 같다.

제1의제: 의제 선택과 의사일정 채택
제2의제: 전투 행위를 정지한다는 기본 조건 아래 양군 사이에 비무장지대를 설치하기 위해 군사분계선을 설정하는 문제
제3의제: 정화 및 정전을 실천하기 위한 구체적 조치로서 정화 및 정전 감시 조항, 실시 기구의 구성, 권한 및 직책 문제
제4의제: 전쟁 포로에 관한 처리 문제
제5의제: 외국 군대의 철수와 한반도 문제의 평화적 해결에 관해 쌍방 관련 국가들의 정부에 권고하는 문제

이러한 5개 항목의 의제에 대해서 유엔군 측과 공산군 측이 합의에 이르기까지 장장 2개월이 넘는 기간이 소요되었다. 그중에서도 특히 전쟁 포로 문제는 가장 중요한 의제가 되었다. 유엔군 측의 공산군 포로 숫자가 공산군 측의 유엔군 포로보다 10배 이상 많다는 사실이 밝혀지면서, 유엔군과 공산군은 포로 교환을 둘러싸고 신경전을 벌였던 것이다. 결국 양측의 합의에 의해서 '자유의지에 의한 송환'이라고 하는 전대미문의 포로 교환이 이루어졌지만, 그 과정에서 포로들에 의한 포로소장 납치사건(거제도 포로수용소, 1952년 5월 7일), 반공포로 석방(대구 포로수용소, 1953년 6월 18일)과 같은 사건이 발생하기도 했다.

이러한 과정을 통해서 조인된 협정이 바로 '정전협정'이다. 그런데 남한에서는 이 협정을 '정전협정'이라는 용어와 함께 '휴전협정'으로 명명하고 있으며, 오히려 '휴전협정'이 더 일반적으로 사용되고 있다. 이 협정은 원래는 남북한 공히 '정전협정'으로 번역되었다. 남한의 신문을 보면

한국전쟁이 발발하는 1950년 6월 25일 미국 정부에서 전쟁의 중지를 요청했을 때 이것을 '정전'을 요구한 것으로 표현하고 있다. 이후 1951년 전쟁 중지를 위한 협상이 본격적으로 제안되었을 때에도 '정전'이라는 표현을 쓰다가, 동년 7월 협상이 시작되면서부터 '정전'이라는 용어와 함께 '휴전'이라는 용어를 쓰게 되었다. 정확히 '휴전'이라는 용어가 신문을 통해 나온 것은 1951년 7월 중순 "유엔군의 릿지웨이 사령관이 미국 정부로부터 정전협상상의 4개 의제에 대한 지시를 받았다"라는 기사였다.

정전협상 및 정전협정에 대한 반대 시위와 관련해서는 '정전'이라는 용어보다 '휴전'이라는 용어가 더 자주 등장한다. 또한 1953년 협정 조인 이후에는 '휴전'이라는 용어가 더 일반적으로 사용되고 있다. 그렇다면 과연 어떤 용어가 더 정확한 용어라고 할 수 있을까?

정전(停戰, cease fire, armistice, 또는 truce)은 '전투 행위를 완전히 멈추는 것'이라는 사전적 의미를 갖는다. 특히 외교적으로 볼 때 '정전'은 교전국이 협상에 임하는 입장이 너무 달라서 정식으로 전쟁을 종료하는 강화조약을 맺을 수 없다는 의미를 함축한다. 이것은 다른 의미로 본다면, 교전 당사국들 간의 입장 차이로 인해서 전쟁의 정치적인 목적에 대해서는 합의할 수 없기 때문에 전투 행위의 정지만을 합의했다는 것이다. 특히 이견이 크기 때문에 국제적인 기관이 개입했을 경우 정전이라는 용어를 일반적으로 사용한다. 1948년 유엔안전보장이사회에 의해서 이루어진 팔레스타인 정전이 그 대표적인 예라고 할 수 있다.

이에 비해서 '휴전(休戰, armistice)'이라는 용어는 '적대 행위는 일시적으로 정지되나 전쟁은 계속되는 상태'를 의미한다. 이것은 전쟁을 완전히 종결시키는 '강화조약', 전투 행위를 완전히 멈추는 정전과는 다르다. 휴전은 일반휴전과 부분휴전으로 나뉘는데, 일반휴전은 일반적으로 완전한 전쟁의 종료를 의미하는 강화조약의 전 단계에서 이루어진다. 반면 부분 휴전은 군대의 일부나, 일부 지역에서 일시적으로 전쟁 상태가 중지되는 것을 의미한다. 그러나 국제법상 '휴전'은 일반휴전이든 부분휴전이든 여전히 전쟁 상태를 의미하며, 교전국과 중립국의 권한 및 의무도 전시와 마찬가지로 인정된다. 따라서 교전국 사이에 정치적 합의가 이루어지지 않으면 전쟁 참여국들은 계속해서 봉쇄정책을 취할 수 있으며, 중립국 선박의 체류를 통제할 수 있다.[37]

이렇게 볼 때 정전은 일반휴전과 유사한 의미를 갖는다고 할 수 있지만, 1953년 7월 27일에 유엔군과 공산군 사이에 조인된 협정이 한글 문서상에서 '정전협정'으로 규정된 점이 중요하다. 또한 협정의 내용에는 협정이 발효된 이후 90일 이내에 정치적 협상을 하도록 규정하였기 때문에 전투 행위의 전면적인 중지를 선언한다는 의미의 '정전'이라는 용어가 더 적합하다고 할 수 있다. '일반휴전'이라고 할 수도 있지만, 강화조약을 전제로 한 것이 아니기 때문에 이 또한 정확한 규정이라고 할 수는 없다.

실제로 정전협정이 체결된 이후 협정의 실시를 감독하기 위해 설립된 위원회를 '군사정전위원회'라고 부르고 있다. 정전협정에서는 군사정전위원회를 '정전협정의 실시를 감독하며, 위반 사건에 대해 협의하기 위한 기관'으로 규정하고 있다. 군사정전위원회는 국제연합군 총사령관과 북한군 최고사령관 및 중국 인민지원군 사령관이 각각 5명씩을 위원으로 임명하도록 되어 있으며, 정전협정에 서명하지 않은 남한 측은 위원회의 구성에서 제외되었다.

또한 정전협정 내에는 협정이 발효된 이후 90일 이내에 정치협상을 갖도록 규정한 것을 제외하고는 정치적인 내용을 담지 않고 있다. 정치적인 협상을 통한 '강화조약' 체결의 내용이 없다는 것은 곧 그 협정의 내용이 '정전'의 성격을 갖는다는 것을 의미한다. 정전협정의 주요 내용은 군사분계선의 설정과 함께 더 이상의 군비 증강을 막기 위한 조항, 군비 증강을 감시하기 위한 중립국 감시위원단의 설치, 이산가족 면회소의 설치 등이었다.

그렇다면 왜 남한 정부에서는 '정전'이라는 용어 대신 '휴전'이라는 용어를 사용하기 시작했으며, 이 용어가 더 보편적으로 사용되고 있는가? 현재까지 그 이유는 정확히 밝혀져 있지 않지만, 남한 정부가 정전협정에 적극적으로 반대했다는 점으로 미루어 추측컨대, '정전'의 의미를 '부분 휴전'의 의미로 사용하고 있는 것으로 보인다. 즉, 이승만 대통령은 정전협정에 반대하면서 북진을 통한 통일을 주장했는데, 만약 전쟁이 완전히 종료된다면 북진통일의 주장이 성립될 수 없기 때문이다. 따라서 '부분 휴전'을 사용한다는 것은 곧 여전히 전쟁 상태로 여기고 있으며, 언제든지 국제법의 위반 없이 전쟁을 다시 시작할 수 있음을 의미한다. 이처럼 '부분 휴전'의 의미로 볼 때 '휴전'은 '정전'보다 더 호전적인 용어라고 할 수 있다.

현재의 상황을 이전의 독재정권들이 사용했던 '휴전'이라는 용어로 표현할 때 그것은 전쟁이 완전히 끝난 상태가 아닌 '잠시 쉬고 있는' 상태이다. 따라서 언제든지 전쟁이 발발할 수 있으며, 그러한 전쟁 재발 행위는 국제법의 위반이 아니다. 물론 '정전'이라고 했을 때에도 정치적으로 전쟁의 완전한 종결을 선언하지 않았기 때문에 전쟁이 완전히 종식된 것으로는 볼 수 없다. 그러나 전투 행위가 완전히 종료되었다는 협정의 의미를 감안할 때 '정전'이라는 표현이 더 정확하다고 본다.

'정전협정'은 1950년 6월 25일에 시작된 전투 행위를 종식시키는 역할을 했다. 그러나 그것으로서 모든 적대 행위가 끝난 것은 아니었다. 정전협정 아래에서 남과 북은 수를 헤아릴 수 없을 정도의 '정전협정' 위반 사건을 일으켰다. 1966년과 1967년의 경우 공식적으로 군사정전위원회에 보고된 것만 200건이 넘었다. 또한 정전협정 내용 중 군비의 증강을 막기 위해 여러 가지 제한을 가하는 조항들이 무효화되어 있으며, 해상의 군사분계선 역시 설정되어 있지 않기 때문에 불완전한 조항이라고 할 수 있다. 따라서 지금의 정전협정은 적대 행위를 완전히 종식시키는 역할을 못하고 있는 상황이다.

탈취-노획의 전쟁기록, NARA의 북한 노획문서 컬렉션

정병준

'나라(NARA)'라는 약칭으로 불리는 미국립문서기록관리청은 미국 역사와 문화의 기록이 보존된 곳이다. 독립의 아버지들이 서명한 독립선언서로부터 케네디를 암살한 오스왈드의 라이플까지 미국 역사의 굴곡이 남긴 기록들이 살아 숨 쉬고 있다.

뉴멕시코 주 로즈웰에 추락한 UFO의 증거를 미국 연방정부가 숨기고 있다고 믿는 엑스파일(X-file)의 신봉자들, 루즈벨트가 일본 대본영의 진주만 공격을 알았음에도 불구하고 개전 명분을 위해 '악마적 일본'을 창출했다고 믿는 음모론자들, 원자폭탄을 소련에 빼돌린 혐의로 처형된 로젠버그 부부의 진실을 찾는 사람들, 케네디 암살에 FBI와 마피아가 음모를 꾸몄다고 신봉하는 사람들까지 수많은 사람이 '음모'와 '진실'의 실마리를 이곳에서 구한다.

　이곳은 세계에서 가장 많은 외국인이 연구 목적으로 방문하는 곳이기도 하다. 30여 년간 NARA에서 근무한 군사 아키비스트(archivist) 리차드 보일란(Richard Boylan)은 이렇게 귀띔한다. "닥터 정, 처음에는 독일 사람들이 몰려왔다. 우리 고향 사람들이야. 그 뒤를 이어 이탈리아 사람들이 오더니, 1980년대엔 일본인들이 많이 찾아왔다. 그 뒤를 이어 당신 같은 코리안들이 찾아오고 있지."

　독일·이탈리아·일본·한국 네 나라의 공통점은 무엇일까? 바로 제2차 세계대전 이후 미국에 의해 점령되었던 국가들이다. 특히 독일·이탈리아·일본은 패전국으로 '전쟁범죄·전쟁수행'과 관련된 국가기구의 기록들을 미국에 빼앗긴 경험을 갖고 있다. 미국이 패전국에서 전리품으로 '노획(captured)'한 이 기록들은 NARA에 문서군 242로 분류되어, '미국립문서기록관리청 해외 노획문서 컬렉션(National Archives Collection of Foreign Records Seized)'이란 제목으로 소장되어 있다.

　빼앗기고 탈취당한 국가들은 미국과 평화조약을 체결한 이후 이 기록·문서들을 되찾아갔다. 일본의 육해군성·외무성 기록이 그 좋은 예이다. 그렇지만 미국은 의연히 '노획문서 컬렉션'을 중요한 기록·문서군으로 유지하고 있다. 노획문서 컬렉션에는 위의 나라들 외에 폴란드, 베트남, 중국, 러시아 등 미군이 발을 들여놓았던 해외 국가·지역의 기록들이 수집되어 있다.

　이곳에서 우리는 한국전쟁의 보물적 편린들을 간직한 북한 노획문서와 만나게 된다. 북한 노획문서는 한국전쟁 시기 미군이 북한군·북한 점령지역에서 노획한 소위 '주한미군이 노획한 문서, 노획한국문서(Records Seized by U.S. Military Forces in Korea, Captured Korean Documents)'이다.

한국전 당시 미군은 북한군과의 전투가 종결되면 바로 특수요원들을 전장에 투입해, 주요 문헌·자료들을 수색케 한 후 후방으로 철수시켰다. 수집된 자료는 곧바로 도쿄로 보내졌다. 이 특수요원들은 맥아더의 정보참모 찰스 윌로비(Charles Willoughby)가 지휘하던 G-2, 즉 정보참모부 예하의 연합번역통역대(Allied Translator and Interpreter Service: ATIS)였다. ATIS 마크가 붙어 있는 모자를 눌러쓴 이 요원들의 임무는, 적의 문서를 노획해 그 속에서 전쟁 수행에 필요한 주요 정보들을 빼내는 것이었다. 노획된 문서들 중 무기 체계, 전투 서열, 부대 대호, 주요 명령서 등의 직접적 정보는 즉시 번역되어 예하 미군부대에 배포되었다. 한편 인민군 제4사단의 공격 명령 등의 문건은 대북 선전전의 주요 자료로 활용되었다.

임무를 완료한 '북한 노획문서'들은 1951년 이후 도쿄에서 미국 본토로 선적되었다. 당시 미군은 상세한 영문 목록을 작성했는데, 문서에는 SA라는 분류기호를 붙였다. 이는 선적 당시에 붙인 선적통지번호(Shipping Advice Number)를 의미한다. 이 문서들은 도쿄를 떠나 버지니아 주 알렉산드리아의 연방기록물센터(Federal Record Center), 메릴랜드 주 슈틀랜드의 워싱턴국립기록센터(Washington National Record Center)를 거쳐 최종적으로 메릴랜드 주 칼리지파크의 국립문서기록관리청 제2청사(NARA II)에 도착했다. 북한을 떠나온 이 문서들이 온갖 풍파와 간난신고를 다 겪은 후 사람들에게 공개된 것은 1977년 슈틀랜드 시절이었다.

공개 당시 노획문서는 SA 2005에서 시작해 SA 2013까지, 총 1,216상자, 문서 7,235건 약 158만 장과 책자로 구성되어 있었다. 이는 '구노획문서'라고 불린다. 1979년부터 방선주라는 뛰어난 학자가 이 북한 노획문서를 집중적으로 검토·분석하기 시작했다. 방선주 박사는 구노획문서를 세 차례 완독한 후, 중요 문서들이 포함되지 않은 것을 발견했다.[38] 미 극동

군사령부 정보참모부 연합번역통역대(ATIS)가 한국전쟁 시기 발행했던 『적의 문건(Enemy Documents)』 시리즈에 문서번호 20만 단위의 문건들이 집중적으로 번역되어 수록되었지만, NARA에서 공개한 노획문서에는 그런 문서들이 전혀 없었기 때문이다. 방선주 박사는 목록도 없으며 전문 아키비스트들도 알지 못했던 「신노획문서」, 혹은 「선별 노획문서」가 존재한다고 확신했고, 우여곡절 끝에 이를 찾아내 1990년대 초반 비밀 해제를 시키는 데 성공했다. 이와 동시에 구노획문서에 포함되지 않았던 SA 2001에서 SA 2004의 문서더미도 함께 공개시켰다. 모두 러시아 문건으로 대부분 평양의 외무성 도서관, 평양 주재 소련 회사와 대사관에서 나온 것들이었다. 한국전쟁 연구의 새로운 서막이 열린 것이다.

신노획문서는 문서번호 200001에서 출발해 208072번으로 종결되었다. 그중 5,822건의 문서가 남아 있고, 2,250건의 문서는 행방불명 상태이다. 구노획문서는 미 극동군사령부가 작성한 상세한 영문 목록이 있으며,[39] 새로 비밀 해제된 러시아 문서도 영문 목록이 존재한다. 신노획문서의 자세한 목록은 방선주 박사에 의해 작성되었다.[40]

노획문서는 비밀의 보고(寶庫)이다. 시간은 1945년 해방 이후 1953년 종전의 시점에서 멈춰 서 있다. 빛바랜 자료들은 이 시기의 북한 국가·사회, 정부·정당·사회단체·군, 그리고 사람들의 삶을 말해주고 있다. 한편으로 노획문서는 끔찍한 자료들이다. 전쟁을 향한 인간의 광기와 이를 포장한 '해방'의 논리와 의지, 목표를 향한 사회 구성원들의 조직적 움직임 등이 드러나기 때문이다. 포탄 파편에 구멍이 뚫린 작전명령서철, 소지자가 흘린 피로 굳어버린 어린 인민군 병사의 일기장, 전선으로 떠나며 돌배기 아들과 부인이 함께 찍은 병사의 흑백사진, 가매장된 인민군 무덤에서 뽑아온 작은 비목까지 이성의 눈을 흐리게 하는 비극적 역사가 이곳에 담겨 있다.

이 노획문서철은 방선주 박사에 의해 대부분 국내에 수집되었다. 국사편찬위원회·국방군사연구소·한림대 아시아문화연구소에 이들 북한 노획문서가 수집되었고, 상당량이 출간되었다. 『한국전쟁의 기원(The Origins of the Korean War)』을 쓴 브루스 커밍스는 1972년부터 5년간 "하루 2달러짜리 여인숙에 머물며 아침 8시부터 밤 10시까지 NARA에서 살았다." 커밍스는 자유롭게 자료에 접근했고, 그때까지 누구도 보지 못했던 미군정기 자료와 노획문서를 검토했다. 커밍스는 노획문서를 본격적으로 활용한 최초의 미국 학자가 되었다. 그는 한국전쟁 연구의 독보적 지위를 점했지만, NARA의 기피 인물이 되었다. 최근 쓴 글에서 커밍스는 북한 노획문서를 이용하면 한국전쟁에 관한 걸출한 박사학위논문들이 쏟아질 수 있을 것이라고 지적했다. 그의 첫 저작 이후 20여 년 이상이 흘렀고, 그를 비판하는 것이 한국 언론과 학자들의 유행이지만, 아직까지 본격적으로 북한 노획문서를 활용한 한국전쟁 연구서가 없다는 점을 꼬집은 것이었다. 이는 또한 북한 노획문서의 가치를 추천하는 진정한 충고이기도 했다.

'북한 노획문서'는 북한에게 뼈아픈 패배의 기억과 탈취의 아픔을 가져다준 것이었다. 빼앗은 쪽은 '노획(captured)' 한 것이지만, 빼앗긴 쪽은 '탈취(stolen)' 당한 것이기 때문이다. 자국의 비밀과 기록들이 적국의 문서관에 '컬렉션' 으로 전시되고 있다는 수치는 쉽게 가려질 수 없는 일이다. 하지만 북한 노획문서가 처음은 아니었다. 미국인들이 최초로 명명한 한국전쟁(Korean War)은 1871년 신미양요인데, '승리' 했다는 한국 교과서의 설명과는 달리 메릴랜드 주 애나폴리스에 위치한 해군사관학교 박물관에는 콜로라도 호(U.S.S. Colorado)의 미해군 육전대가 강화도에서 '노획' 한 어재연의 위풍당당한 황색 '수(帥)' 자 깃발 등 조선군의 군기와 대포 등이 용감한 미군의 전공과 함께 전시되어 있다.

사전적 해석을 그대로 쓰자면 'capture'는 포획·노획·탈취로 서로 통한다. 군사용어로 사용될 때 수동형 'captured'는 '포로가 된', 혹은 '포획된', '노획된'을 의미한다. 때문에 'captured gun'은 전리포(戰利砲)를, 'captured material'은 노획품을, 'captured ship'은 나포선(拿捕船)을, 'captured weapon'은 노획무기를 뜻한다. 같은 맥락에서 'captured documents'는 노획문서 혹은 포획문서로 사용된다.

그렇지만 NARA의 노획문서 컬렉션은 적과 동지의 분별이 덧없는 국제정치의 상식을 일깨워주고 있다. 과거의 적에게 노획한 문서들이 오늘날 친구에게 평화의 선물로 반환되어왔기 때문이다. 북한과 미국이 평화협정에 서명하고, 체제 인정과 수교의 길에 들어서게 되는 날, 북한 노획문서들은 평화체제의 상징으로 북한에 반환될 것이다. 노획과 탈취의 분별, 참혹한 비극은 기억으로 남겠지만, 한반도에는 진정한 평화가 드리울 것이다.

'8월종파' : 종파, 분파, 당내경쟁

백준기

종파, 파벌, 분파

'당(黨, party)', '섹트(sect)', '파벌(派閥, faction, Фракция)'이라는 용어는 단순히 언어학적 파생물이 아닌 역사적 또는 정치적 구성물이다. '당'은 '나누다, 분할하다'라는 라틴어 'partire'로부터 유래한다. '섹트'라는 용어도 '자르다, 분할하다'라는 라틴어의 'secare'에 어원을 둔 것으로, '당'과 거의 비슷한 어원을 지니고 있다. 이후 '당'이라는 용어는 '함께하다, 편들다'라는 파생적 의미 발전을 통해 17세기에 이르러 정치적 기능을 부여받게 된다. 이에 비해 '섹트'는 '당'이 정치용어('정당')였던 시기에 종교의 교파주의와 관련된 '종파'라는 의미로 사용되었다.

어원적으로 '당'과 '종파'가 '부분'이라는 개념을 포함하는 그리 부정적이지 않은 용어였던 데 비해 '파벌'은 어원상 부정적인 의미를 지니고 있다. '파벌'은 라틴어의 '행하다'라는 'facere'에서 유래하며 '과도하고 무례한 해로운 행동'이라는 의미를 내포하고 있다. 따라서 '파벌'이라는 용어는 로마시대 이래로 근대 서구 정치사상의 전통에 이르기까지 부정적인 의미로 사용된 것이 사실이다. '정당'이란 개념보다 오래된 '파벌'이라는 용어는 18세기 볼테르식 표현에 의하면 "혐오감을 주는 것"으로, 흄에 따르면 "정부를 전복시키고 법률을 마비시킬 뿐 아니라 국민에게 적대감정을 불러일으키는 것"으로 표현된다.

17세기에 이르러 '정당'과 '파벌'이라는 용어는 동의어로 사용되기도 했다. 영국의 정치가 볼링브로우크는 "정당은 항상 파벌을 초래하고 정당은 정치적 해악"이라는 '반정당론'을 주장하기도 했다. 볼링브로우크가 '반정당론'의 입장에 선 것은 17세기 '대반란(Great Rebellion)'* 시기의 영국의 정당들을 염두에 둔 것이었다. 프랑스혁명 당시에도 '정당'에 대한 평가는 부정적이었다. 콩도르세는 "프랑스 공화국의 우선순위는 어떠한 정당도 갖지 않는 것"이라는 주장을 했고, 생쥐스트에게 있어서 "모든 정당과 파벌은 범법자"였다. 당통의 표현대로, 필요한 것은 단 하나, "이성의 당"뿐이었다.

서구 정치사상의 전통에서 '정당'이 '파벌'과 결별한 것은 흄을 지나 버크에 이르러서였다. 명예혁명 이후 안정기에 접어든 영국의 시대적 환경은 버크로 하여금 '정당'을 "존경할 만한 자유정부의 도구"로 인식하게

---

* 여기서 말하는 '대반란'이란 흔히 청교도혁명으로 알려진 1642~1660년에 일어난 영국의 시민혁명을 지칭한다. 그 발단은 스코틀랜드와의 전쟁 비용을 마련하기 위해 국왕이 일방적으로 과세권을 행사했기 때문인데 본질적으로는 국왕의 절대권과 의회주권 간의 대립과 충돌이 그 핵심이다. 이 시민혁명은 영국에서의 근대적 시민권과 의회주권 형성에 결정적인 역할을 했다.

했다. 그러나 '파벌'이라는 용어는 현대에 이르러서도 다른 개념이나 구성요소에 의해 대체되지 않고 여전히 사용되고 있다. '파벌'이 실제로 정당제도 내에서 여전히 기능하고 있는 상황을 고려한다면 이 용어는 현실적 힘을 여전히 지니고 있다고 할 수 있다.[41]

'정당'과 유사한 어원에서 출발한 '종파'라는 용어는 종교적 교파주의로 의미 발전한 이후 사회주의 정당과 사회주의체제의 성립/발전 과정에서 정치적 용어로 전환된다. 사회주의체제에서 '종파'라는 용어는 '반당적', '반국가적', '반혁명적'이란 수식어로 정의된다. 북한의 『정치사전』에 따르면 '종파주의(сектанетво)'는 "혁명의 리익에는 관심이 없고 개인 혹은 협소한 파벌의 리익만 노리면서 로동계급과 그 당의 통일단결을 파괴하는 반당적이며 반혁명적인 부르죠아사상"이다.[42] 이러한 의미에서 사회주의체제에서 통용되는 '종파'는 사적 이익만을 추구한다는 점에서 경멸적이고 고전적 의미의 '파벌'과 유사하다.

분파와 당내경쟁

'당국가체계(party-state system)'의 당내 권력갈등에 대한 분석은 정당체계에 일반적으로 존재하는 '당내경쟁'에 대한 분석을 통해서 좀더 객관적인 결과를 도출할 수 있다. '정당체계'라는 개념을 사용할 경우, 이는 일반적으로 복수의 정당이 존재한다는 것을 전제로 한다. 이런 '체계'에서의 경쟁은 당내경쟁뿐 아니라 '정당 간 경쟁'을 포함하는 것이므로, 당국가체계하에서의 경쟁은 당내경쟁만을 뜻하는 제한적 의미를 지닌다. 당국가체계에서의 당내경쟁은 다원주의 정당체계와 비교할 때 '직접' 대면하는 투쟁의 형태를 띠게 된다. 정당과 정당체계에 관해 연구한 사르토리가 지적

한 바와 같이, 상층 지도자 간 '대면투쟁'은 당내경쟁을 종종 반대파에 대한 직간접적인 물리적 강제―실각 또는 숙청―로 귀결시킨다.

당국가체계에서는 당내경쟁이 시기와 국면, 상황의 변화에 따라 권력갈등으로 전환될 가능성이 상존한다. 다원주의적 정당체계와 같은 정당 간 경쟁이 부재한 상태에서는 유일하게 경쟁할 수 있는 공간이 당내로 제한되기 때문이다. 따라서 당국가체계를 분석하는 데서 논란이 되는 당내 갈등을 권력투쟁만을 위한 비정상적인 정치과정이나 정치 행태로 규정하는 가치개입적 평가에서 벗어나, 당국가체계에서의 정치과정의 한 부분으로 인정하는 것이 필요하다. 당국가체계에서 당내경쟁에 대한 가치개입적 판단이 범할 수 있는 잘못은, 다원주의적 입장에서건 일당주의적 입장에서건 경쟁 결과에 대해서 '적과 아'라는 이분법적 논리에 빠질 수 있다는 것이다. 예를 들어 다원주의 시각은 당국가체계의 당내 '경쟁 패배자'를 '정치적 순교자'나 '이념의 희생자'로 평가하고 싶은 '학문 외적 유혹'에 취약하다. 반면 일당주의적 관점은 이들을 '반당 반국가 반혁명 종파분자'로 '스테레오타입'화 한다.

당국가체계하에서 당내 권력갈등을 당내경쟁의 관점에서 분석하고, 당을 내부로부터 연구하기 위해서는 '당내민주주의' 문제에 대한 접근법이 유용할 수 있다. 이를 위해서 적절한 분석 단위를 선정하고 이러한 당의 하위단위에 대한 개념을 설정해야 한다. 당내갈등이나 경쟁을 분석하기 위한 하위단위가 객관성을 담보하려면, 개념적으로 정치적 판단이 개입된 '가치평가적 의미'를 탈각시킬 필요가 있다. 따라서 '종파'나 '파벌'이라는 가치평가적 개념보다는 '파벌'이나 '종파'보다 좀더 중립적이고 '가치구속적이지 않은(wertfreiheit)' '분파(fraction)'라는 용어를 분석도구로 선택할 필요가 있다.[43]

사르토리식 언술을 차용해보자. 정당의 하위단위 일반을 지칭하는 중립적인 용어가 필요하다면 '파벌'이나 '종파'는 부적당한 용어이다. 이 용어들은 대부분의 국가에서 역사적으로 확실한 '삶의 체험'을 근거로 한 뿌리 깊은 가치평가적 의미를 지니는 단어이기 때문이다. 이로 인해 대중은 정치적 경쟁 또는 정치 그 자체를 추악한 이미지로 인식하게 된다. 또한 학문용어로서의 애매성도 문제가 된다. 파벌이란 용어는 어떤 경우에는 부정적인 의미로('로즈의 파벌'), 어떤 경우에는 부정적이지 않은 의미로('헌팅턴의 파벌') 활용되기도 한다. 또한 종파의 경우 당국가체계에서의 '종파'와 종교에서의 '종파'가 의미하는 바가 서로 다르다. 그 결과 초래될 수 있는 것은 학문에 있어서 개념적 엄밀성의 상실이다.

단일정당체계에서의 당내 권력갈등을 당내경쟁이라는 정상적인 정치과정의 차원으로 인정한다면, '분파'는 당내 구조의 구성요소로 인정될 수 있다. 북한의 공식 문건에서 표현되고 있는 '종파'라는 용어는 정치적 의도가 내포된 가치평가적인 용어이자 '경쟁 승리자의 용어'이다. 물리적 강제력과 억압적 메커니즘을 동원한 분파들 간의 극단적 형태의 권력투쟁을 정상적인 당내경쟁과 동일시해서는 안 된다. 정상적인 당내경쟁이 극단적인 형태의 권력투쟁으로 발전하는 경우가 종종 존재하지만, 양자 간의 필연적 연관성은 존재하지 않는다. 따라서 북한 정치사에서 최대의 권력갈등사건으로 기록된 이른바 '8월종파' 사건을 정점으로 한 1950년대 북한의 정치과정에 존재했던 제 분파들 간 경쟁의 긍정적 기능을 밝히고, 이들이 조선로동당의 당내민주주의에 기여한 부분에 대해 해명할 필요가 있다.

'당내경쟁'과 '당내민주주의'

정당다원주의의 시각에서 볼 때 '정당일원주의(party monism)'로 분류되는 당국가체계에 과연 민주적 요소가 생존할 공간이 존재하는가 하는 문제는 당내 하위단위의 존재 문제, 그리고 그 단위의 기능 및 역할 문제와 관련이 있다.

당국가체계에서 민주주의적 요소의 가능성을 고찰할 경우 이러한 가능성의 중요한 판단 기준이 되는 것은 '하위단위의 자율성(subunit autonomy)' 혹은 '하위그룹(subgroup autonomy)' 그리고 '경쟁'의 허용 여부이다.

정당다원주의 시각에서 당국가체계하의 단일정당(single party)은 독립적인 하위단위를 형성하지도 않으며, 단일정당의 형태를 취하는 것 자체가 하위단위의 자율을 저지하기 위한 것으로 파악된다. 그러나 당내에 분파들이 존재하고 그 활동이 일정 범위 내에서 허용된다면, 제한된 형태이긴 하지만 '일당민주주의'가 논리적으로 가능할 수도 있다. 선거제도와 정당체제 유형 간의 상관성을 다룬 정치학자 듀베르제의 견해처럼 '분파'들이 당내에 존재하고 활동한다면, 당내에서 다원주의나 민주주의가 진전될 가능성을 완전히 배제할 수 없다. 당내 분파들이 '경쟁'을 통해 다원주의와 민주주의의 진전에 한 역할을 담당할 수 있기 때문이다. 이런 관점에서 1950년대까지 북한 로동당 내에 존재한 분파들은 '경쟁'을 통해 당내민주주의에 일정 정도 기여한 점이 있다고 가정할 수 있다.

그렇다면 이제 문제는 이러한 분파 간의 '경쟁'이 어떠한 형태의 경쟁이었는가, 그리고 이 경쟁이 당내민주주의에 어떤 긍정적인 결과를 초래했는가 하는 것이다. 일반적으로 정당체계에서는 '경쟁'이 '정당 간 경쟁'과 '당내경쟁'으로 이루어지는 데 비해, 당국가체계에서의 '경쟁'은 '당내경쟁'으로 한정되는 제한적 의미를 지니는 것이 사실이다. 그러나

'한계가 있다'는 것과 '존재하지 않는다'라는 것은 의미 차이가 크다. 지적하고 싶은 것은, 당국가체계에서의 '당내경쟁'을 단순히 '당내 권력투쟁'으로 등치시켜서는 안 된다는 점이다. 분파들 간의 당내경쟁 또한 당내민주주의를 진작시키는 기능을 하며, 정책경쟁의 성격을 띠기도 한다.

1950년대 북한 로동당에서 발생했던 분파 간의 대립은 단순히 반대파를 숙청하기 위한 권력투쟁이나 '반당종파주의(anti-party sectarianism)' 사건이라기보다는 정책경쟁 과정의 한 부분이었다고 할 수 있다. 궁극적으로 이것은 당내민주주의의 수립 문제와 밀접하게 연결되어 있다. 이러한 분파경쟁은 다원주의 정당체제에 속해 있는 정당의 '당내경쟁'과 동일한 성격의 경쟁이라 할 수는 없다. 그럼에도 불구하고 분파경쟁이 존재한다는 사실은 당시 로동당이 '무경쟁 상태(noncompetition situation)'에 있었던 것이 아니라 '부차적 경쟁 상태(subcompetition situation)'에 있었다는 점을 말해준다.

이러한 '부차적 경쟁 상태'는 '무경쟁 상태'와 질적인 차이가 있다. 조선로동당의 '부차적 경쟁 상태'는 당중앙위원회를 비롯한 당 지도부 선출에서 대립 후보를 추천하지 않는 상황을 의미한다. 잠재적 경쟁 상대가 존재할 가능성은 항상 존재하며, 당에 대한 충성도나 정책 입안 능력 등에서 경쟁력이 떨어지거나 당원 및 대의원의 신뢰를 상실하게 되면 더 이상 직위를 유지하기 어려울 것이다. 따라서 당내 지도부를 구성하는 데서 후보들이 대립후보와 '자유로운' 경쟁을 하지 않는다는 것만으로 '무경쟁 상태'에 있다고 말할 수는 없다. 따라서 '무경쟁 상태'는 당내에 분파가 존재하지 않고 지도부 선출에서 당원이나 대의원의 역할이 인정되지 않는 경우로 제한되어야 한다.

'경쟁'이라는 개념에는 '구조'로서의 경쟁과 '상황'으로서의 경쟁이라는 의미가 함께 포함되어 있다. 이것을 당내경쟁에 적용하여 조선로동당에서 경쟁이 이루어졌던 '상황'과 '구조'에 대해 알아보기로 한다. 또한 이러한 경쟁이 '정책 산출'에 어떠한 영향을 미쳤으며, 양자 간의 상관관계가 어떠했는지에 대해 추론해보고자 한다.

먼저, 조선로동당에서 당내경쟁의 '구조'적 측면, 즉 '게임의 규칙'이라는 측면을 살펴보자. 당 규약에 따르면, 당원은 '선거권과 피선거권'을 지니며, 시/군/도 등 지방 단위의 간부 및 대표자(대의원)가 각 단위에서 선출되고, '당대회'에서는 중앙위원회의 위원이 선출된다. 당 규약에 복수후보를 배제한다는 조항은 없으나 실제적으로 단수후보가 선거에 임한다는 점에서 '제한적 경쟁'의 양태를 띤다. 또한 경쟁 '구조'의 측면에서 '분파'에 대한 인정이 지적되어야 한다. '분파'의 존재를 '제도적'으로 인정하고 있는 것은 아니지만 내각이나 당내 직위 배분에서, 그리고 정책 결정 과정에서의 책임성 면에서 분파의 기능이 작동하고 있었으며 내부적으로 용인되고 있었다.

다음으로 당내경쟁의 '상황'적 측면은, 민주주의로의 '이행'에 관한 선도적인 연구를 진행한 바 있는 쉐보르스키가 과거에 정당의 '경쟁'을 분석하면서 표현했던 대중과의 '접촉(exposure)'을 통한 정당의 '동원효과(mobilization effort)'라는 개념을 차용하여 설명할 수 있다.⁴⁴ 물론 쉐보르스키는 이 개념을 정당제도하에서 정당 간의 경쟁을 분석하는 데 사용했지만, 이는 한 정당 내의 경쟁 양상을 분석하는 데에도 유의미한 측면이 있다. 예를 들면 당내 분파들의 정책이 대중에 대한 '접촉'을 통해 어떻게 지지를 형성하고, 이것이 다시 '전환과정(conversion process)'을 거쳐 분파 간 경쟁에 어떠한 영향을 미치게 되는지, 이 과정에서 어떤 분파가 유리한 위치에 놓이게 되는지 등을 파악할 수 있다는 점에서 그러하다.

조선로동당에서의 '당내경쟁'

조선로동당의 분파 간 경쟁은 노선 및 이론경쟁, 정책경쟁, 권력경쟁 등이 중첩된 형태로 나타났다. 한국전쟁의 정전협정 체결과 함께 가속화된 북한 학계의 노선 및 이론경쟁은 당시 당내 분파 간의 정책경쟁과 연관성이 있다. 정전 후 북한의 당 지도부가 직면한 과제는 '전쟁 복구와 건설'이라는 국가적 과제였다. 쟁점은 어떠한 경로를 통해 사회주의로 이행해 갈 것인가 하는 문제였다. 북한체제를 사회주의로 급속히 이행시킬 것인가, 아니면 점진적으로 이행해갈 것인가 하는 '이행 속도'의 문제와, 근본적으로 당시 북한의 사회발전 단계를 어떻게 규정해야 하는가 하는 문제가 대두되었다. 예를 들어 연안계나 소련계는 중소상공업의 국유화정책과 농업집단화정책에서 농업의 사회주의적 개조는 농업기계화라는 물질적 조건이 전제되어야 하며, 무엇보다도 남북한 통일국가 수립의 문제가 남아 있는 한 남북한을 망라한 전국적 범위를 염두에 둔 혁명의 단계는 '반제국주의 반봉건제'의 단계에 머물 수밖에 없다는 입장에 친화적이었고, 따라서 북한의 사회주의로의 급속한 이행에 비판적인 입장을 취했다.

반면에 당내 주류를 형성하고 있던 항일 빨치산계는, 한국전쟁으로 인해 남북 분단이 고착화된 상황에서 북한체제를 강화하기 위해 집단화를 통해 농업 부문을 사회주의적으로 개조하여 북한 지역을 '민주주의 기지'로 강화하는 것이 오히려 남북한 통일의 가능성을 확대하는 것이라는 입장을 취했다.[45]

조선로동당 내 분파들 간의 이러한 입장 차이는 정책 결정 과정에 반영되어, 분파 간 정책적 견해 차이를 조정하는 형태로 나타났다. 1953년 8월, 정전협정 체결 후 처음으로 열린 중앙위원회 전원회의에서 당내 주류인 '빨치산계'의 입장을 기본으로 각 분파들의 정책 견해를 조율하여 반영하는 형태로 '전후 복구와 건설'에 관한 정책이 입안되었다. 이 전원회의에서 채택된 결정에는 농민의 토지 소유를 존중하여 토지와 생산수단은 개인 소유를 허용하고 농업 경영은 합작화하는 방향으로 진행한다는 내용이 포함되었다. 다시 말하면 농업집단화를 추진함에 있어서 자작소농제 또한 장기적으로 존속할 수밖에 없다는 것을 인정하고, 소농에 대한 정부 지원정책을 병행해야 한다는 내용이 반영된 것이다. 이러한 결정은 조선로동당 내 분파 간 경쟁이 정책 결정 차원에 반영된 경험적 사례의 하나로 볼 수 있다. 앞서 살펴본 대로, 분파 간 경쟁이 당내의 다원성을 진작하고 정책 결정에서 민주주의적 기능을 유지시키고 합의의 수준을 높일 수 있다는 가정이 1953년 8월 전원회의의 경우에 적용될 수 있다.

이제는 당내경쟁이 정책경쟁이라는 외형을 띠고 대중에 대한 '접촉'을 통해 각자 어떠한 지지를 이끌어내는가에 대해 살펴보자. 이 경우 대체로 복지 관련 예산 배정이나 '복지 지출'과 관련이 깊다. 왜냐하면 복지 분야의 정책은 해당 사회 구성원의 일상적인 물질생활이나 개인 및 가족의 생존과 직결되는 것이기 때문이다. '경쟁'과 '복지 지출' 간의 상관관계에서 다원주의의 경우, 대체로 정당 간의 경쟁이 사회 구성원에 대한 복지 지출에 긍정적인 기능을 하는 '경향'이 있다. 이를 감안할 때 당국가체계에 당내경쟁이 존재한다면, 분파들의 정책이 대중에 대한 '접촉' 과정을 통해 지지를 획득하는 데 복지 지출이나 물질생활 개선에 대한 적극성 정도가 영향을 미칠 수 있을 것이다. 이는 '전후 복구와 건설' 정책의 시행 과정에 조선로동당이 경험한 사례에서 찾을 수 있다.

1954~55년 농업 부문의 상황을 예로 들면, 당시 당의 정책 실패(급속한 협동화/비현실적인 현물세 징수 및 양곡 구매사업 등)로 인해 전반적인 물질생활 수준이 악화되어 인민대중의 잇따른 소요가 발생하고 지방 하부단위에서는

정책 집행이 마비될 정도로 사회경제적 불안정이 초래되었다. 당 정책이 인민대중의 지지를 획득하는 데 실패하고 '정치적 실패'로까지 비화될 가능성이 농후한 상황에서, 당내 분파들은 정책조정을 통해 분파 간의 입장을 조정하고 당의 정책을 수정했다. 1955년 6월에 소집된 상무위원회 확대회의에서 자본재 생산 부문의 성장 속도를 늦추는 동시에 소비재 생산 부문을 평균적으로 높이고, 협동화의 강행을 중지하며, 인민의 물질생활을 개선하는 문제들이 결정되었다. 구체적으로는 농업 현물세의 인하 조치, 양곡의 자유로운 매매 허용 등이 결정되었고 개인 상공업의 국유화정책도 수정되었다. 이 과정에서 개인 소상공인에 대한 배제와 제한 조치를 통한 국유화 강행에 정책적 오류가 있었던 점이 인정되었고, 생필품을 생산하는 기업에 대한 소상공인의 투자를 장려하기 위해 세금 감면 조치를 고려하는 정책이 입안되었다.[46]

재론: '8월종파' 사건인가, '8월 전원회의' 사건인가?

1956년 8월에 개최된 조선로동당 중앙위원회 전원회의에 대해 북한은 다음과 같이 기록하고 있다.

> 8월 전원회의에서 폭로분쇄된 종파는 우리나라에서 력사적으로 내려오던 여러 종파의 잔여분자들이 결탁하여 련합된 종파도당이였다. (중략) '8월종파'는 단순한 종파적인 것이 아니라 반혁명도당이였다. (중략) 미제와 결탁하여 (중략) 당과 공화국 정부를 전복하기 위한 무장폭동음모를 하였으며 (중략) 공화국을 (중략) 친미적인 부르죠아공화국으로 만들려는 흉계까지 꾸미였다 (중략) '8월종파'를 반대하는 투쟁은 반종파투쟁인 동시에 반사대주의투쟁, 반수정주의

투쟁, 반혁명과의 투쟁이었다.[47]

　냉전 해체 이후 발굴된 여러 자료에 의하면 당시 당내 비주류파(소련계, 연안계 등)가 김일성을 중심으로 한 주류파를 견제하거나 제압하기 위해 소련과 중국이라는 외부세력을 활용하고 의존했다는 점은 분명하다. 이로 인해 앞서 인용한 북한의 공식 평가대로 1956년 '8월 전원회의'를 비롯한 1950년대의 일련의 정치갈등이 '반사대주의투쟁'의 성격을 지니고 있는 것은 사실이다. 그럼에도 불구하고 이러한 정치갈등이 '종파', '반혁명', '반국가' 등의 수식어로 설명될 수 있는지에 대해 남한의 북한학계에서는 학문적인 판단을 유보하고 있다.

　결론을 대신하여 앞서 언급한 것을 토대로 정리하면, 먼저 '종파', '파벌'이라는 용어가 갖는 개념적 한계를 지적할 수 있다. 이 단어들은 역사적으로 특정한 시기/체제/국가들에 근거한 특수한 '삶의 체험'을 토대로 정치적으로 구성된 가치구속적인 용어라는 점이다. 학문적 엄밀성의 측면에서도, 개념에 있어서 도구적 설명력을 지니기 어려운 것이 사실이다. '종파'라는 용어는 현상이나 사물을 설명하기보다는 정치적으로 선언하는 용어의 성격이 강하다. 과거 소련에서 스탈린 시기 '반당 종파분자'로 처형되었던 러시아의 정치가 부하린 등이 페레스트로이카 시기에 복권된 사례는, 단지 정치적 사면 이상의 의미가 있다. 이제 필요한 것은 '개념의 탈냉전'이다. 하나의 대안으로 기존의 '종파'라는 용어 대신 '분파'라는 용어를 적극적으로 검토할 필요가 있다.

　다음으로, 당국가체계의 '당내민주주의'와 관련된 문제가 있다. 다원주의 입장에서 비판하듯이 당국가체계의 정치과정에서는 경쟁이 존재하지 않는가? 정치과정에서 권력투쟁이 '정치적 경쟁'을 일상적으로 대체하고 있는가? 그렇다면 당국가체계의 정치과정은 '비정상적' 정치과정인가? 더 구체적으로는 당국가체계에서 당내경쟁은 존재하지 않는가? 그로 인해 '당내민주주의'라는 용어는 성립할 수 없는 개념인가? 당내 하위단위로서 분파가 실재하고—제도적 허용 여부에 상관없이—내용상 기능하고 있다면 분파의 존재는 당내민주주의에 긍정적인 기능을 할 수도 있으며, 정책경쟁을 통한 정치적 다이너미즘(dynamism, 역동설)을 유도할 수도 있다.(첨언하면, 미래 시점에 북한의 변화는 구소련의 페레스트로이카처럼 당 내부의 '분파경쟁'으로부터 시작될 수도 있다.)

이러한 이유로 '8월종파' 사건은 용어의 재정의가 필요하다. 당시 '분파'들 간의 상호작용이 결과적으로 권력투쟁으로 귀결된 것은 사실이나, 앞서 설명한 이러한 하부단위의 존재가 지니는 '제도적' 긍정성 또한 간과해서는 안 된다. 예전에 필자는 대체 용어로 '8월 전원회의' 사건이라는 용어를 제안한 바 있다. 물론 이러한 입장이 '북한판 역사 바로 세우기'를 주장하는 것은 아니다. 그럴 만한 사료 또한 아직 충분하지 않으며, 단지 한 정치학 연구자의 관점에서 그렇다는 것이다. 이제는 '내재적 접근'을 넘어서야 하지 않을까 하는 문제의식에서이다.

월북과 납북

이신철

좌·우 또는 남·북의 이데올로기 대립과 정치현실로 인해 현대사에서 그 의미가 왜곡되거나 불분명하게 사용되는 용어가 매우 많다. 또한 마찬가지의 이유로 적확한 남북 공동의 용어를 사용하기 힘든 경우도 적지 않다. 전자의 대표적인 용어로 양민학살(민간인 학살), 월북(인), 납북(인), 미귀환 국군 포로 등을 들 수 있다면, 후자의 경우 한반도(조선반도), 6·25남북전쟁(한국전쟁, 조선전쟁) 등을 꼽을 수 있다.

그중에서도 특히 '월북'과 '납북'은 현실 문제와 깊이 연관돼 있어, 용어 사용이 더욱 조심스럽다. 이러한 현상은 우리 사회의 '레드콤플렉스'가 조장한 월북인에 대한 사회적 편견, 그리고 납북인 유가족들이 주장하는 이데올로기적 순결성에 의해 만들어졌다. 제주도 4·3항쟁이나 전쟁시기 민간인 학살 등 현대사의 비극적인 사건에서 이데올로기적 편견을 벗겨내고 인권과 휴머니즘을 복원하려는 노력이 상당한 성과를 거두었지만, 아직 북과 직접 연관된 월북과 납북을 둘러싼 금기는 매우 견고하게 벽을 쌓고 있다. 하지만 이들 용어의 객관적이고 학술적인 검토는 학문적 차원뿐 아니라 현실정치의 차원에서도 더 이상 미룰 수 없는 과제이다.

월북의 범주

사전에 규정된 '월북'이라는 단어의 뜻은 "북쪽으로 넘어감", "삼팔선 또는 휴전선 이북으로 넘어감"이다. 그러나 이 용어의 사회적 의미는 사전적 규정과는 매우 동떨어져 있다. 한국 사회에서 '월남'이란 강제성과 자발성의 문제를 따지지 않고 모든 경우를 포괄하는 개념으로 사용된다. 반면 '월북'은 포괄적 개념이 아니라 자발적인 경우에만 한정해 사용되고 있다. 월북과 월남은 사전적으로는 모두 자발적인 행위로 해석되지만, 여기에는 남으로 내려온 이들 중에는 강제로 내려온 사람이 없는 반면, 북으로 가게 된 사람 중에는 강제로 납북당한 이들이 대부분일 것이라는 막연한 이데올로기적 우월성이 작용하고 있다.

이런 인식은 '월북자=배신자·민족반역자', '월북자=빨갱이'라는 등식과 연결된다. 더욱 심각한 문제는 그러한 얕은 논리를 바탕으로 월북자와 그의 가족을 사회적 멸시와 냉대의 대상으로 전락시키고 있다는 점이다. 이런 왜곡된 인식은 남한에 '납남자'는 존재하지 않으며, 북에서 온 이들은 모두 스스로 자유를 찾아 내려온 '월남인'이고 모두 반공투사일 것으로 믿어 의심치 않는 잘못된 인식과 동전의 양면을 이룬다.

그런데 참으로 이해할 수 없는 것은, 월북인 가족의 일상을 실질적으로 구속할 뿐 아니라 그들에 대한 국가적·사회적 폭력을 정당화해온 이 엄청난 용어에 대해서, 지금껏 한국 사회는 학문적으로 명확히 규정한 바가 없다는 점이다. 일부 문학연구자가 '월북 문학가'에 대해 학문적 규정을 시도한 것이 그나마 다행이라 할 수 있다.

권영민은 "월북이라는 말 속에는 문인집단의 문학 활동의 장소이동이라는 공간적인 개념이 아니라, 이념적 지향과 그 선택이라는 가치개념이 문제적인 상태로 노출되어 있다"[48]라고 하면서 '월북'을 정치적 개념으로 해석했다. 조영복은 스스로 "백석이나 한설야 등 고향이 원래 이북인 사람들의 경우 '월북 지식인·예술가'라고 할 수 있느냐는 질문을 종종 받는다"라면서도 "해방공간의 지식인들에게 월북이라는 개념은 사상과 체제 선택의 문제, 그리고 당시 조직 내적인 헤게모니의 투쟁 문제를 복합적으로 깔고 있는 것"으로 파악했다.[49] 그래서 그는 백석과 한설야도 월북 문인에 포함시켰다.

이러한 분류는 문학연구가나 예술연구가에게는 당연한 것인지도 모른다. 정부에서 '금지'라는 붉은 딱지를 붙였다가 해금시킨 문인이나 예술가는 바로 북에서 활동한 사람들, 즉 '재북 예술가'를 모두 포함하고 있기 때문이다. 따라서 고향이 평안북도 정주인 백석과 함경남도 함흥인 한설야 역시 '월북 예술가'로서 해금 목록에 포함되었다. 자신의 연구 대상자가 공권력에 의해 '월북'으로 분류되었던 사람이기에 그들에 대한 연구도 자연 '월북 예술가 연구'가 된 것이다.

그렇다고 이러한 분류를 역사학에서 그대로 받아들이는 데에는 문제가 있다. 그들이 서울에서 활동했다는 점을 감안하는 것은 분명 타당한 측면이 있지만, 그것이 동시에 '중앙주의', '서울 중심주의'의 오류를 범할 위험을 내포한다는 측면도 무시할 수 없다. 그들에게는 '북에서 활동한 예술인' 또는 '재북 예술인', '조선민주주의인민공화국의 예술가' 라는 말이 더 적확하다. 그렇다면 북이 고향인 사람은 '월북인'에서 제외하는 것이 타당하지 않을까 싶다. 그렇지 않으면 북에서 활동한 정치인 모두가 월북인이 되기 때문이다. 또한 월북하지 않았지만 사회주의적 사상 지향과 북에 대한 지지를 선택한 재남 인사들을 어떻게 설명할 것인가라는 문제도 남기 때문이다.

결국 월북(인)은 "해방 이후부터 현재까지 이남 출신이면서 자발적인 동기에 의해 이북 지역으로 거주지와 활동무대를 옮긴 행위(사람)"로 규정할 수 있겠다. 월북의 문제를 정치적 선택의 문제로 국한할 수 없는 것은, 이데올로기적 선택 행위로 북행을 선택한 경우도 있지만 생존을 위한 북행이나 상황적 요인에 의한 단순한 북행 등 비정치적인 경우도 얼마든지 있을 수 있기 때문이다.

납북 규정의 '조건'

'월북'과 '납북'을 구분하는 가장 상식적인 기준으로 그 행위의 자발성과 강제성의 여부를 들 수 있다. 그런데 많은 경우 강제성 여부를 가려내는 것은 거의 불가능에 가깝다. 특히 전쟁 중 납북의 경우가 더욱 그렇다. 바로 그 점 때문에 '납북인'들의 유가족 단체도 전쟁시기와 전후시기로 나뉘어 있다. 전후 '납북인' 가족들의 모임인 '납북자가족모임'에서는 "1953년 정전협정 체결 이후 자신의 의사와 상관없이 북한에 강제 납치, 납북 억류"된 사람을 '납북자'로 규정하고 있다.[50] 전쟁시기의 '납북인' 가족들은 독자적인 모임을 결성해 활동하면서 회원 가입 자격을 "6·25전쟁 때 북한으로 납치되어 간 분의 사촌 이내 가족"으로 규정하고 있다.[51] 이처럼 '납북인' 가족들조차 단체가 나뉘어 있는 것은 1차적으로 그 시기와 성격의 차이가 뚜렷하기 때문이기도 하지만, 그보다는 '납북'이라는 사실 증명의 난해함이 고려된 정치적 판단이 더 중요한 요인으로 작용한 때문일 것이다.

결국 문제는 전쟁기간이든 그 이후이든 간에, '납치' 또는 '납북 억류'의 강제성을 어떻게 확인할 수 있는가이다. 납북자가족모임의 경우는 "통일부에서 정식으로 확인 발표된 납북자 명단"에 포함된 인사, 그리고 명단에 없는 경우에는 통일부의 확인을 거친 경우로 그 강제성을 규정하고 있다.[52] 정부는 정전협정 이후 2000년까지 월북 및 납북자는 3,790명이며 이 가운데 13%에 해당하는 485명이 아직까지 북에 억류돼 있다고 파악한다. 현재 이산가족정보통합센터 홈페이지에는 이들 중 480명의 명부가 공개돼 있다.[53] 그중 어부(어업)가 430명으로 전체의 89.6%에 해당한다.(통일연구원의 『북한인권백서 2006』에 따르면 어부는 434명으로 전체의 89.5%이다.) 귀환자 3,305명을 포함하면 어부의 비중은 97.4%로 3,692명에 이른다. 이들은 대부분 조업 도중 나포되었기 때문에 실수로 인한 월경이었을 가능성이 매우 높다. 북측이 1987년의 동진호를 제외하고 1976년 이후의 나포 어선을 모두 돌려보낸 점을 고려할 때, 나포된 어부들이 스스로 월북 의사를 밝혔을 가능성은 희박하다. 그러나 이들의 나포 경위와 이후의 심경은 북측 당국을 통해서만 들을 수 있기 때문에 그 진위를 밝히는 데 한계가 있다.

어부 이외의 전후 '납북인' 가운데 1969년 12월 피랍된 대한항공 탑승자 51명 중 12명의 미귀환자도 강제 억류일 가능성이 높다. 최근 일본인 피랍자 요코다 메구미의 남편으로 확인되면서 언론의 주목을 받았던 김영남을 비롯해 사건 당시 고등학생이었던 5명은, 강제 억류 사실을 밝히는 것이 그나마 용이한 경우이다.

물론 이 경우에도 김영남의 사례는 남측의 납북 추정이 얼마나 취약할 수 있는지를 명백히 보여주었다. 2006년 7월 초 김영남의 기자회견 전까지 많은 사람들은 김영남이 공작원에 의해 납치되었다고 믿어 의심치 않았다. 남파 공작원 출신의 증언이 있었기 때문이다. 그런데 정작 본인은 바다에 표류하고 있었다는 증언을 했다. 그가 강제 납북을 당했는지, 공작원들이 그의 생명을 '구조' 했는지가 불분명해진 것이다. 또 구조되었다 하더라도 북에 잔류하게 된 경위가 문제될 것이다.

이처럼 전후 '납북인' 의 경우는 예기치 못한 난관에 부닥칠 가능성이 있지만, 그 진위 여부를 가리기는 상대적으로 쉬운 편이라고 할 수 있다. 그러나 전쟁시기의 경우는 매우 많은 난관이 존재한다. 전쟁시기에는 당연히 피랍이 있을 수밖에 없었겠지만, 그들과 자진 월북인을 어떻게 구분해낼 것인가의 문제는 결코 만만한 문제가 아니다. 더구나 북측 정부가 단 한 명의 납북인도 없다는 강경한 입장을 취하고 있는 상황임을 감안한다면 구분 가능성은 더욱 희박해진다.

전쟁시기 납북의 문제를 거론하기 위해서는 몇 가지 논의가 전제되어야 한다. 먼저 전쟁시기 점령지에서의 통치와 관련된 민간인 체포를 어떻게 해석할 것인가의 문제이다. 통상적으로 교전 상대국의 점령지에서 전쟁과 관련된 적대 행위를 하는 경우, 제복을 입은 무장군인에 한해 포로의 지위가 주어진다.[54] 또한 전쟁 수행과 직접 연관이 있는 고위공무원이나 군사조직에 포괄된 공무원의 경우는 사정에 따라 포로로 대우받을 수 있다. 그러나 일반 하위직 공무원을 포함한 민간인은 포로가 될 수 없다. 이들을 체포하거나 구금·납치할 수 없는 것이다. 다만 간첩 행위나 일반 범죄 혐의로 체포된 경우는 다르다.

전쟁 중 점령지에서 상대국의 범죄 행위자를 체포하는 것은 정당한 행위로 볼 수 있지만, 체포의 원인이 된 범죄 행위를 입증할 수 있는가는 다른 문제이다. '납북'의 경우 북측이 체포·구금·연행한 사람들이 어떤 '범죄'를 저질렀는지를 먼저 규명해야 하는 문제에 봉착하는 것이다. 물론 이때도 대상자가 스스로 월북한 것이 아니라 체포·구금·북송되었다는 사실을 북측이 인정할 경우에나 가능한 일이다.

극단적인 논리이기는 하지만, 전쟁이 어느 일방의 승리로 종결되었다면 문제 해결은 오히려 쉬웠을 것이다. 그러나 우리의 경우 전쟁은 원점에서 종결되었고, 다수의 사람들이 적지에 남게 되었다. 정전협상 과정에서 이들을 어떻게 처리해야 하는가의 문제가 제기되고 해법이 모색되어야 마땅했지만, 이 문제가 협상 테이블에 공식 의제로 오른 적은 없었다. 준군사조직원인 빨치산이나 치안대(유격대)에 관한 논의조차 진행되지 못했던 상황을 고려한다면, 그런 여유는 사치로 여겨졌다고도 할 수 있다.

상황이 이렇다 보니 전쟁 중 북측이 '체포'해 북송한 이들을 두고 남측에서 '납치'라고 주장하는 상황이 발생했다. 북측 정부 또한 전쟁기간 동안 남쪽으로 이동한 피난민들을 국군과 유엔군에 의한 '피랍인'이라 주장했다. 물론 이 경우는 원자폭탄 투여 소문이나 가공할 만한 공습의 공포 등 전쟁 수행 과정에서 발생한 요인에 의한 피난민이 대부분이라는 점에서, '납북인'과는 차이가 있다. 그러나 그것이 '납북인'과 비슷한 과정을 거친 '납남인'의 존재가 전혀 없다는 증거가 되지는 못한다.

한편 '납치' 문제는 전쟁 중 '민간인 학살' 문제와도 직접적으로 연관돼 있다. 북의 경우 남쪽의 공무원을 중심으로 한 민간인에 대해 대대적인 '체포'와 '연행'을 자행하면서 재소자와 민간인을 학살했다는 사실이 확인되고 있다. 마찬가지로 남측도 점령지에서 공산당과 인민위원회 관련자들을 중심으로 민간인을 광범하게 학살했을 가능성이 충분히 존재한다.

그런데 이들 피학살자는 쌍방에 의한 체포·연행의 대상자와 일치하는 경우가 많았을 것이므로, 결국 체포·연행되어야 할 사람이 학살된 경우도 많았을 것이다. 결국 납치에 대한 책임 문제는 민간인 학살에 대한 책임 문제와 불가분의 관계에 놓일 수밖에 없다.

　이밖에도 살펴야 할 요인은 매우 많다. 중도파 정치인이나 민족주의 정치인의 일부는 남과 북을 모두 같은 조국으로 여기거나, 동족상잔의 비극에 좌절하면서 스스로 피난 가야 할 이유를 찾지 못한 경우가 적지 않다. 또한 여러 가지 이유로 적지에 남게 된 후, 적극적인 협력행위의 흔적을 남긴 정치인들도 어렵지 않게 발견할 수 있다.[55] 이들과는 달리 후퇴시기 물자 수송이나 전쟁 막바지 전후 복구 인력 확충 등의 필요에 의해 일반 민간인을 대량으로 '동원'한 경우도 확인된다. 대량으로 동원된 이들은 전쟁시기 북행자들 중 가장 납북에 가까운 경우로 여겨지지만, 이 또한 북측의 대응 여하에 따라 그 규정이 쉽지만은 않을 것이다.

　이처럼 전쟁시기 '납북' 문제는 어느 것 하나 만만하게 규정될 수 있는 것이 없다. 그렇다고 납북의 존재를 부정할 수도 무차별적으로 확장할 수도 없는 노릇이다. 그 때문에 남과 북은 관련 회담에서 '실향사민', '포괄적 이산가족', '전쟁시기와 그 이후 소식을 알 수 없게 된 사람들' 등과 같이 남북의 현실정치가 용납할 수 있는 새로운 용어를 개발하여 사용해왔다.

　현실정치와 마찬가지로 학술적 측면에서도 '납북'은 정황 증거와 물적 증거가 명백할 때에만 사용할 수밖에 없다. 결국 해방 이후부터 지금까지 모든 시기를 관통하는 '납북'의 의미를 규정하자면 "남북 분단의 상황이 발생한 때부터 지금까지 이남 출신의 민간인이 북측 당국의 부당한 개입으로 인하여, 자신의 의사에 반함에도 불구하고 거주지를 북으로 옮기게 된 것" 정도로 규정할 수 있겠다. 현재 납북인은 이러한 조건이 충족된다는 사실이 공적으로 확인된 경우에 한해서만 호칭하는 것이 타당해 보인다. 반면에 '납남'이나 '납남인'의 경우는 그 행위 주체가 남측 당국인 경우이다.

월북과 납북 사이: '재북 이남인' 그리고 디아스포라

월북과 납북의 개념을 간단하게나마 정리해봤지만 여전히 개운하지는 않다. 앞에서도 언급했듯이 월북과 납북을 입증하기 힘든 경우뿐 아니라 정황으로 보아 월북으로도 납북으로도 규정하기 어려운 사례가 적지 않기 때문이다. 이들에 대한 호칭은 경우에 따라 다르게 부를 수밖에 없다. 예를 들면 '재북 정치인' 또는 '입북 정치인', '이남 출신 재북 민족주의자' 등과 같은 용어를 한정적으로 규정해서 사용하는 것이다.[56] 이처럼 월북, 납북, 그리고 그 사이의 인사들을 모두 포괄할 수 있는 용어를 규정하는 것은 매우 어려운 일이다. 그런데 이들의 공통점은 강제적이든 자발적이든 자신의 거주지와 활동공간을 이북으로 옮겼다는 점이다. 이 점에 주목해서 필자는 이들을 통칭해 '재북 이남인'으로 부를 것을 제안한다.

이들에게 '한국인' 또는 '남한인'이 아닌 '이남인'이란 용어를 붙인 이유는 현재 이들의 국적이 조선민주주의인민공화국이라는 점을 감안했기 때문이다. 또한 대부분의 월북, 납북인이 발생한 전쟁시기에는 국적 개념이 확고하지 않았다는 점을 고려했다.(이러한 논리를 확장한다면 '월남인'을 38선 또는 군사분계선 이북 지역에서 이남 지역으로 이동한 사람들을 통칭하는 의미로 사용할 때는 '재남 이북인'으로 부르는 것이 좋겠다.) 또한 '이남'이라는 용어는 해방 이후 전쟁 시기까지의 38선과, 전쟁 이후의 군사분계선을 경계로 하는 개념을 모두 포괄할 수 있는 장점도 있다.

한편 '재북 이남인'이란 용어는 무엇보다 이데올로기적 우위를 유지하려는 남북 당국의 첨예한 이념 대립을 비껴갈 수 있다. 또한 이 용어는 월북과 납북의 문제를 이산(Diaspora)의 문제로 이해하는 것과 연관돼 있다. 디아스포라의 관점은, 국제법적 관점이나 인권적 관점 등 다양한 시각을 동원한 학술적인 접근이 턱없이 부족한 상황에서 현실 문제를 풀어가는 데 매우 유용한 시각이다.

월북자의 가족이든 납북자의 가족이든 이들은 모두 가족과 재결합하기를 염원하는 이산가족이며 분단의 희생양임에 틀림없다. 디아스포라는 애초에 서구 학계에서 유태인의 분산을 의미하는 용어로 사용했지만, 현재는 "이주민, 국외로 추방된 난민, 초빙 노동자, 망명자 공동체, 소수민족 공동체와 같은 용어도 포함하는 보다 폭넓은 의미"로 규정하는 점에 비추어보아도 설득력이 있다. 이 규정에 맞추어본다면 월북은 정치적 망명의 성격을 가진 디아스포라이며, 납북은 강제 이주의 성격을 갖는 디아스포라이다.[57]

월북과 납북이 각기 다른 성격을 지닌 디아스포라인 것은 학문적 관점에서 당연한 이야기이지만, 이는 남북의 정치현실에서 공통의 개념으로 설정될 수 있는 부분이기도 하다. 그래서 역사적으로 월북과 납북 문제를 다룰 때, 남북이 사용했던 용어들은 모두 디아스포라의 개념을 차용하거나 인도적 개념의 용어로 치환해 불러왔다. 이는 또한 공식적으로 납북자가 없다는 북의 주장을 절대적으로 뒤집을 수 있는 증거도, 그 주장을 신용할 수 있는 상호 신뢰도 부족했기 때문이었다. 월북과 납북, 또는 월남과 납남을 둘러싼 남북의 대립은 학문적 연구와 인도적 관점의 확대를 통해서만 해결될 수 있다. 마찬가지로 월북과 납북이라는 용어도 그 과정 속에서 더욱 면밀하고 적확한 용어로 규정되어 나갈 것이다.

동포와 민족

김동택

우리에게도 친숙한 북한의 노래 가운데 하나는 "동포 여러분 형제 여러분 이렇게 만나니 반갑습니다"라고 시작한다. 이 노래를 들을 때마다, 우리는 동포와 형제라는 단어에서 분단과 통일 그리고 민족을 떠올리게 된다. 이 때 동포와 형제는 남북한이 하나의 민족이라는 것을 강하게 함의하고 있다. 마찬가지로 재일동포, 재미동포, 재중동포라는 말에도 피를 나눈 같은 민족이라는 의미가 짙게 담겨 있다. 이렇듯 오늘날 '동포(형제)'라는 단어는 하나의 민족을 뜻하며, 따라서 다른 민족과는 분명하게 구별되는 경계를 함축하고 있다. 그러나 동포의 의미가 원래부터 경계선이 분명한 인종 집단을 지칭하는 뜻으로 사용된 것은 아니다. 그것은 보다 포괄적인 의미의 인간집단을 지칭했으나, 근대에 들어서면서 다양한 의미로 사용되다가 점차 오늘날의 민족이라는 것에 가까운 의미로 사용되고 있다.

본래 동포라는 단어의 사전적 의미는 '포태(胞胎)를 같이한 것, 즉 형제(兄弟)'를 의미한다. 이는 『시경』에 처음 등장하는데, 포(胞)는 태아를 감싸고 있는 막을 의미하며, 동포(同胞)는 형제를 다르게 부르는 말이라고 여겨진다. 이런 맥락에서 동포라는 단어는 형제라는 단어와 더불어 사용되는 경우가 많았다. 그러나 동포라는 단어는 굳이 피를 나눈 친형제에 한정되어 사용되지는 않았다. 왕이 백성들을 부를 때 동포라는 말을 사용하기도 했는데, 왕과 백성의 관계는 가족, 즉 부모와 자식 혹은 형과 아우가 됨으로서 그 친밀성이 더욱 높아지는 효과를 갖고 있었다. 나아가 동포는 그 범위가 더욱 확장되어 사용되기도 했는데, '우주의 기를 나누어 가진 사람'을 동포로 해석함으로써, '보편적인 인간'을 의미하기도 했다.

여기서 우리는 동포라는 단어가 갖는 두 가지 특징을 짐작할 수 있다. 첫째, 동포의 경계가 갖는 애매성이다. 동포라는 단어는 형제로부터 인류에 이르기까지 그 외연과 내포가 넓으며, 따라서 그것이 함의하는 것이 정확하게 무엇인가는 주어진 상황에 따라 변화할 수 있다는 것이다. 둘째, 동포가 함의하는 사회적 위계의 애매성이다. 동포는 평등성과 위계성을 모두 함의하고 있다. 한편으로 동포는 모두 같은 사람들을 뜻하지만 다른 한편으론 군신, 부모, 형제라는 엄격한 사회적 위계를 뜻하기도 한다. 어떤 의미가 더 강조되고 있는 것인지는 상황적 맥락에 따라 판단해야 한다.

동포의 이러한 애매성이야말로 역설적으로 그것이 근대로의 이행이라는 애매하고도 혼란스런 상황에서 유용하게 사용될 수 있었던 이유였다. 『독립신문』에 등장하는 동포의 의미를 살펴보면, 흥미롭게도 당시 확산되고 있던 기독교의 의미가 상당 부분 들어가 있었다. 일종의 종교적 보편주의가 동포라는 단어를 통해 등장하는데, 기독교의 형제애라는 개념이 동포라는 단어를 통해 표현되었다고 생각할 수 있다. "하느님이 위에 계시사 …… 우리가 모두 동포지인"이라는 표현이 바로 그러한 사례인데, "세계 동포 형제"라는 표현이나 "사해 백성이 다 같은 동포"라는 보편주의적 사고를 『독립신문』에서 찾아보기란 그리 힘든 일이 아니다. 기독교의 보편주의가 유교적 보편주의를 절묘하게 대체하고 있는 것이다.

그런데 동포의 보편주의는 그 안에서 두 가지 서로 다른 경계선을 동시에 내세우고 있었음을 눈여겨볼 필요가 있다. 첫 번째 경계선은 기독교와 대척점에 있는 비기독교적 종교에 대한 적대적인 시각이다. 『독립신문』의 논조는 기독교를 주체로 하여 다른 종교를 타자화시키고 있다. 대표적인 경우가 이슬람교에 대한 차별적인 언사이다. 두 번째 경계선은 인종적 경계이다. 흔히 당시에 인종은 백인종, 황인종, 흑인종으로 구분되었는데, 『독립신문』은 흔히 황인종을 주체로 하여 다른 인종을 타자화시키고 있다. 여기에서는 백인종을 한편으로는 배워야 할 문명을 가진 인종으로, 다른 한편으로는 침략을 자행하는 경계의 대상으로 설정하고 있으며, 후자의 입장에서 "대한·일본·청국은 동양에 가장 중요한 나라로 인종이 또한 같은 동포 형제"들이며 "일본 형제"를 본받아야 함을 역설하기도 했다.

이렇게 다양한 함의들 가운데서, 근대의 진행과 더불어 가장 주목해야 할 용법이 바로 요즈음의 '민족'이라는 개념과 관련된 것이다. 동포가 갖는 보편주의는 국가간체제(inter-state system)하에서 부딪히게 되는 외세의 압력 속에서, 생존을 위한 담론으로 그 내용을 바꾸게 되었다. 물론 그러한 압력의 주체가 서양으로 인식될 경우 그에 대한 대항 주체로 동양이 동포를 의미하게 되겠지만, 궁극적으로 국가의 시대였던 당시의 상황에서, 국가들의 압력에 대응하기 위한 내부적인 자원의 동원을 위해 동포의 의미는 요즈음의 민족으로 불리는 내용을 점차 강화시킬 수밖에 없었다.

그러나 이 과정 또한 순탄하지는 않았다. 『독립신문』에 나타난 여러 사용법을 검토해보면 처음에는 동포의 개념이 문명개화나 충군애국정신과 병렬적으로 놓여 사용되고 있음을 알 수 있다. 즉, 문명개화나 충군애국에 동의하지 않는 사람들은 동포가 아니었다. 그러나 만민공동회가 개최될 무렵에 오면 충군의 의미가 떨어져 나가면서 한 나라의 경계선 내에서 평등한 인간집단으로서의 동포라는 의미가 점차 강화되어갔다. 이즈음에 와서야 오늘날 민족에 버금가는 의미로, 즉 평등한 정치적 주체를 함의하는 의미로서 동포가 사용되었던 것이다. 만민공동회가 개최될 무렵에 사용되었던 동포라는 단어에서는 정치적 동원을 위한 호명이 작동함과 동시에 황제권에 대한 타자이자 정치적 주체로서의 인민이라는 내용이 점차 강화되어갔다.

완전한 피치자로서의 백성과 주권을 가진 주체로서의 국민, 혹은 민족 사이의 과도기를 어설프게나마 메운 것이 바로 이 '동포'라는 개념이었다. 이때 동포는 정치적 참여를 요구하는 강력한 함의를 가진 용어로 등장하고 있다. 그것은 내부의 평등과 정치에 대한 관심과 분발·행동을 요구하는, 그러나 여전히 정형화되지 않은 대상이자 주체를 표현하는 용어였다. 정치적 동원을 위해 무정형화된, 그러나 그 의미에서 강력한 내적 친밀감을 갖고 있었던 동포가 민족, 국민이라는 용어를 대신하여 사용되었던 것이야말로 당시의 역사적 상황을 역설적으로 보여주는 것이 아닐까 싶다.

이러한 방식으로 동포라는 단어는, 정치적·역사적으로 명백한 경계를 갖는 민족이라는 개념이 등장하고 활발하게 사용되었던 1908년 이전까지 그것을 애매하게 함의하는 방식으로 자리잡게 되었다. 그런 의미에서 동포는 이후에도 민족이라는 단어와 같이 존재할 수 있는 내용을 가지게 되었다. 비록 『독립신문』에서 등장하는 동포에는 요즈음과 같은 민족 혹은 국민이라는 주체성이 부여되지는 않았으나, 만민공동회를 거치면서 점차 그러한 내용을 갖는 방향으로 나아가고 있었다.

이러한 점을 감안할 때 동포는 민족을 포괄하되 민족이 갖는 명백한 정치적 함의를 우회적으로 표현하는 개념으로 자리잡은 듯하다. 그리고 강력한 정치적 동원성을 갖고 있으면서도 탈정치성을 띤 용어이기에, 식민지하에서도 그리고 해방 이후에도 자주 사용될 수 있었을 것이다. 앞서 글의 시작에서 인용했던 노래의 가사는 강력한 정서적·정치적 함의를 담고 있으면서도 갈등을 유발시킬 수 있는 노골적인 정치성은 드러내지 않으려는 의도를 담고 있다. 이렇게 볼 때 동포라는 단어가 갖는 애매성이야말로 역설적으로 그것의 광범위한 맥락과 정치적 함의를 잘 드러내주고 있다고 하겠다.

현재의 시점에서 보자면, 동포라는 용어는 보편성을 지향하기보다는 민족 혹은 국민국가라는 경계를 둘러싼 한정성을 지향하고 있다. 오늘날 동포라는 단어를 떠올리면서 과거 유교가 지향했던 우주의 기(氣)를 받는 보편적인 인간, 기독교가 지향했던 형제애와 같은 보편주의를 상상하기는 힘들다. 그런 맥락에서 동포라는 개념은 근대의 강력한 영향을 받았다고 할 수 있다. 비록 근대라는 역사적 맥락 속에서 동포는 한정된 경계에 갇히게 되었지만, 탈근대를 추구하는 사람들에게 동포는 민족을 넘어서 추구해야 할 보편적 이상으로, 언젠가는 성취해야 할 과제로 남아 있다. 민족의 경계가 분명하게 추구되기 이전에, 동포가 그것의 등장을 예고하면서도 그것과 구분되는 의미를 동시에 가질 수 있었던 것처럼, 그리고 민족을 호명하기 힘들 때 그것을 대신하는 역할을 수행했던 것처럼, 언젠가 동포는 민족을 넘어서는 인간집단을 상상하는 데 도움을 줄 수도 있을 것이다.

의사와 열사

은정태

근대에 들어 국가와 민족공동체의 위기 상황에 직면하여 그 성원들에게 이를 지키고 되찾자고 호소하기 위해서—혹은 호소하는 과정에서—자의 혹은 타의로 죽음에 이른 자들이 생겨났다. 공동체는 항상 이들의 죽음을 추모하고 역사화하여 기억하려는 행위를 거행했으며, 이들은 그 뜻과 행위에 따라 순국선열, 호국영령, 애국지사 등 다양한 이름군으로 호명되었다. 이 가운데 몇몇 개별 인물은 특정한 용어, 즉 의사(義士), 열사(烈士), 선생(先生) 등으로 호명되어 민족의 영웅으로 국민에게 각인되었다. 일반적으로 김구와 안창호가 항상 '선생'으로 기억되고, 이준은 '열사'로 안중근은 '의사'로 불린다. 물론 유관순의 경우는 예외적으로 온 국민의 '누나'이다.

그러면 어떻게 해서 누구는 의사로, 누구는 열사로 호명하게 된 것일까? 사전적 정의에 따르면, '의사'가 주로 무력이나 행동을 통해 큰 공적을 세운 사람을 가리킨다면 '열사'는 직접적인 행동은 하지 않았으나 죽음으로 정신적 저항의 위대성을 보인 사람을 가리킨다.[58] 특히 열사는 그 죽음이 극적일 경우를 지칭하는 듯하다. 따라서 1907년 헤이그 밀사로 파견되어 칼로 할복했다고 기억되는 이준은 '열사'라 불린다.

의사와 열사라는 말은 성리학적 의리관(義理觀)의 산물이다. 조선시대 여러 사료에서는 대체로 의리를 전유한 계급인 사족(士族)이 평소 의리를 표방하며 의인다운 언행을 보인 가운데, 국가의 위난을 맞아 의거(義擧)를 한 행적을 보일 때 '의사'라고 지칭했다. 국가 존망의 위기를 당하거나 왕위 찬탈의 위기를 당했을 때 사(士)가 목숨을 바쳐 이를 막는 것은 명분에 합당한 순절(殉節)의 의리였다. 이 위기를 막지 못하면 마땅히 침략자나 찬탈자에게 저항하며 타협을 거부하는 것이 절의(節義)를 지키는 길이었다. 물론 사족이 아닌 경우도 '의사'로 표현되었는데, 이때는 '평소 의리를 안다'는 수식이 항상 전제되었다.

반면 '열사'의 경우는 대체로 평민이나 무인이 국가 위난의 상황을 맞아 죽음으로 그 결의를 표현하는 경우를 지칭했다. 의사가 사(士)의 의리라는 명분을 분명히 담은 데 비해 열사는 평민의 일시적인 혈기를 표현하고 있다. 이처럼 조선시대에는 의사와 열사라는 용어에 사족 중심의 신분질서가 작동하고 있었다. 실제로 왕조실록이나 개인 문집 같은 여러 사료에는 '의사'가 '열사'보다 많이 등장한다.

그러나 이런 구별이 명확하지는 않았는데, 이는 '의(義)'와 '열(烈)'이 너무나 가까웠기 때문이다. 원래 '의열(義烈)'이란 말은 '천추의열(千秋義烈)'에서 유래했다. 이 말은 '천추에 빛날 충의로 아주 열렬하게 행동한 인물을 지칭한 것'으로, 그래서 이런 인물을 '의열지사(義烈之士)'라고 불렀다. 이는 '의'를 '열'로 표현한 선비라는 뜻으로, 이 둘은 분리될 수 없는 관계였다. 왕조는 이들의 충의(忠義)를 숭상하고 또 장려하고자 제단이나 사당을 만들어 추모하는 것을 허용했다. 이런 인물이 곧 충신이었고, 충신의사(忠臣義士), 충신열사(忠臣烈士) 혹은 충의열사(忠義烈士)였다.

　의사와 열사의 구별은 신분제적 원리가 더 이상 작동하지 않게 된 근대에 들어 상당한 변화를 보인다. 모든 국민이 국가에 대해 그 의무를 다할 것을 요구받는 '국민의 시대'가 도래함에 따라 오직 독립운동의 대의에 헌신하고자 하는 국민 모두는 의사가 되고 열사가 될 수 있었다. 평소 의리를 알고 있었는가의 여부와 사족인지 평민인지는 그 구별에 전혀 고려되지 않았고, 오직 행동에 따른 구별만이 남게 되었다. 의거를 한 이는 기본적으로 의사였으며, 극적인 죽음으로써 자신의 대의를 표현한 경우에 한해 열사로 호명했다. 그렇다고 해도 이런 구별이 분명하게 의식되면서 사용된 것은 아니었다. 식민지하에서 독립운동의 대의는 항상 '열'로만 표현될 수밖에 없었기 때문이다.

　실제로 1910년대 해외망명 독립운동세력이 안중근을 지칭할 때 그는 '의사'이기도 했고 '열사'이기도 했다. 1920~30년대 총독부나 친일 기관의 파괴공작 혹은 천황이나 총독 등 요인 암살을 통해 독립을 쟁취하려던 의열단이나 한인애국단이 등장하자, 이후 의열(義烈)이 어떤 의미를 지니는지 민중에게 분명히 각인되었다. 애국과 독립이라는 대의를 '열'로 표현했다는 점에서 근대에 들어서도 두 용어는 밀접한 관련을 맺고 있다. 1975년에 간행되었던 윤봉길 전기의 표제는 『천추의열 윤봉길(千秋義烈 尹奉吉)』(임중빈, 인물연구소)이었다.

　해방 이후에도 의사와 열사는 계속 혼용되었다. 1946년 4월 29일 서울운동장에서 열린 '윤봉길 거의(擧義) 기념대회'를 기사화한 『동아일보』는 "이제 조국의 무릎에 고이 잠들라 대의에 생명 바친 **윤 열사**의 영명(靈明)이! 삼십만 겨레의 가슴 깊이 흐른다. **윤 의사**의 피눈물과 감격도 새로운 기념식전(記念式典)"(강조는 인용자)이라고 했다. 이처럼 윤봉길은 그의 의열투쟁을 통해 의사이자 열사로 기억된 것이다. 1949년 『조선독립순국열사전(朝鮮獨立殉國烈士傳)』(박태원, 유문각)은 1905~10년 사이의 민족 영웅을 대상으로 약전(略傳)을 기술했는데, 민영환은 충정공(忠正公), 이준은 지사(志士), 안중근은 의사(義士), 이재명은 지사로 호명하고 있다. '열사전'이었지만 열사로 지칭된 인물은 전혀 없었다.

이처럼 의사와 열사를 민족 영웅으로 추모하고 기념하던 식민지시기와 해방 초기까지도 특정 인물을 의사로만 혹은 열사로만 호칭하던 공식기억은 없었다. 신분제적 원리에 기초해서 다소 분명했던 양자의 구별은 모든 국민에게 애국과 독립이라는 대의를 추구할 수 있는 자격이 부여되면서 모호해진 것이다. 그러면 안중근을 반드시 의사로, 이준을 반드시 열사로만 호명하여 기억하려는 행위는 언제 시작된 것일까?

1956년 한 독자가 신문사에 흥미로운 질문을 던졌다. 역사책이나 신문이나 잡지에 '의사'라는 말과 '열사'라는 말이 사용되는데, 양자를 어떻게 구별하여 사용할 것인가 하는 물음이었다.[59] 한글학회 회원인 답변자는 어원을 따지며 '의사(義士)=중의지사야(重義之士也) 열사(烈士)=중의경생지사야(重義輕生之士也)'로 구별된다며, "의사는 오랜 시일을 두고 나라를 위하여 장중한 행동으로 옳은 일을 행하기 위하여 부단히 투쟁한 분을 결과적으로 이르는 말"이고, "열사는 비교적 단시일에 적극적 행동으로 불의를 응징하기 위하여 열렬하게 투쟁한 분을 이르는 말"이라고 했다. 그래서 "의사는 장시일인 반면에 열사는 단시일이고, 의사는 비교적 소극적이라면 열사는 여기에 비해 적극적이며, 열사는 그 행동이 열렬하다 하면 의사는 그 행동이 장중하며, 의사는 이성적인 발로요 열사는 충격적인 행동이라고 할 수 있을 것"이라고 보완 설명했다. 그러면서도 "열사라도 의를 전제로 하지 않고는 있을 수 없고, 의사도 적극성이 없을 수 없다"라며 양자를 구별하기는 어려운 것이라고 매듭지었다. 다만 그 일생을 보아 어느 편이 중점인가를 살펴 판단할 문제라고 했다. 의사와 열사를 구분해서 사용하는 데 대한 최초의 의문과 답이 아닐까 생각한다.

그러면 1950년대 이처럼 의사와 열사를 구별하려는 의식이 등장한 계기가 궁금해진다. 이것은 한국사에서 대표적인 열사로 각인된 헤이그 밀사 이준의 사인(死因)을 둘러싼 논란 때문이라고 추측된다. 1956년 이준의 사인이 할복자살이 아니라 병사(病死)라는 주장이 학계와 언론계를 통해 강하게 제기되었다. 이미 이병도의 『국사대관』과 김상기의 『우리나라 역사』에는 이준의 할복자살설이 사라졌다. 당시 역사학자들은, 학자는 사실을 기록해야 하며 할복자살설이 상해 임정 수립 후의 선전 교재를 통해 많이 알려졌는데, 이는 애국심 고취의 목적에서 의도적으로 기술된 것이라 보았다. 곧 할복자살설은 만들어진 기억이라는 것이다. 사건과 가장 가까운 기록인 『대한매일신보』와 『황성신문』 간에도 다소 차이가 있어서, 1907년 7월 18일자 『대한매일신보』의 기사 제목이 「의사가 자결」이라면, 1907년 7월 19일자 『황성신문』의 기사 제목은 「이씨자살설」이었다.

1956년 이준의 병사설을 전하는 『동아일보』의 기사 제목은 「반세기 동안의 '열사'는 어디로」였다.[60] 이 제목은 만약 이준의 사인이 병사라면 열사라 칭할 수 있을지에 대한 의문을 표현하고 있다. 이에 대해 이준열사기념사업회 측은 강하게 반발했다. 학계에서도 입장이 통일되지 않았는데, 1957년 헤이그에 소재한 이준의 무덤을 참배하고 답사기를 기고한 사

학자 유홍렬은 할복자살설을 견지하고 있었다.[61]

학계와 언론계 및 후손 사이에서 이준의 사인을 둘러싼 논란이 계속되자 문교부와 국사편찬위원회는 여러 사료와 증언을 수집하고 수차 논의했다. 1962년 최종적으로 내려진 결론은 '할복자살설은 근거 없는 것이지만 나라를 위해 일을 하다가 타국에서 별세한 만큼 분사(憤死)라는 용어 대신 순국(殉國)이라는 용어를 사용' 하자는 것이었다. 즉, 사인에 대한 분명한 입장은 밝혔지만, 이준이 열사인지 여부에 대한 공식 입장은 밝히지 않은 것이다. 의사와 열사라는 호칭은 이후 국가 공식 용어로 사용되지 않았고, 법률적으로는 '독립유공자(순국선열)' 라는 호칭이 사용되었다.

정리하자면 이준의 사인을 둘러싼 논란 과정에서 의사와 열사를 구별하려는 의식이 등장했고, 열사는 극적인 죽음이라는 행위에 보다 초점을 두어 이해하려는 의식이 분명해졌다고 하겠다.

1958년 출간된 오재식의 『항일순국의열사전(抗日殉國義烈士傳)』은 의사와 열사를 분명하게 구별하여 기술하고 있다. 몇몇 독립운동가의 약력을 소개하면서 열사로는 헤이그 밀사였던 이준, 종로서 습격 후 자결한 김상옥, 일본 군사시설과 경찰서를 습격하다가 체포돼 무기형을 언도받은 후 옥사한 오동진, 동양척식회사와 식산은행에 폭탄 투척 후 포위망 속에서 자결한 나석주 등을 거명했다. 의사로는 안중근, 이봉창, 윤봉길, 백정기, 편강렬, 강우규, 송학선, 전명운, 장인환 등을 언급했다. 여기에 열사로 분류된 사람들은 대체로 의열단 관계자로 거사 현장에서 자결로 죽음을 맞는 경우였다. 참고로 유관순은 '순국처녀' 였다.

1980년 민족문화협회가 민족운동총서로 발간한 『의사와 열사들』에는 권총이나 폭탄을 가지고 적을 습격하거나 처단한 인물을 의사라고 한다면 열사는 굳은 절개를 지키고자 자결순국한 분을 말한다고 쓰여 있다. 특히 열사는 보수적 충절이라 할 수 있을 것으로 대체로 그 시기는 '을사조약' 과 한국병합 전후가 될 것으로 보았다. 그 결과 이 책에는 한말 '을사조약' 과 한국병합 과정에서 음독 자결한 민영환, 이한응, 조병세, 홍만식 등 다수의 유자들이 '열사'로 지칭되고 있다. 그리고 앞서 열사로 지칭되었던 나석주는 '의사'로 보았다. 민족문화협회가 열사의 범주를 이렇게 설정한 것은 1970년대 국난극복사관 대두 이래 한말 유생의병의 국권회복운동을 근대민족주의와 연결시켜 긍정적으로 평가하려는 입장을 반영했기 때문이다.

1980년대 민주화운동과 노동운동 과정에서 수많은 열사가 등장했다. 노동해방열사, 민족해방열사, 통일열사 등은 독재 권력에 의해 혹은 스스로 몸을 불살라 죽음을 맞은 노동자, 농민, 학생 등이었다. 정권이 곧 국가를 자처하고 있던 상황에서는 성리학적 의리관이 담지되어 충의를 상징하던 '의사'라는 용어가 거의 사용되지 않았다. 그들은 대체로 젊었고 죽음으로 그 대의를 드러내었기에 항상 '열사'로 기억되었다. 그리고 이들을 '열사'로 호명한 것은 정부가 아니라 민중운동세력 스스로였다.

이처럼 1970년대 이후 국난극복사관에서 호명한 '열사'와 1980년대 민중운동세력이 호명한 '열사'는 분명히 차이가 있었다. 호명 주체와 대상 그리고 '열'로 표현하려 했던 '의'가 분명히 달라졌기 때문이다. 이는 시대상의 반영이라 하겠다. 그렇지만 죽음을 둘러싼 규정이었다는 점, 그리고 죽은 자를 호명함으로써 현실을 극복하려는 의식이었다는 점에서는 동일하다.

한편 사회주의 국가인 중국과 북한은 '의사'라는 용어를 거의 사용하지 않으며 '열사'라는 용어만을 사용하고 있다. 현재 북한에서는 혁명열사와 애국열사로 구분할 뿐이며, 김일성가(家)와 빨치산, 그리고 '조국통일'

을 위해 투쟁한 사람들은 모두 열사로 기념되고 있다.

　조선시대 의사와 열사라는 용어는 사(士)의 순절과 관련된 성리학적 의리관을 담지하고 있어서 신분제적 원리가 작동되어 구별해서 사용되었다. 물론 의열지사가 상징하듯이 이 둘은 결코 분리될 수 없는 용어였다. 이로부터 출발한 두 용어는 성리학적 세계관이 무너진 근대에 들어서면서 명확히 구별되지 않았다. 의사와 열사를 대중적으로 기억했던 식민지시기와 해방 후에도 두 용어는 혼용되었다. 이것은 모든 국민이 의사로 호명될 수 있었기 때문이다. 다만 극적인 죽음을 맞이한 인물에 한정해 열사라고 호명하려는 의식만은 남게 되었다. 1950년대 이후 두 용어의 구별이 시도되지만 명확히 이루어질 수 없었고, 자의적 규정이나 어의(語義)상의 구분 이상으로 나아가지는 못했다. 현재 특정 인물을 의사 혹은 열사라고 칭하는 것은 국민적 상식이 되어 거의 관습적 영역으로 남아 있다. 두 용어를 아우르는 용어 혹은 두 용어의 정확한 규정이 필요할지 또한 의문이다.

　현재 우리는 열사와 의사가 없는 시대에 살고 있다. 그러나 최근 생활상에서 의로운 행동을 한 이를 들어 '의인(義人)'이라는 용어를 사용하는 것에서 알 수 있듯이 시대가 새로운 '의'를 추구하는 한 애초 의사와 열사가 담지하고 있던 어의는 더 많은 뜻을 내포하거나 혹은 변용될 것이다. 민족 영웅에 대한 의사와 열사의 관습적 구별과 함께 국가공동체가 아닌 생활공동체에 헌신한 인물에 대한 기억과 용어의 적용은 공동체의 요구이기 때문이다.

근현대 정치범의 다양한 이름

최정기

우리나라의 형벌과 감옥의 역사를 기록한 『한국교정사』(법무부, 1987) 285쪽을 보면 1910년도 당시 전주감옥에 수감되어 있던 죄수들의 사진이 있다. 열댓 명의 한복을 입은 죄수들이 앉아 있는 모습인데, 사진에는 당시 일제에 항거하다 체포된 호남 지역 의병장들이라는 설명이 첨부되어 있다. 1910년도라는 시기는 우리나라에 감옥이라는 근대적인 제도가 처음 도입되던 시기인데, 처음 설치된 감옥의 수형자들이 의병장이었다는 것은 감옥의 정치적 성격에 대하여 시사하는 바가 크다. 즉, 구조적으로 볼 때 감옥은 해당 사회의 질서 유지 및 재생산에 장애가 되는 요소들을 통제하는 시설인 것이다.

그런데 사회질서의 유지 및 재생산이라는 점에서 볼 때 범죄를 구성하는 행위는 일반적인 범죄와 정치적 성격을 갖는 범죄라는 두 개의 범주로 나누어서 생각할 수 있다. 즉, 기존 사회체제 내에서 별다른 정치적 목적 없이 이루어지는 범죄와 그 체제에 반대하면서 특정한 정치적 목적을 갖는 범죄가 있는 것이다. 예를 들어 절도나 강도·살인 등의 행위가 전자라면, 쿠데타나 혁명을 기도하는 행위는 후자라 할 수 있다.

여기서 문제가 되는 것은 후자의 범주이다. 전자의 범주는 그냥 범죄자로 부르면 되지만, 후자의 경우에는 보는 입장에 따라 매우 다른 가치가 부여되기 때문이다. 즉, 앞에서 제시한 의병장의 경우와 같이 한국인의 입장에서는 애국적인 행위로 칭송받아 마땅한 행위가 식민지 권력의 입장에서는 매우 중대한 범죄 행위가 되는 것이다. 그런 만큼 정치적 성격을 갖는 범죄에 대해서는 다양한 개념이 성립하고 있다. 예를 들면 정치범, 사상범, 양심수, 반역죄인 등이다. 한 가지 주목할 만한 사실은 지배권력의 입장에서는 이들에게 별다른 명칭을 부여하기보다는 일반 범죄자로 취급하려는 경향이 있다는 점이다. 예를 들어 일제 식민지하에서도 의병장들은 강도나 절도 등의 죄목으로 법적 처벌을 받은 경우가 많았다. 반면에 이들의 행위가 갖는 정치적 의미를 강조하는 입장에서는 비록 그들의 행위가 현행법상 일반 범죄에 해당하더라도 정치적 의미가 살아 있는 개념을 부여하려고 한다.

우리나라의 근현대사를 돌이켜보면 다양한 형태의 정치적 성격을 갖는 범죄자들을 발견할 수 있다. 그것은 우리의 근현대사에서 발견되는 정치권력의 성격 때문이라고 생각된다. 즉, 우리의 근대는 일제의 식민지라는 군국주의적인 통치로 시작되었으며, 해방 이후에는 치열한 좌·우익 사이의 갈등과 이로 인한 분단체제를 거쳤고, 이 과정에서 매우 억압적이고 권위주의적인 정치권력의 지배를 받아왔다. 이와 같은 정치권력의 특성 때문에 정치적 성격을 갖는 수많은 범죄자들이 양산되었다고 볼 수 있다.

그렇다면 이들 정치적 성격을 갖는 범죄자를 지칭하는 개념은 어떻게 정리할 수 있을까? 여기에도 정치적 견해에 따라 서로 다른 두 개의 입장이 있다. 그중 하나는 서승이 『옥중 19년』에서 제시한 수형자 분류인데, 이는 범죄로 규정되는 행위를 중심으로 그 개념들을 구별하는 방식이다.[62] 다른 하나는 한옥신의 박사학위논문인 「사상범죄의 실증적 연구」에서 인용한 한국 정부(공안 관련 부서)의 입장인데, 체제에 대한 위협의 정도를 기준으로 개념을 분류하는 방식이다.[63]

먼저 정부 공안 관련 부서의 입장은, 공식적으로 정치범과 관련된 명확한 개념을 제시한 바는 없지만, 형법 체계상 정치범이라는 개념을 인정하지 않는다는 것이 통설이다. 다만 좌익사범과 관련하여 공안사범과 공안관련사범을 구별하면서, 공안사범에 대해서는 사상범이라는 용어를 사용한다는 정도이다. 실제로 교도소에서의 '처우분류급의 판정기준'을 보더라도, "불번의(不翻意)한 정치적·종교적 및 사상적 확신범으로서 특수처우를 하여야" 할 대상을 C급으로 규정하면서 구체적으로는 불번의한, 즉 전향하지 않은 좌익사범만을 하나의 범주로 설정하고 있다. 다시 말해 우리나라 공안 관련 부서의 입장에서는 사상범이 있을 뿐이지 정치범은 없는 것이다.

반면에 서승의 분류에 따라 정치범 관련 개념들을 분류하면 다음 표와 같다.

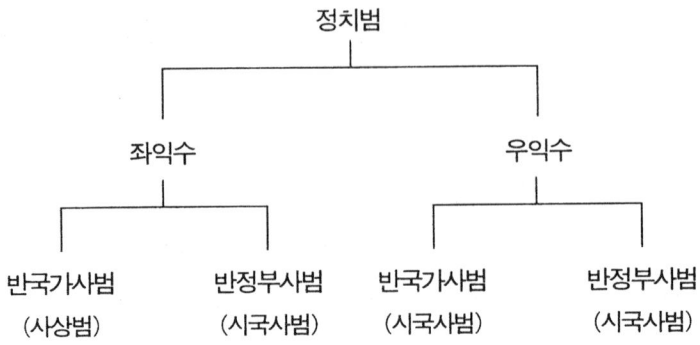

위 표에 따르면, 우선 정치적 성격을 띠는 범죄자를 지칭하는 가장 일반적인 개념은 정치범이다. 여기서 정치범은 국가의 정치적 질서를 변혁할 목적으로 범죄를 구성한 수형자를 지칭한다. 한국의 경우에는 반국가적, 반정부적 신념이나 동기에서 비롯된 행위로 수감된 수형자를 가리키며, 대체로 좌익수만을 대상으로 한다. 하지만 '5·16군사쿠데타' 이후나 유신체제하, 광주민주화운동 직후 등 특정 시기에는 야당 지도자나 군 반란사건 관련자 등 일부 우익수도 포함된 적이 있었다.

한국에서 정치범을 분류하는 하나의 방법은 반국가사범과 반정부사범으로 구별하는 것이다. 양자를 가르는 기준은 국가보안법의 적용 여부이다. 즉, 반국가사범은 정부 당국이 공안사범으로 분류한 범주로, 국가보안법 위반자를 말하며, 좌익수 혹은 사상범으로 부르는 수형자들이다.

한 가지 주의할 점은 위의 표에 나타나 있는 우익수이면서 반국가사범인 경우이다. 이 경우는 이념형으로는 존재할 수 있지만, 공안당국에서 그러한 수형자에게 국가보안법을 적용하지 않기 때문에 현실적으로는 존재한 적이 없었다.

한편 반정부사범은 공안관련사범 혹은 시국사범으로 분류되는 범주인데, 순수한 동기를 갖고 있다고 판단되는 수형자들, 즉 학생이나 야당 정치인, 종교인, 지식인, 노동자, 농민, 빈민 등이 현실을 비판하거나 반정부적인 활동을 해서 수감된 경우이다.

이렇게 볼 때 한국의 정치범을 분류하는 가장 적합한 방법은 공산주의자인가 아닌가를 기준으로 사상범과 시국사범으로 분류하는 것이다. 즉, 국가보안법의 적용을 받은 공산주의자는 사상범으로 분류되는 정치범이며, 공산주의자가 아니면서 각종 반국가적, 반정부적 활동을 해서 형벌을 받는 경우에는 시국사범으로 분류되는 정치범이 되는 것이다. 실제로 신문지상에서 시국사범이라는 말이 자주 등장한 것은 1988년경부터였는데, 그 맥락을 더듬어보면 공산주의적 지향 여부를 기준으로 사회운동에 가담한 인사들을 구별하려는 의도가 드러난다. 즉, 1980년대 중반 이후 각종 시위가 빈발하면서 시위에 가담한 사람들 중 공산주의적 지향을 갖는 세력과 일반 시위세력을 구분하려는 의도에서 시국사범이라는 말이 사용되었다.

물론 앞에서 분류한 사상범과 시국사범의 구별이 항상 동일하게 적용되는 것은 아니다. 예를 들면 일제하에서는 시국사범이라는 용어가 없었으며, 모든 반체제 인사들을 사상범으로 규정했다. 즉, 일제시대의 사상범죄 사건에 대한 규정을 보면, ① 좌경사상에 기인한 범죄(치안유지법, 치안경찰법, 폭발물취체규칙 등 위반 범죄), ② 형법 제2편 제1장 제2장의 범죄, ③ 출판범죄, ④ 반동운동에 기인한 범죄 및 반동단체원의 범죄, ⑤ 노동운동 및 노동쟁의에 의한 범죄, ⑥ 농민운동 및 소작쟁의로 인한 범죄, ⑦ 사상을 배경으로 한 수평운동에 기인한 범죄 및 사상을 배경으로 한 수평사원의 범죄, ⑧ 사상을 배경으로 한 소요죄 등을 망라하고 있다. 즉, 오늘날의 사상범 개념에 시국사범 개념까지를 포함한 것이 당시의 사상범이었다.

한편 정치범과 관련된 개념으로 양심수라는 개념이 있다. 양심수는 1970년대 중반쯤 국제사면위원회에서 사용하면서 널리 확산된 개념으로, 폭력을 사용하지 않았는데도 자신의 정치적·종교적 신념이나 민족적 기원, 피부색·언어·국가·사회의 차이, 경제적 지위 등으로 인해 투옥·구금된 모든 사람을 가리키는 말이다. 정치범 규정과 관련해보면 종교적 신념이나 경제적 지위로 인한 수형자까지 망라한다는 점에서 양심수 개념이 좀더 큰 개념이다. 하지만 폭력의 사용 여부가 매우 중요한 기준이라는 점에서 게릴라 등 폭력을 사용한 정치범 일부는 양심수에 포함될 수 없다.

사실 양심수 규정에서 매우 중요하면서 동시에 뜨거운 논쟁이 진행되는 부분이 폭력의 사용 여부이다. 원칙적으로는 폭력을 사용한 경우는 양심수로 인정할 수 없다는 것이 국제사면위원회의 공식적인 입장이지만, 실제로는 어느 선까지 그 원칙을 지킬 것인지 애매한 부분이 많다. 예를 들어 남아프리카공화국의 넬슨 만델라(N. Mandela)의 경우처럼 폭력을 사용했지만 양심수로 규정된 경우도 많으며, 또 폭압적인 권력에 맞서 싸우면서 비폭력의 원칙을 지키라는 것이 올바른 것인지도 논쟁의 여지가 있다. 오늘날 국제사면위원회의 대체적인 판단 경향은 폭력의 사용에 대해 용인의 폭을 넓게 하는 것으로 나타나고 있다.

이상에서 정치범과 그것을 구성하는 하위개념들, 그리고 양심수 개념에 대해 살펴보았다. 그러나 이러한 분류는 그 자체가 시대의 산물이다. 즉, 시기와 상황에 따라 그 개념이 갖는 의미나 개념의 대상에 대한 사법적 처리 과정과 당국의 대응이 달라지는 것이다. 가장 일반적인 정치범 개념마저도 어디까지를 정치적 성격을 갖는 행위로 볼 것인가에 따라 개념의 범주가 달라질 수밖에 없다.

한국에서 사용하는 정치범의 하위범주들은 대체로 반공체제와 관련된 경우가 많으며, 국가보안법의 적용 여부가 중요한 기준이 된다. 그러나 21세기에 들어선 지 오래된 시점에서 20세기 냉전체제의 유물인 국가보안법의 적용 여부가 기준으로 작용한다는 것은 서글픈 일이다. 그렇다면 어떤 개념이 적절한 개념일까? 우선 일반적인 개념으로는 정치범이라는 개념을 사용할 수 있다. 특히 정치적 영역이 사회 구성에서 중요해지고 있는 현대 위기국가의 시기에는 정치범이라는 개념이 중요한 의미를 가질 수 있다. 그러나 양심수라는 개념은 다소 문제가 있다. 우선 그 개념은 폭력의 사용을 기준으로 제시하면서 억압당하는 민중의 손에서 폭력적인 저항을 박탈하려고 한다. 나아가 양심적이지 않은(?) 정치범의 범주에 대해서는 무관심할 가능성이 있다. 이런 점에서 양심수라는 개념은 제한적으로만 사용되어야 할 것이다.

한편 정치범의 하위범주로 사상범과 시국사범을 분류하는 것은 그 자체가 지배권력의 '지배를 위한 분할'로 판단되며, 그렇기 때문에 그냥 사상범으로 부르는 것이 실체를 정확히 표현하는 것이 될 것이다. 이와 관련하여 일제시기에 모든 저항 행위를 사상범죄로 규정한 것은 올바른 표현이었다고 생각한다. 특정한 체제에 저항하는 행위는 그 체제에서 용인하는 정도를 넘어서는 사상의 표현일 것이기 때문이다. 이렇게 볼 때 정치범이라는 일반적인 개념과, 한국의 반공체제와 관련하여 역사적 실체를 지칭하는 사상범 개념이 올바른 개념이라고 생각한다.

재벌기업과 재벌총수

김기원

우리나라에서 재벌이란 말은 여러 가지 의미로 쓰인다. 흔히 "나도 재벌이 되고 싶다"라고 할 때에는 그냥 '큰 부자'를 뜻한다. 그리고 삼성과 같은 거대 기업 그룹도 재벌이라 부르며, 이건희 씨와 같은 그런 기업 그룹의 총수도 재벌이라 칭한다. 재벌이란 용어의 이러한 다의성(多義性)은 사람들 사이의 의사소통뿐만 아니라 올바른 재벌개혁정책의 수립까지 어렵게 만든다. 왜냐하면 재벌개혁에서는 총수의 문제와 기업의 문제 중 어느 쪽에 역점을 두어야 할지를 잘 판단해야 하기 때문이다. 정치를 맡기면 무엇을 가장 먼저 하겠느냐는 질문에 공자가 '必也正名(필야정명)'"이라고 대답한 것이 바로 이 경우에 적용되지 않을까 싶다.

사전은 재벌을 어떻게 정의하고 있을까? 『국어대사전』(금성판)에서는 첫째로, "재계에서 세력 있는 자본가·기업가의 무리. 또는 정부의 지원 아래 성장한 가족·혈족 지배의 대규모 기업집단"이라는 정의와 둘째로, 경제학적으로는 '콘체른'이라는 정의를 제시하고 있다. 한편 일본의 사전(『廣辭苑』)에서는 "거대한 독점적 자본가·기업가의 일단(一團)으로 일족(一族)·일문(一門)으로 이루어진 것. 2차 대전 이전의 미쓰이(三井)·미쓰비시(三菱)·스미토모(住友)·야스다(安田) 등"이라는 정의와 "콘체른의 동의어"라는 두 개의 정의를 제시하고 있다. 여기서 콘체른(Konzern)이란 독일에서 발전한 독점자본의 한 형태로 영어의 'conglomerate'와 같이 여러 업종을 영위하는 복합 그룹을 의미한다.

한국 사전이든 일본 사전이든 총수와 기업 그룹의 의미 둘 다 포함하고 있는 셈이다. 그런데 재벌이란 용어의 발상지인 일본에선 실제로 이 용어가 어떻게 쓰이고 있을까? 재벌(財閥, 영어로는 'Zaibatsu'로 표기함)이란 용어의 첫 출현은 20세기 초 야마지 아이잔(山路愛山)이 『일본금권사(日本金權史)』라는 책에서 정상(政商)이나 재벌을 들먹인 것이라고 한다. 원래 재벌의 벌(閥)은 군벌(軍閥), 학벌(學閥)에서처럼 패거리(일당)를 뜻했고, 재벌은 출신지가 같은 자본가 패거리를 지칭했다. 그러다 이 용어가 1920년대에 저널리즘에 자리잡아가고, 나아가 다카하시 가메키치(高橋龜吉)와 같은 이가 일본 경제를 논하려면 재벌을 대상으로 하지 않으면 안 된다고 하면서 점차 일본 사회에서 보편적으로 사용되게끔 되었다.

이리하여 저널리즘이나 일반인이 '대부호(大富豪)'를 총칭하여 사용하던 것을 경제사나 경영사와 같은 학문 분야에서도 받아들이게 된 셈인데, 학계의 용어 사용법은 일반인의 용법과 다소 달랐다. 일본 학계에서 재벌에 대한 정의는 크게 셋으로 나누어진다.

첫째로, 모리가와 히데마사(森川英正)는 "부호인 가족·동족의 봉쇄적인 소유·지배하에 성립하는 다각적 사업경영체"라고 정의하고 있다. 둘째로, 야스오카 시게아키(安岡重明)는 "재벌이란 가족 또는 동족이 출자한 모(母)회사(지주회사)가 중핵을 이루고, 모회사가 지배하는 기업(자회사)들이 여러 산업을 경영하는 기업집단으로서, 대규모 자회사는 각각의 산업 부문에서 과점적인 지위를 점한다"라고 했다. 이시이 간지(石井寬治)는 같은 취지에서 "동족 지배하에 있는 독점적 지위를 갖는 다각적 사업경영"이라고 간명하게 표현했다. 셋째로, 나카가와 게이이치로(中川敬一郞)는 "가족이라는 본능적 군거(群居)집단의 양태가 사회조직의 기본원리가 되어 있는 전통사회가 선진공업국과의 국제경쟁 속에 강력한 공업화를 급속히 추진하려는 경우에, 그 후진국적 공업화의 경제 주체로서 필연적으로 발생하는 다각적인 기업집단이 재벌"이라고 했다.

모리가와 히데마사의 정의는 국민경제에서 독점력을 갖지 않는 지방재벌까지 포괄하려는 의도에서 나온 것이고, 야스오카 시게아키와 이시이 간지의 정의는 재벌이 일본 경제에 어떤 의미를 갖는가 하는 데 주목하여 독과점적인 지위를 구성 요소로 포함했다. 그리고 나카가와 게이이치로는 선진국과는 달리 왜 일본에서 재벌이 이슈가 되었는가 하는 비교사적 관점을 중요시하고 있다. 이렇게 셋은 각기 강조하는 바가 다르지만, 어쨌든 재벌을 단순한 대부호나 그룹 총수가 아니라 기업 그룹을 지칭하는 용어로 사용하고 있는 점에선 동일하다.

그렇다면 한국에서 우리는 재벌(영어로는 'Chaebol' 또는 'Jaebeol'로 표기함)을 어떻게 정의해야 할까? 먼저 이 용어를 꼭 사용해야 하는가 하는 문제부터 따져보자. 군벌이나 학벌과 마찬가지로 재벌도 다소 부정적인 이미지를 갖고 있기 때문에 재계는 이 용어의 사용을 기피한다. 정부도 그 영향을 받아 공정거래법 등에선 재벌 대신에 '기업집단'이란 용어를 사용하고 있다. 넓게 보면 재벌도 기업집단의 한 형태다. 하지만 일본의 경우를 보면 재벌과 기업집단은 그 지칭 대상이 엄연히 다르다. 제2차 세계대전 이후 맥아더 사령부의 재벌 해체를 통해 재벌은 가족·동족의 지배체제가 사라진 기업 그룹인 기업집단으로 바뀌었다. 한때 일각에서 이 기업집단에 대해 재벌의 부활이라 주장하기도 했지만, 이제는 다들 제2차 세계대전 이전의 재벌과 제2차 세계대전 이후의 기업집단을 엄격히 구분한다. 이런 일본 학계의 논의 과정을 존중하고 또 가족 지배의 유무를 중요시한다면, 우리도 현재 한국의 기업 그룹에 대해서 재벌이라는 용어를 사용해야 하지 않을까 싶다.

여기서 재벌의 정의는 어떻게 되어야 하는가? 물론 우리가 맹목적으로 일본을 추종할 필요는 없다. 하지만 재벌이라는 용어의 발상지는 일본이다. 그리고 일본의 재벌과 한국의 재벌이 100% 똑같지는 않지만, 기본적인 성격은 동일하다. 따라서 우리의 재벌도 일본 학계의 정의에 근거해야 하지 않을까 싶다. 그럴 때 재벌은 일단 '큰 부자'라든가 '재벌총수'보다는 '재벌기업'을 지칭하는 쪽으로 통일해야 마땅하다. 재벌총수는 그냥 재벌이라 하지 말고 재벌 '총수'라 불러서 혼란을 피하는 게 좋을 것이다. 만약 이것이 마음에 들지 않으면 기업을 의미할 때는 재벌기업, 총수를 의미할 때는 재벌총수라고 분명히 구분해서 써주는 것도 한 방법이다.

한편 일본의 세 가지 정의 중 "가족·동족의 봉쇄적 소유"는 우리 재벌의 현실과 부합하지 않는다. 일본도 재벌이 발전하면서 점차 그런 상황에서 벗어났지만, 우리 재벌도 오래 전부터 가족·동족 이외의 주주가 큰 비중을 차지하고 있다. 따라서 한국의 재벌은 야스오카 시게아키 등의 정의를 바탕으로 "가족의 지배·경영 + 다각화된 독점" 체제로 정의할 수 있다. 즉, 재벌 내부적으로는 가족의 지배·경영이라는 요소, 재벌 외부적으로는 다각화된 독점으로 나라 경제에 커다란 지배력을 행사한다는 요소를 모두 갖추어야 재벌이라 칭한다는 점에 유의해야 한다. 여기서 '지배'란 '경영 총수를 비롯한 이사회의 주요 구성원에 대한 임면권(任免權) 행사'를 의미하며, '경영'이란 '기업의 생산·투자·판매에 관련된 최고의 의사결정'을 의미한다. 또 가족의 지배와 경영이 극단적으로 진행된 형태를 속칭 '황제경영', 다각화가 극단적으로 진행된 형태를 속칭 '선단문어발경영'이라고 한다. 나아가 나카가와 게이이치로의 관점도 존중하여 재벌은 압축적 공업화를 추진한 후진국에서 흔히 볼 수 있는 현상이라는 점을 부가할 수도 있겠다. 4대 재벌이니 30대 재벌이니 하는 것들이 모두 여기에 해당한다.

그런데 우리 재벌은 현재 가족이 지배권을 보유함(지배주주임)과 동시에 경영 일선에도 나서고 있다. 장차 총수 가족이 지배권만 보유하고 경영을 전문 경영인에게 맡기게 된다면 그때에도 이들을 계속 재벌이라고 칭해야 할까? 이렇게 되면 사실상 선진적인 대기업으로 탈바꿈한 셈인데, 후진적인 기업이라는 냄새가 풍기는 재벌이라는 딱지를 붙여야 할 것인가 애매하다. 재벌을 비롯한 가족기업(family business) 전체의 발전을 연구하는 선진국 학자들 사이에도 이에 대해 가족 '지배'의 존속에 초점을 맞추어 가족기업에 포함시키는 경우도 있고, 가족 '경영'의 탈피에 초점을 맞추어 가족기업에 포함시키지 않는 경우도 있다.

다음으로 재벌의 정의와 관련된 몇 가지 오해나 혼란에 대해 살펴보자. 가끔 재벌은 한국에만 존재하는 현상이라는 이야기를 듣는다. 그러나 재벌은 제2차 세계대전 이전의 일본에도 존재했고, 오늘날의 다른 후진국, 예컨대 인도나 태국 등에도 존재한다. 재벌이란 게 후진국의 압축적 공업화, 특히 정부에 의한 위로부터의 공업화 노력과 관련되어 있음을 상기할 필요가 있겠다.

구미 선진국에서도 로스차일드(Rothschild)*와 같은 식으로 한때 거대 가족기업이 존재했다. 다만 이들은 후진국에서처럼 국민경제를 지배할 정도는 아니었고, 또 오랜 자본주의 발전 과정에서 가족적 지배·경영의 요소가 사라졌기 때문에 커다란 사회적 문제로 부각되지 않았을 뿐이다. 미국의 GE(General Electric)도 한국의 재벌처럼 다각화되어 있다고 이야기하는 경우가 많은데, GE는 가족적 지배·경영이 존재하지 않는 전문 경영인 기업이다.

오늘날 선진국에도 스웨덴의 발렌베리(Wallenberg) 그룹처럼 아직 가족의 지배력이 대를 이어 관철되는 복합 그룹이 전혀 없지는 않지만 이는 예외적 존재다. 게다가 이 역시 가족 '경영'은 상당 정도 탈피했기 때문에 재벌이라 할 수 있을지 의문이다. 요컨대 재벌은 괴물도 아니고 그렇다고 영구불변하는 조직도 아니라 기업 발전 과정에서 한시적으로 나타날 수 있는 기업 시스템인 셈이다.

그리고 재벌을 일반인들이 재벌기업에만 한정시키지 않고 재벌총수도 지칭하는 용어로 사용한 결과 우리 사회에서는 '재벌총수=재벌기업'이라는 의식이 강하다. 이건희 씨가 곧 삼성인 것이다. 그러나 이는 "짐이 곧 국가다"라는 왕조적 발상이다. 사실 재벌이란 게 최고 경영자의 세습 독재가 행해지고 있는 일종의 왕조체제이기 때문에 이런 발상이 나오는 것도 전혀 무리는 아니다. 또 재벌총수와 재벌기업이 서로 무관하지도 않다. 그러나 재벌총수는 기업조직의 일부분일 뿐이다. 나아가 재벌기업은

---

* 로스차일드는 19세기 초부터 250여 년 동안 유럽 금융계를 쥐락펴락한 유대계 은행가 집안을 일컫는다.

그 소유가 일반인에게 확산되어 총수의 지분은 10%에도 못 미치게 되었고, 은행 등 금융기관으로부터 빚도 많이 지고 있으며, 수많은 직원이 그 속에서 일하고 있어 사실상 국민기업이라 할 수 있다. 이를 재벌총수의 개인 사유물로 취급하고 있는 데서 삼성 총수 3세의 재산증식 과정에서 회사 재산을 멋대로 빼돌리는 일과 같은 재벌의 갖가지 비리가 싹트는 것이다.

우리나라 재벌 발전의 초기에는 '재벌총수의 이익≒재벌기업의 이익'이었다고 할 수 있다. 당시는 기업 재산이 대체로 총수 재산이었고, 총수가 곧 전문 경영자였기 때문이다. 그러나 1980년대를 지나면서 재벌총수의 상대적 지분이 줄어들고, 총수가 2세나 3세로 바뀌면서 이러한 등식 관계가 변화했다. 총수가 기업 재산을 빼돌리는 '부패'의 문제와 검증받지 않은 2세와 3세 재벌총수의 '무능' 문제라는 재벌체제의 근본 모순이 불거진 것이다. 즉, '재벌총수의 이익≠재벌기업의 이익'이 된 셈이다. 그런데 수구세력들은 재벌총수를 재벌기업과 동일시함으로써 재벌총수의 부패와 무능의 문제를 은폐하려고 한다. 또 이런 부패와 무능에 대한 분노, 말하자면 '반기업인(반총수) 정서'를 마치 '반기업 정서'인 것처럼 매도하는 것이다. 우리 사회의 진정한 문제는 '일반 국민의 반기업인 정서'가 아니라 '재벌총수의 반기업 행위'라고 할 수 있다.

재벌개혁이란 흔히 오해되고 있는 것처럼 '재벌 죽이기'나 '재벌 혼내주기'인 게 아니라 '재벌 거듭나기'이다. 재벌총수의 부패와 무능의 문제를 바로잡아 재벌기업을 선진적 대기업으로 발전시키려는 것이다. 선진적 대기업이란 경영의 투명성·책임성·전문성을 갖춘 대기업이다. 이는 경영을 불투명하게 하여 회사 재산을 개인 재산처럼 멋대로 빼돌리고, 총수는 부패와 무능을 저질러도 별다른 책임도 지지 않고, 단지 총수의 자식이라는 이유만으로 경영 능력의 검증도 받지 않고 최고 경영자의 지위를 물려받는 재벌체제를 탈피한 기업이다. 물론 엔론 사태* 등에서 보듯이 선진국의 기업도 완벽하지는 않다. 그러나 우리의 재벌처럼 부패와 무능의 문제가 구조화되어 있고 보편화되어 있지는 않다. 우리 재벌이 이러한 선진 대기업으로 거듭나기 위한 출발점은 재벌총수와 재벌기업을 분별하는 일이다. 그러려면 재벌에 대한 정의부터 올바로 정립해야 할 것이다.

---

* 엔론사는 미국 내 7위의 대기업으로 미국과 유럽 거래 에너지의 20%를 담당하는 세계 최대 에너지 기업이었는데 2001년 당시 최고 규모였던 근 6억 달러 규모의 회계 부정 사실이 드러나면서 파산했다. 파산 직전까지 엔론사는 '미국에서 가장 혁신적인 기업'으로 뽑히는 등 신뢰받는 기업이었다는 점에서 엔론의 파산은 전 세계적으로 매우 큰 파장을 불러왔다.

양력과 음력

신동원

우리가 쓰고 있는 음력이라는 말은 잘못된 것이다. 엄격히 말한다면 '태양태음력(太陽太陰曆)'이 맞다. 양력은 태양력을 줄인 말이므로 문제가 없지만, 음력은 오직 달의 운행을 기준으로 삼는 역법을 뜻하므로, 달의 운행과 해의 운행을 결합시켜 사용하고 있는 태양태음력은 굳이 줄인다면 '음양력'이라 해야 맞을 것이다.

양력, 곧 태양력은 지구가 해의 둘레를 1회전하는 동안을 1년으로 하는 달력으로, 달과는 무관하다. 1태양년(太陽年: 回歸年)의 길이는 365.2422일이므로 1년을 365일 또는 366일로 한다. 그리고 365일의 해를 평년, 366일의 해를 윤년이라고 한다. 1태양년의 일수(日數)에서 소수점 이하 우수리는 4분의 1, 29분의 7, 33분의 8, 128분의 31, 400분의 97에 가깝다.

이 뜻은 분모에 해당되는 연수 동안 분자에 해당되는 윤일(閏日)의 수를 두어야 절후에 맞게 된다는 뜻이다. 율리우스력(Julian calendar)에서는 4년에 1윤일을 두는 방법이 채택되었고, 현행력인 그레고리력(Gregorian calendar, 1582년)에서는 400분의 97, 즉 400년에 97일의 윤일을 두도록 만들어져 있다. 우리나라는 1896년 1월 1일부터 태양력을 쓰기 시작했다.

음력, 곧 달이 차고 기울어지는 현상을 기초로 하여 만든 달력은 1일과 1삭망월(朔望月)을 취하는 달력인 태음력 또는 순태음력(純太陰曆)과, 삭망월과 회귀년을 같이 취하여 적당히 조정해서 엮은 달력인 태양태음력이 있다. 순태음력의 대표 격은 마호메트가 창설한 회회력(回回曆)이다. 순태음력은 계절 변화와는 관계없으며 달의 위상(位相) 변화에만 의존한다. 달의 삭망주기(朔望週期)는 29.53059일이고, 12평균 삭망월은 354.367058일이다. 그러므로 큰달을 30일, 작은달을 29일로 하고, 이것들을 각각 6회 반복해서 12개월을 1년으로 하면 그동안의 일수는 354일이 된다. 이것을 평년이라 한다. 나머지 우수리 0.367058일을 처리하는 방법이 고안되어야 한다. 즉, 8년에는 3일, 11년에는 4일, 19년에는 7일, 30년에는 11일의 윤일을 두어야 달의 위상과 잘 맞게 된다.

태양태음력은 달의 위상을 주로 하면서 태양의 운행에도 맞춘 것으로 매우 복잡하다. 달력의 기본 단위로는 주야인 1태양일(太陽日), 달의 위상 변화인 1삭망월, 계절의 변화인 1회귀년(回歸年)이 있다. 1태양년(회귀년)은 12.36827삭망월이므로 평년에는 1년을 12삭망월로 해도 좋지만, 소수 이하의 우수리 0.36827삭망월을 처리해야 대략 계절에 맞출 수 있다. 그 방법으로 가끔 윤달을 넣어서 13개월로 된 윤년을 만들어 써야 한다. 즉, 8년에는 3개월, 19년에는 7개월, 27년에는 10개월의 윤달을 넣도록 한다. 이 가운데에서 19년7윤법은 중국에서는 춘추시대 중엽(기원전 600년경)에,

그리스에서는 기원전 433년경에 발견되었는데, 이 6,940일이라는 주기를 중국에서는 장(章), 그리스에서는 메톤주기(Metonic cycle)라고 했다. 우리나라에서는 1896년 이전에는 줄곧 이 태양태음력을 사용했다.

현행 태양력은 1582년 교황 그레고리우스 13세 때 정한 그레고리력을 따르고 있다. 이전에 쓰던 로마의 율리우스력이 오랜 시간이 흘러 치윤법(置閏法)이 적당하지 않게 되어 역일이 계절에 대하여 점차 어긋나게 되었다. 325년 니케아 종교회의가 개최된 해는 춘분이 3월 21일로 되고, 1582년 로마 교황 그레고리우스 13세 때는 3월 11일로 되었다. 기독교에서는 율리우스력이 적당하지 않다고 개력을 주장하는데 그 이유는 부활절 날을 정하기에 불편하다는 데 있었다.

부활절은 기독교에서 크리스마스 다음가는 큰 축제일이다. 따라서 춘분날 자체가 변하면 매우 불편하다. 그러므로 1582년 10월에 그레고리우스 13세의 명령으로, 역면(曆面)에서 10일을 끊어내 버릴 목적으로 10월 4일(목요일) 다음 날을 10월 15일(금요일)로 정하고, 다음과 같은 치윤법을 두어 계절에 잘 맞는 역년을 만들었다. 그 치윤법은 서기 연수가 4로 나누어떨어지는 해는 윤년으로 하고, 그중 100으로 나누어떨어지는 해는 평년으로 하되, 다만 400으로 나누어떨어지는 해는 윤년으로 한다는 것이다. 이렇게 함으로써 1년의 길이가 365.2425일로 되었다. 이 값은 실제의 평균 태양년 365.2422일보다 약 26초 길다.

그레고리력은 종교적인 대립과도 관련되어 아주 서서히 전 세계에 퍼져 나갔다. 이탈리아 프랑스 및 그 남쪽의 이베리아 반도에서는 개혁 직후부터 실시되었고, 이후 헝가리, 스위스 등으로 퍼져갔다. 18세기에 들어서자 독일과 네덜란드의 프로테스탄트교국 전반과 덴마크, 영국, 스웨덴으로 옮겨갔다. 동양에서는 19세기 후반부터 사용되었는데 일본(1873), 샴

(1889), 한국(1896)의 순으로 실시되고, 중화민국은 20세기 초(1912)에 실시되었다. 이어 소비에트 러시아(1918), 그리스(1924)와 루마니아(1924), 터키(1927) 등의 순으로 퍼져 나갔다.

　1896년 조선이 기존의 태양태음력을 태양력으로 바꾼 것의 의미는 매우 크다. 미시적으로는 시간과 관련된 모든 일상생활과 근무일, 공휴일 등 절일의 변화를 들 수 있다. 거시적으로는 중국을 기준으로 한 표준시간을 서양을 기준으로 한 표준시간으로 바꿨다는 점을 들 수 있다. 좋게 말하면 국제질서에 맞춘 것이며, 나쁘게 말한다면 제국주의 열강이 정한 코드에 맞물려 들어가게 된 것이다. 기존의 달력인 태양태음력과 새 태양력 사이에 과학적 이론의 우열이 존재했던 것은 아니며, 오직 힘의 관계에 따른 강요의 성격을 띠었다. 달력 자체의 논리만 놓고 따진다면, 실제 달과 해의 운행을 엄밀히 맞추려고 노력했던 전통적인 태양태음력이 임의 시간을 정해놓고 기계적으로 오차를 맞추는 방식보다 더 과학적인 방식이라고도 볼 수 있다.

　대한제국 정부는 1896년 태양력을 공식 달력으로 채택했지만 사실상 양력과 음력을 같이 병용했다. 정부의 공식 활동은 양력을 썼지만, 탄일과 제사 등 문화생활에서는 황실에서도 음력을 썼다. 일제의 지배가 시작되면서 일제는 당국의 공식적인 달력으로 양력만을 인정했다. 또한 그들은 음력을 쓰는 것이 미신이라는 입장을 보였다. 그도 그럴 것이 음력이 주로 제사나 사주팔자, 이삿날 등 날짜의 길흉을 따지는 것과 관련되어 있었기 때문이다.

　특히 여기서 제사는 더욱 중요하다. 강한 유교 규범이 남아 있는 현실에서 제사가 '효'의 핵심이었기 때문이다. 기일은 음력으로 결정되는데, 그것은 간지에 따라 음양과 오행이 배속되며 음양오행의 기운은 돌아가신

분의 귀신과 관련을 맺는다. 태어날 때 보는 사주팔자도 마찬가지이다. 이러한 생사관은 매우 오랜 기간 형성되어온 것으로 조선 문화의 핵심 중의 핵심이었다. 그렇기 때문에 음력을 양력으로 바꾸는 것은 단지 날짜 계산만 바뀌는 것이 아니라 전통문화 전체의 부정을 뜻하는 것이었다.

한 해의 시작과 관련된 '설'을 결정할 때에도 음력과 양력이 강하게 대립했다. 한 해의 시작을 둘로 볼 수 없었던 것도 문제였지만, 그것보다도 '설' 때문에 쉬게 되는 노동일수도 문제가 되었다. 일제 때는 공식적으로는 양력에 따른 설날만 인정했으며, 민간에서는 대부분이 음력에 따른 설을 지냈다. 따라서 양력 설날은 일본 설, 음력 설날은 조선 설로 이원화되어 있었다. 해방 이후에도 이런 양상은 계속되어서 정부에서는 국제표준에 맞추는 것을 최선책으로 삼아서 민간의 관행을 억누르는 정책을 폈다. 1985년 이전까지 정부는 음력설을 공식적으로 인정하지 않았으며, 이해 '민속의 날'이라 하여 음력 1월 1일 하루를 공휴일로 정했다. 그 뒤 양력설은 2일간, 음력설은 3일간의 공휴일로 바뀌어 나가다 1989년 음력설은 완전히 설날로 복귀했다. 정통성 시비에 휩싸여 있던 노태우 정권은 옛 설을 복구함으로써 국민의 환심을 얻으려 했는데, 이해 2월 1일인 음력 1월 1일을 설날로 선포하기에 이르렀다. 한국 설과 일본 설, 양력설과 음력설, 신정과 구정의 이중과세(二重過歲) 등으로 억압되던 중에서도 끈질기게 잠재력으로 전승되어온 민족의 설이 1989년에 이르러 본래의 모습을 되찾은 셈이다. 더욱이 1999년 1월 1일부터 이른바 신정은 하루의 휴일로 압축되었으니, 한국의 설은 본래의 제자리를 찾은 셈이다.

음력설의 회복에 과학의 논리가 중요한 구실을 했다는 점은 아이러니하다. 일제 때부터 20세기 중 5분의 4 기간은 양력의 과학성을 내세워 "미신적 속성을 지닌" 음력의 부당함을 비판했다. 또한 음력설을 고수하는 것은 세계화에 뒤떨어진 인습에 불과하다고 비난했다. 반면에 나머지 5분의 1 기간에는 많은 국민이 "음력이 더 과학적이다"라는 주장에 더 공감했다. 음력이라는 말의 등장에는 비과학적이라는 느낌이 묻어 있었지만, 그것은 달력 그 자체의 논리와 무관한 것으로 세계를 꿰맞추기 위한 선동 이데올로기였을 뿐이다.

한의학(漢醫學)과 한의학(韓醫學)

신동원

1894년 갑오개혁 이후 서양의학이 제1의 공식 의학의 지위를 얻게 되자 공식적인 지위에서 밀려난 기존의 한의학은 새로운 명칭을 얻게 되었다. 이런 현상은 이전에 한의학을 '의학'으로 부르고, 서양의학을 '태서의학' 또는 '서의'라고 불렀던 것과 정반대의 것이다. 이처럼 급격하게 바뀐 정치, 문화적 환경에서 한의학을 새롭게 지칭하려는 몇 가지 시도가 있었다. 『황성신문』에서는 '신의(新醫)'인 서양의학에 대해 한의학을 주로 '구의(舊醫)'라고 표현했으며, 한의계 일각에서는 자신이 펼치는 의술을 '동의(東醫)'라 불렀다.

대한제국의 공식적인 문서에는 '한약(韓藥)'이 선택되었다. 이 명칭은 1900년 내부령 27호 「약품순시규칙」에서 처음 규정되었으며, 이는 1902

년 광제원의 한약부(韓藥部) 등에서도 확인된다. 1897년 선포된 대한제국은 조선이 중국의 속국으로부터 벗어난 독자적 국가임을 대내외에 천명한 것이었기 때문에 자신 고유의 약을 '한약(漢藥)'이 아닌, '한약(韓藥)'으로 명명한 것은 일관성 있는 원칙이었다고 볼 수 있다. 그런데 한약(韓藥)이라는 명칭과 달리, 대한제국은 공식적으로 '한의학(韓醫學)', '한의사(韓醫士)' 등 별도의 명칭을 쓰지 않았다. 내부령 27호「의사규칙」에서는 서양의나 한의 할 것 없이 모두 의사(醫師)로 규정했다. 이런 사실은 대한제국의 의학정책이 서양의학과 한의학을 동등하게 보는 작고참금(酌古參今)의 원칙을 따랐기 때문이다.

1905년 이후 일본의 입김이 강해지면서 일본의 용어가 일반화되기 시작했다. 의사는 한의(漢醫) 또는 한법의(漢法醫)가 되었으며, 한약(漢藥)이 한약(韓藥)을 대신했다. 1912년「약품 및 약품순시규칙」, 1913년「의생규칙」에서 이런 용어는 공식적·법률적 용어로 확정되었다. 한의(漢醫)와 한약(漢藥) 또는 양의(洋醫)와 양약(洋藥) 등 한(漢)과 양(洋)이 들어가는 이런 명칭은 모두 일본에서 수입된 것이다.

메이지유신 이후 일본 정부는 한방이란 명칭을 일본의 고유 의술을 대표하는 명칭으로 규정했다. 근대 이후 동아시아에서는 보통 자국의 고유 것을 새롭게 규정할 때에는 '국(國)'자를 붙이는 경향이 있었다. 국문과 국어가 대표적인 사례이다. 하지만 일본 정부는 자기의 고유 의학의 고유성을 강조하기보다는 유래를 중시하여 기존의 의학을 '한방(漢方)'으로 불렀다. 이 이름은 약간 깎아내린다는 느낌을 준다. 일본에서 이런 이름을 선택한 것은 일본 정부의 한의학 포기정책과 무관하지 않다. 한방이라는 용어는, 고유의 의학임을 줄곧 강조하면서 외래적인 서양의학에 반발하는 한의계의 거센 반발에 대해 그것 또한 중국에서 건너온 의학에 불과하다는 정부의 인식을 담고 있다. 이에 대해 일본의 한의계에서는 자신의 의학을 '화의(和醫)' 또는 '황한의학(皇漢醫學)'으로 높여 부르면서, 정부가 공식으로 인정한 서양의학, 곧 의학을 '양방(洋方)'으로 폄하했다. 중국과 한국은 이와 달랐다. 중국은 자신의 의학을 '국의(國醫)'라 부르는 것을 선호했으며, 이후에는 '중의(中醫)'로 명칭을 굳혔다. 대한제국 또한 자신의 의학을 무시하지 않았으며, 고유의 전통을 인정했기 때문에 '한의(韓醫)'라는 명칭을 택했다.

일본의 식민지로 전락한 후에는 한방(漢方)이 공식 명칭이 되었고, 한의사는 의사(醫士)에서 그보다 한 등급 떨어지는 의생(醫生)으로 명칭상 지위가 낮아졌다. 이때 한의계 일각에서는 자신의 의학을 '동의학(東醫學)'이라 불렀다. 이 용어에는 『동의보감』의 전통을 계승한다는 의미와 함께 자기 의학에 대한 자부심이 담겨 있다.

1930년대 일본의 팽창시대에는 일본과 조선의 한의계 모두 황한의학이나 한의학이라는 용어보다는 '동양의학'이라는 용어를 더 선호했다. 또한 영어로는 자신을 '오리엔탈 메디슨'이라 불렀다. 이때는 서양의 과학과 문명에 대해 동양적 가치의 앙양을 기치로 내세웠던 시기였다. 묘하게도 동양의학이라는 말에는 한의학이란 용어에 담겨 있는 주변부적이고 부정적인 뉘앙스 대신에 서양의학과 대등한, 또 그것을 극복한다는 긍정적인 뉘앙스가 담겨 있었다. 국내 한의계는 이 말을 선호해서 1934년 새로 만든 잡지의 이름도 『동양의학』이라 했고, 그 전통은 해방 이후에도 계속 이어졌다. 하지만 동양은 한의학과 그다지 관계없는 다른 나라를 많이 포함하고 있고, 오리엔탈은 유럽의 동쪽, 즉 오늘날의 아랍 지역을 지칭하는 것이므로 이 용어는 범주상 문제가 있다.

해방 이후에도 한동안 한의학에 대한 공식적·법률적 용어는 '한의학

(漢醫學)'이었다. 하지만 이 명칭은 독립국가의 고유 의학을 드러내기 어렵다는 문제의식이 남북한 모두에게 있었다. 따라서 이들은 의학의 유래에 입각한 명칭보다는 한 국가의 정체성이 담긴 명칭을 모색했다.

명칭의 변화는 북한에서 먼저 있었다. 1960년부터 북한에서는 '동의학'을 고유 의술에 대한 일반적인 명칭으로 확정했다. 북한에서는 '동의학'을 "우리나라에서 전통적으로 내려오면서 병 치료와 건강을 보호 증진하는 오랜 력사적 과정에 창조되고 발전하여온 민족의학"이라고 정의하면서 이 명칭이 "옛날 우리나라가 동쪽에 위치하고 있다고 하여 우리나라를 동국, 조선 사람을 동인(東人)이라고 불리운 데서 온 것"이라고 유래를 밝혔다. 이처럼 북한에서는 중국이 아닌, 우리 민족의 역사와 문화로서 전통의학을 규정했다. 전통의학을 동의학으로 규정함과 동시에 그 시술자를 의생(醫生)에서 동의사, 그 약을 한약(漢藥)에서 동약(東藥)으로 새로이 규정했다. 전통의학의 주체성 천명과 함께 '한의학(漢醫學)'이라는 말에 묻어 있는 '낡은' 이미지의 탈피를 위해서 이처럼 명칭을 바꾼 것이다.

남한에서도 용어 개정의 움직임이 활발히 일어났다. 한의계에서는 대한제국 때 쓰였던 한약(韓藥), 한의(韓醫)의 사례를 들어 한의학(漢醫學)을 한의학(韓醫學)으로 바꾸려고 했다. 또한 '한(韓)'자의 선택은 대한민국 임시정부를 승계하고 있는 대한민국의 공식 이념과 부합되는 것이기도 했다. 1960년대 중반 첫 제안이 있은 이후 20여 년이 지난 1986년, 용어를 바꾸는 개정 법률이 통과되었다. 따라서 기존의 한의사(漢醫師), 한약(漢藥), 한의원(漢醫院)은 모두 한의사(韓醫師), 한약(韓藥), 한의원(韓醫院)으로 바뀌었다.

북한에서는 1991년 무렵부터 '동의학'이라는 명칭을 '고려의학'으로 바꿨다. 동의학이란 용어는 고유 의학의 전통을 담고 있기는 하지만, '동

(東)'이 중국의 동쪽이라는 지역적 특성과 역사적 전통을 말해줄 뿐 한 나라의 '나라' 자체를 드러내주지는 않기 때문이다. 따라서 북한에서는 조선민주주의인민공화국의 고유 의학이라는 뜻에서 고려의학을 선택했다. 북한이 자신을 북조선, 남조선이라 부르는 것을 보면, 의학에서도 '조선의학'이라는 용어가 더 타당한 듯 보이는데, 그들은 이와 달리 고려의학이라는 용어를 골랐다. 그 용어가 고려, 고구려를 잇는 뜻을 내포하고 있어서 북쪽의 역사적 정통성을 주장하는 것과 관련이 있어 보인다.

통일시대에는 남한의 흡수통일이 아닌 한, 한의학 명칭은 재고될 수밖에 없다. 북조선이 북한이라는 명칭을 받아들이지 못하듯, 그 한(韓)이 들어가 있는 한의학(韓醫學)을 받아들일 리 만무하기 때문이다. 그렇다면 남북한 모두 저항감 없이 받아들일 수 있는 '민족 고유의 의학'의 이름은 무엇일까? 영어로는 답이 분명하다. 국제적으로 통용되고 있고 남북한 모두 받아들이고 있는 'Traditional Korean Medicine(TKM)'이 그것이다. 그렇지만 이에 대응하는 우리말의 선택은 쉽지 않을 것이다. 그것을 결정하는 데에는 고도의 정치적 작업이 따르고, 또한 남북한 모두에게 더욱 넓은 시야의 확보와 열린 의사소통이 필요하기 때문이다.

민족문학, 국민문학, 민족주의문학

하정일

민족문학은 본래 'national literature'의 번역어이다. 근대 국민국가의 형성과 함께 생겨난 문학을 일컬어 'national literature'라고 한다. 공동 문어(유럽의 라틴어, 동아시아의 한자)에 바탕했던 중세문학과 달리 근대문학은 민족어로 쓰였고, 민족적 정서와 소망을 표현하는 특징을 지니고 있기 때문에 'national literature'라고 부른다. 그냥 근대문학 또는 한국 근대문학이라고 하는 것이 낫지 않느냐는 의견도 있지만, 근대문학이나 한국 근대문학은 가치중립적인 기술(記述) 용어여서 가치평가적 개념인 '민족문학'을 대체하기에는 여러모로 적절하지 않다. 가령 일제 말기의 친일문학은 한국 근대문학의 한 부분이지만, '민족문학'에는 포함될 수 없다. 민족적 정서나 소망과 어긋나기 때문이다.

'national literature'의 번역어로는 '국민문학'과 '민족문학'이 있었다. 실제로 식민지시대에는 두 용어가 혼용되었다. 그러나 일제 말기에 국책(國策)문학의 명칭으로 '국민문학'이 사용되면서 국민문학은 친일문학을 대표하는 용어로 오염되었다. 그래서 해방 이후부터는 민족문학이라는 용어가 보편화되었다.

민족문학란 용어는 1920년대부터 등장한 것으로 보이는데, 이때는 '민족문학' 보다는 국민문학이라는 용어가 더 많이 사용되었다. '국민문학'은 민족주의 계열에서 주로 쓰던 용어로, 시조나 민요처럼 조선심(朝鮮心)과 조선적 정조를 표현한 문학을 주로 의미했다. 그런 점에서 '국민문학'은 근대문학에 국한되지 않고 중세나 고대까지도 소급 적용되는 용어였다. 요컨대 조선심과 조선적 정조를 표현하기만 하면 시대를 막론하고 국민문학이 되는 것이다. 이러한 생각에 바탕해 시조나 민요의 부흥을 꾀한 국민문학운동이 전개되기도 했다. 따라서 '국민문학'은 '민족주의문학'과 같은 의미로 이해해도 무방할 것이다.

그러다가 1930년대로 들어와 민족문학이라는 용어가 자주 거론되면서 내포적 의미 또한 점차 바뀌게 되었다. 처음에는 '민족문학'을 '국민문학'과 비슷한 뜻으로 사용했지만, 프롤레타리아문학 측의 논객들에 의해 근대 국민국가를 정치적 기반으로 하는 '역사적 문학'이라는 의미를 부여받는다. 이때부터 '민족문학'은 민족어로 쓰이고 근대적 민족의식을 반영한 문학이라는 내포적 의미를 갖게 되는데, 그에 따라 민족주의문학과 이념적으로 결별하기 시작한다. 이 정의에 따르면, 가령 프롤레타리아문학도 민족어로 쓰였고 근대적 민족의식이 반영되어 있다는 점에서 민족문학의 한 구성 주체가 되기 때문이다.

'민족문학'의 내포적 의미는 해방 직후에 급격한 변화를 겪는다. 문학가동맹을 대표하는 이론가였던 임화(林和, 1908~1953)는 근대 국민국가에 기반한 서구의 고전적 민족문학과는 달리, 피식민국의 민족문학은 민족해방운동의 과정에서 형성된 것으로 설명했다. 따라서 피식민국의 민족문학은 반(反)제국주의적인 성향을 띠게 되며, 반제와 반봉건이라는 이중 과제를 동시에 이루어야 하는 목적을 갖는다. 이로써 '민족문학'은 서구의 민족문학, 곧 'national literature'와는 다른 정체성을 얻게 되었다. 특히 '민족문학'이 단순한 역사적 범주가 아니라 운동으로서의 실천적 성격을 지니게 된 점은 주목해야 할 변화이다. 같은 시기에 보수적 민족주의 쪽에서도 민족문학이라는 용어를 사용했지만, 그것은 여전히 일제시대 국민문학파가 제시했던 것과 같은, 혈연과 지연에 기초한 한민족의 문학이라는 의미에 머물러 있었다. 이러한 개념 규정은 민족을 종족(ethnic)으로 이해하고 있다는 점에서 비(非)역사적일뿐더러, 반공주의에 기대고 있다는 점에서 이데올로기적이라는 한계를 지닌다. 보수적 민족주의의 '민족문학' 인식은 한국전쟁 이후에도 별다른 변화를 보여주지 못한 채 지속된다.

한국전쟁 이후 민족문학이라는 용어는 보수적 민족주의 세력에 의해 일시적으로 독점되었다. 그러다가 4·19혁명의 강력한 영향 아래 참여문학론이라든가 시민문학론 등이 제기되면서 보수 우파의 종족주의적이고 반공주의적인 '민족문학'에 대한 도전이 시작되었다. 1970년대부터 본격화된 민족문학운동은 민족문학이라는 용어에 대한 새로운 개념 규정을 적극적으로 시도했다. 이러한 시도는 문학사적으로는 해방 직후 문학가동맹의 민족문학론을 계승하는 것이자 분단시대라는 역사적 특수성에 착안해 그것을 발본적으로 재구성하려는 노력이었다. 그리하여 1980년대를 거치면서 '민족문학'은 분단체제의 극복을 지향하는 실천적 문학으로 새로이 자리매김되었다. 여기서 분단체제의 극복이란 대체로 자주·민주·통일이라는 세 과제의 달성을 의미했다.

물론 이 시기의 민족문학론은 대단히 다양해, 하나의 틀로 단순화시키기 힘든 것이 사실이다. 특히 1980년대 후반에는 기왕의 민족문학론 이외에 민중적 민족문학론, 민주주의 민족문학론, 민족해방문학론 등 다기한 분파들이 등장했다. 이들은 한국 사회의 성격에 대한 이해부터 달랐으며, 변혁 과제나 실천 주체에 대한 입장도 상이했다. 하지만 이러한 차이에도 불구하고 민중을 역사의 주체로 상정하고 리얼리즘을 미학적 방법으로 하며 자주·민주·통일을 주요 과제로 삼고 있다는 점에서는 서로 일정한 합의를 이루고 있었다.

더욱 중요한 것은 이 시기를 전후하여 자본주의 근대의 극복이 '민족문학'의 궁극적 과제로 부상했다는 점이다. '민족문학'이 자본주의 근대에 대해 갖는 입장은 다소 애매했던 것이 사실이다. '민족문학'이 자본주의적 근대화의 그늘을 적극 비판한 것은 분명하지만, 자본주의 근대를 근본에서부터 문제 삼지는 않았다. 하지만 1980년대 후반의 내부 이론 투쟁을 거치면서 민족문학론은 자본주의 근대의 극복이라는 이념적 지표를 확고하게 정립한다. 그 과정에서 나온 백낙청의 근대극복론은 해방 직후 임화가 제안한 '인민문학'으로서의 민족문학론과 함께 민족문학론의 역사에서 한 정점을 이룬다고 할 만하다. 임화의 민족문학론이 피식민 '민족'의 특수성에 대한 새로운 이해에 바탕해 민중이 주체가 되는 민족문학의 이념적 원칙을 제시했다면, 백낙청의 근대극복론은 1970~80년대의 논의들을 집대성하고 쇄신해 민족문학의 궁극적 방향성을 깊이 있게 체계화했다. 이에 따라 '민족문학'은 분단체제의 해체를 통해 자본주의 근대를 극복하려는 문학적 기획으로 거듭나게 된다.

국민문학론에서부터 근대극복론에 이르는 민족문학 개념의 변천사는 '민족문학'이 민족주의에서 벗어나 서구의 고전적 민족문학과는 질적으로 다른 급진적 문학 이념으로 자기 갱신하는 과정이었다. 이러한 자기 갱신은 비(非)서구 반(半)주변부라는 우리의 역사적 특수성을 자각하는 과정과 일치한다. 요컨대 비서구 (반)주변부라는 근대세계체제 내에서의 특수한 위치는 한국 근대문학을 또 하나의 특수인 서구 근대문학과는 '비슷하면서도 다른' 모양으로 전개시켰고, 그 '비슷하면서도 다름'의 가능성을 최대치까지 밀어붙인 결과 분단체제의 해체를 통해 자본주의 근대를 극복하려는 문학적 이념으로서의 '민족문학'이 생성된 것이다. 그런 점에서 한국의 '민족문학'은 탈식민 문학의 세계적 모범 사례라 해도 과언이 아닐 터이다. 따라서 이제 더 이상 '민족문학'은 'national literature'의 단순한 번역어가 아니다.

그럼에도 우리 학계나 문단의 일각에서는 '민족문학'을 서구의 민족문학이나 민족주의문학과 대동소이한 것으로 여전히 오해하고 있다. 특히 민족주의문학과의 동일시는 더욱 심각하다. 민족주의의 한계를 그대로 '민족문학'에 적용하는 왜곡이 왕왕 벌어지고 있기 때문이다. 그러므로 '민족문학'과 민족주의문학의 본질적인 차이에 대해 분명히 해둘 필요가 있다.

'민족문학'과 민족주의문학의 차이로 먼저 지적할 수 있는 것은, 민족주의문학에서는 민족을 시간성을 뛰어넘는 영속적 실체로 추상화시키는 데 비해 '민족문학'에서의 민족은 비서구 (반)주변부의 근대라는 특수성 속에서 형성된 역사적 존재라는 점이다. 요컨대 민족주의문학이 민족을 혈통·종족·정신 등으로 신비화시키는 것과는 달리 '민족문학'은 민족을 역사적으로 상대화시켜 이해한다. 따라서 '민족문학' 역시 근대라는 특정한 시간대에 존재하는 '역사적 문학'이 된다.

또한 민족주의문학이 계급·성·인종 등 민족 내부의 이질성을 무시하는 데 비해 '민족문학'은 민족의 내적 이질성에 주목해 민중의 의미를 새롭게 해석한다. 민족주의문학은 민족 통합을 명분으로 민중을 민족에 흡수시키고 동원한다. 반면 '민족문학'은 민중을 주체로 하는 민족, 곧 '아래로부터의 민족'의 형성을 지향한다. 예컨대 '민족문학'이 민족주의문학보다 민족문제에 비타협적 태도를 취해온 것도 민족을 절대시해서가 아니라 그것이 민중의 운명과 직결되어 있다고 생각했기 때문이다. 이 점에서 '민족문학'의 민족은 부르주아 헤게모니에 기초한 '위로부터의 민족'과 확연히 구별된다.

더구나 민족주의문학은 민족국가의 건설이라는 전망에 갇혀 있지만, '민족문학'은 자본주의 근대의 극복이라는 전망으로까지 열려 있다. 민족주의에 대한 다양한 설명들이 있지만, 누구도 부인할 수 없는 것은 민족주의가 자본의 이데올로기라는 점이다. 민족주의가 민족국가에 집착하는 것도, 그것이 자본의 이해관계를 지켜주는 보호막이 되기 때문이다. 그에 비해 '민족문학'은 민중을 착취하고 소외시키는 자본주의의 야만성에 적극적으로 저항해왔다. '민족문학'이 분단체제의 해체를 주장하는 것은 민족국가의 건설에 눈멀어서가 아니라 그것이 자본주의 근대를 극복하는 중요한 계기라고 판단하고 있기 때문이다. 그런 점에서 '민족문학'은 민족주의와 서로 대립적인 관계를 이룬다.

이와 함께 민족주의가 종족주의적(ethnocentric) 경향으로 인해 약소민족을 향하는 순간 식민주의 이데올로기화한다는 점도 중요하다. 제3세계의 저항적 민족주의조차 그러한 경향에서 자유롭지 못하다. 그런 점에서 민족주의는 식민주의와 거울 관계를 이룬다. 그러나 '민족문학'은 식민주의와 종족주의에 어느 문학보다도 단호하게 반대해왔다. 한국의 '민족문학'은 탈식민운동의 역사 속에서 형성되고 성장한 문학이다. 그런 만큼

'민족문학'은 제3세계와의 연대의식을 강력하게 표명해왔으며, 식민주의의 극복을 지향하는 대안적 이념을 끊임없이 산출해왔다. 이는 한국 '민족문학'의 역사가 보여주는 탈식민 저항의 전통이 구체적으로 입증해준다.

마지막으로 지적할 것은 '민족문학'과 민족주의문학을 동일시하는 비판론이 초래할 이데올로기적 효과의 문제이다. 양자를 동일시하는 것은 비판자의 주관적 의도와는 상관없이 민족문제 혹은 식민주의 문제에 대한 이론적 근본주의를 낳을 가능성이 크다. '민족문학'이 민족해방을 이야기하거나 탈식민 저항을 논하는 순간 민족주의의 회로에 빨려 들어가게 된다면, 민족주의에서 벗어날 수 있는 최후의 방책은 '민족'을 괄호 치는 길밖에 없기 때문이다. 이러한 위험성은 최근 국내에서도 유행하고 있는 해체론적 탈식민주의가 극명하게 보여준다.

민족주의나 내부 식민주의를 비판적으로 성찰하는 일은 긴요하다. 민족주의와 내부 식민주의가 자본주의적 지배 구조를 재생산하는 데 중요한 이데올로기적 역할을 담당한다는 점에서 그러하다. 따라서 '민족문학'이 자본주의 근대를 극복하는 대안적 문학이념으로 스스로를 정립하려면, 이 문제에 대한 비판적 성찰을 게을리 하지 말아야 한다. 그러나 '민족'을 아예 괄호 쳐버리는 근본주의적 태도로는 민족주의의 극복은커녕 제국주의적 세계질서를 묵인하는 역기능마저 낳게 된다는 사실을 잊어서는 안 될 것이다. 머릿속에서 괄호를 친다고 해서 있는 것이 없어지지는 않기 때문이다.

1990년대 이후 '민족문학'의 위상과 영향력이 많이 퇴조한 것은 사실이다. 이는 한편으로는 현실 사회주의의 몰락과 전 지구적 자본주의의 등장이라는 외적 요인 탓이지만, 다른 한편으로는 새로운 세계체제에 대한 '민족문학'다운 대응 방략을 만들어내지 못한 때문이기도 하다. 민족국가에 매달린 과거의 민족주의적 접근법이 더 이상 유효하지 않게 된 것도 틀림없지만, 그렇다고 해서 신자유주의가 내세우는 세계화론도 옳은 해답이 아니다. 세계화론은 중심 대 주변의 이분법적 구조를 정당화하는 신판 세계주의(cosmopolitanism)일 뿐이다. '민족문학'은 이미 오래전부터 전 지구적 전망 속에서 '민족'을 사유하는 국제주의(internationalism)를 자신의 고유한 방법론으로 삼아왔다. 여기서부터 해법을 찾는 것이 문제 해결의 '민족문학'다운 수순이 아닐까 싶다. 그럴 때 '민족문학'과 민족주의의 착잡한 관계도 깨끗이 정리될 수 있을 것이다.

'순수문학'이라는 오해

한수영

'순수문학' 개념의 중층성

한국 근현대 문학사에서 통용되는 '순수문학'이라는 개념 안에는 최소한 세 가지 이상의 의미가 서로 뒤섞여 있다. '순수문학'의 대립 개념들을 떠올리면 이런 의미의 혼재 현상은 뚜렷해진다. 우선 '순수문학'은 '참여문학'의 대립 개념으로 통용되는 경우가 가장 흔하다. 특히 이런 양상은 학문 분야 바깥, 예컨대 대중매체나 제도교육 현장에서 두드러진다. '순수문학'은 그 대립 개념인 '참여문학'과 구별되어, 정치적 입장이나 이념적 지향 및 구체적인 현실 문제에 대한 개입이 배제된 일체의 문학을 가리키는 개념으로 쓰인다. 특히, 제도교육의 문학 관련 교과서나 보조 교재에는 특정 작품이나 작가가 '순수문학', '참여문학' 또는 '순수 계열', '참여 계열'

로 분류되는 것이 다반사다.

　다른 한편으로, '순수문학'은 '상업주의문학'이나 '대중문학'과 대립되는 개념이기도 하다. 이때의 '순수문학'은 일체의 상업적 목적이나 자본의 이해관계로부터 자유로운 문학의 총칭이 된다. 이럴 경우 때에 따라서는 '순수문학' 대신 '본격문학' 또는 '순문학'이라는 말이 쓰이기도 하지만, 역시 널리 쓰이는 것은 '순수문학'이다. '참여문학'의 대립 개념일 때와 '대중문학'의 대립 개념일 때의 '순수문학'의 의미는 사뭇 다르다.

　그런가 하면, 한국문학사에서 이 개념을 선점했던 김동리는 앞의 두 경우와는 다른 차원에서 '순수문학'이라는 개념을 제시한 바 있다. 그에게 '순수문학'이란 '근대'의 대안이었으며, 문학과 예술을 둘러싼 '미적 자율성'이 이론의 합리적 핵심이었다. 이 세 가지 혼재하는 의미의 뿌리는 부분적으로 서로 얽혀 있어 완전히 다른 것이라고는 할 수 없지만, 상황과 맥락에 따라 그 뜻과 기준이 달라지면서 혼란을 불러온다.

　'순수문학'을 둘러싼 이런 의미의 혼재 현상이 나타나는 가장 큰 이유는, '순수문학'이 본래의 고유한 자기개념을 지니고 등장한 것이 아니기 때문이다. 그 개념의 내포는 한국 근현대 문학사의 독특한 사회·문화적 환경에서 형성된 특정한 국면 또는 상황에 따라 달리 채워졌다. 거기에 서구에서 빌려온 개념의 오해와 왜곡이 보태지면서 의미의 혼재가 생겨났다. 문제는 '순수문학'이라는 개념이, 이런 의미의 혼재 상태로 여전히 문학의 영역 안에서 활발히 통용되고 있을 뿐 아니라, 그로 인해 문학 및 예술 일반에 대한 올바른 이해를 방해하는 요인이 되고 있다는 사실이다. 무엇보다도 '순수문학'이 전쟁과 분단 상황에 편승해서, 왜곡과 금기를 바탕으로 오랫동안 '권력담론'으로 군림해오고 있다는 사실이 문제다. 그러므로 '순수문학'이라는 개념의 발생을 둘러싼 문학사의 배경을 올바로 이해하고, 혼재된 개념의 갈피를 제대로 파악할 필요가 있다.

한국문학사에서의 '순수문학'

한국문학사에서 '순수문학'이 문학 논의의 중요한 쟁점으로 떠올랐던 것은 대체로 세 번의 국면을 통해서였다. 첫째는 해방 직후 김동리를 중심으로 주창된 '순수문학'이다. 이때는 '조선문학가동맹'의 '민족문학론'에 대응하는 우파 문학이론의 핵심으로 문학사에 제출되었다. 두 번째는 1960~70년대에 이르는 이른바 '순수-참여문학 논쟁' 과정에서 제기된 '순수문학론'을 들 수 있다. 세 번째로는 1970년대 중반 이후부터 소설의 대중성이 확산되자 이를 우려하면서 문단의 일각에서 제기된 이른바 '상업주의 논쟁' 과정을 통해 '순수문학'이 다시 논의의 표면으로 떠오른 경우이다.

김동리가 그의 '순수문학론'을 처음으로 한국문학사에 제출한 때는 해방 전인 1939년 무렵부터였다. 물론 이 무렵 그의 문학론은 분명한 체계와 논리를 갖춘 것은 아니었고, 어느 정도 완결된 논리 구조를 지니게 되는 해방 직후 '순수문학론'의 맹아라고 볼 수 있다. 그러나 비록 논리적으로 완결된 형태는 아니지만, 이 무렵부터 이미 '인간성 옹호'라든지 앞 세대 문학에 대한 강한 환멸의식 같은 것을 숨김없이 드러내고 있는 것은 분명하다. 그는 1946년부터 해방 전에 시론(試論) 형태로 제출했던 '순수문학론'의 체계와 구조를 구비한다. 해방 전이나 해방 직후나 모두 김동리의 문학론이 체계를 갖추는 과정은 동시대의 문학 논쟁을 통해서였다. 해방 전에는 유진오나 임화 등 앞 세대 문학가들과의 논쟁을 벌였고, 해방 직후에는 주로 '문학가동맹'을 중심으로 한 좌파 문학론과 이론 투쟁을 했다.

이 시기 김동리의 '순수문학'은 두 가지의 이론적 의장(意匠)을 지니고 있었는데, 그 하나는 '반(反)근대'의 지향이며, 다른 하나는 '사회주의적 민족문학'에 대항하는 '민족주의적 민족문학'이었다. '반근대'의 지향은 일체의 근대성을 부정하면서, 근대에 의해 배제되고 소외된 가치와 정서들을 다시 문학사에 복원시키는 것으로 나타났다. '근대성'을 구성하고 있던 합리주의와 기계적 세계관 등이 부정되고 그를 대체하는 신화와 샤머니즘, 주술적 시공간, 초자연적 세계관 등이 그것을 대체했다. '사회주의적 민족문학'에 대항하는 '민족주의적 민족문학'의 경우 사회주의 계열의 문학론 일체를 '근대성'의 계보를 벗어나지 못한다는 이유로 부정하면서, 문학은 정치와 경제, 사회적 이해관계를 떠난 '순수한 인간성의 옹호'를 지향해야 한다는 논리를 앞세우고 있다.

주지하다시피, 분단과 전쟁을 거치는 동안 김동리를 비롯해 서정주, 조연현 등 이른바 해방 직후에 결성된 '청년문학가협회' 출신의, 당시로서는 소장 문인이던 사람들이 문단의 핵심으로 부상하게 되었고, 문학이론에서도 이들의 주요 무기였던 '순수문학'이 문단 및 저널리즘뿐 아니라 문학·교육 영역, 즉 제도교육에서도 지배적인 미학으로 자리잡게 되었다. 또한 그 이후에 무수한 이론적 후예들을 양산해냄으로써, '순수문학'과 그 타자들 간의 논쟁에서 늘 이론의 수원지 역할을 하게 되었다.

'순수문학'이 문단 권력 및 담론 권력을 동시에 누리게 되면서 문학 및 예술에 대한 심각한 편식과 인식의 불균형이 나타나게 되었다. 우선 인간의 역사가 '순수문학' 특유의 '운명론' 내지 '숙명론'에 의해 해석됨으로써, 자신을 속박하고 있는 역사적 제약과 한계를 극복하려는 인간의 모든 의지와 행위가 무망한 것이 되었으며, 무엇보다도 큰 폐해는 역사와 현실에 대한 인간의 자기인식이 드러나는 문학 및 예술은 '문학(예술)'이 아닌 것'으로 간주되기 시작했다는 사실이다.

그러나 이것도 수미일관한 체계로 유지되었던 것은 아니었다. 왜냐하면, 교과서와 같은 제도교육용 텍스트에는 해방 전 활동했던 민족주의 계열의 시인과 소설가의 작품이 종종 실렸기 때문이다. 물론 월북 및 납북 작가의 작품은 철저히 배제되었다. 그러므로 엄밀하게 말한다면, '순수문학'이 표방했던 '운명론' 내지 탈역사적 세계관은 특정한 이념이나 사상에만 해당되는 '프로크루스테스의 침대'* 같은 것이었다. 즉, 자본주의를 극복하려는 사회주의 사상은 '근대성의 후예'이기 때문에 '비순수한 것'인 동시에 '비문학적인 것'이 되지만, 식민지로부터 해방되려는 민족주의 사상은 '순수문학'에 위배되지 않는 것이었기 때문이다.

한국전쟁 이후 오랫동안 이러한 관제화된 미학 이데올로기가 문단과 교육 현장을 지배하게 되자 그에 대한 반발과 비판이 제기되는 것은 당연한 일이었다. 1960년대에 접어들어, 관제미학으로서의 '순수미학'에 이의를 제기하면서, 문학과 예술이 본래부터 지니고 있는 정당한 정치적 기능과 사회적 역할을 환기하는 주장들이 등장하기 시작했다. 이것이 문학사에서 이른바 '순수-참여문학 논쟁'으로 부르는, 십여 년에 걸쳐 일어난 논쟁이다.

논쟁 과정에서 문학을 둘러싼 다양한 쟁점이 드러났다. 우선 문학과 정치, 문학과 현실의 연관에 대한 미학적 견해의 차이들, 예술에 대한 국가 검열의 정당성에 대한 이의 제기, 리얼리즘에 대한 정치적 해석의 차이 등이 이 논쟁 과정에서 불거져 나왔다. 4·19혁명의 정치적 체험을 바탕으

---

* '프로크루스테스'는 여행자의 몸이 자신의 침대보다 짧으면 몸을 잡아 늘이고 반대로 침대보다 길면 그만큼을 잘라버렸다고 하는 그리스 신화 속 인물로, '프로크루스테스의 침대'란 융통성이 없거나 자신의 기준에 다른 사람의 생각을 억지로 맞추려는 아집을 뜻한다.

로 촉발된 이 논쟁은 시간이 흐를수록 '순수문학'에 타격을 입히는 방향으로 전개되었다. 제도교육의 범위 안에서는 여전히 '순수문학'이 관제미학으로서 힘을 발휘하고 있었지만 논쟁이 진행될수록 '순수문학'은 더 이상 문단의 지배담론으로 군림하기 어려운 상황에 놓이게 되었다. 1970년대에는 해방 직후 제기되었다가 사라졌던 '민족문학론'이 다시 한국문학사에 강력한 의제로 등장하면서 '순수문학'의 영향력은 크게 위축될 수밖에 없었다.

'순수문학'의 논리적 모순

한국문학사에서의 '순수문학'은 그 문학이념이 표방하는 바의 '반계몽주의'와 '반정치성'에도 불구하고, 역설적으로 어떤 문학이념보다도 계몽적이며 정치적이라는 데 사안의 특수성이 있다. '반계몽주의'를 표방하는 치열한 '계몽주의', '정치로부터의 탈피'를 주장하는 '정치 과잉의 논리'는, '순수문학'의 논리가 애초부터 '위선'이거나 '거짓 이념'이기 때문에 생겨난 것이 아니다. 그것은 '순수문학론'이라는 문학이념 혹은 논리 구조 내부로부터 나타난 필연적인 문제이다.

사전에는 '순수문학'을 "어떠한 주의나 사상을 선전하는 따위를 떠나서 오로지 예술로서의 문학 그 자체를 위한 문학"이라고 정의돼 있다. 매우 소박한 정의이긴 하지만 이 짧은 문장 안에는 '순수문학'이 그 타자들과 대립하는 동안 자신의 논리적 근간이라고 내세운 핵심 내용이 압축되어 있다.

우선 어떠한 사상이나 주의도 떠난 상태의 '문학이나 예술'이 과연 존재할 수 있는가 하는 것이 문제가 된다. '순수문학'이 전가(傳家)의 보도

(寶刀)처럼 내세우는 것이 이른바 '미적 자율성(aesthetic autonomy)'이며, 앞의 사전적 정의도 사실은 여기에 기초하고 있다. 그런데 '순수문학'이 이론의 근거로 내세우는 이른바 '미적 자율성' 혹은 그 하위 개념인 '예술의 자율성'이란 것이야말로 철저히 '근대'의 산물인 동시에 시민계급의 철학적·이데올로기적 반영이라는 점, 다시 말하면 한국의 '순수문학'자들이 끔찍하게 싫어하고 외면하는 '계급적 담론'의 소산이라는 점은 매우 역설적이다.

'예술의 자율성'이란 테제는 모든 분야에서의 '분화'를 그 특징으로 하는 '근대세계'와 더불어 등장한 것이다. 근대의 주체적 이성에 의해 과학과 기술이 발전하고 종교의 세속화가 진행되었으며, 이로부터 도덕과 윤리, 예술이 종교로부터 자율화되었다. 주지하다시피, 서양 철학사에서 이러한 분화를 이성에 매개하여 가장 먼저 체계화한 것은 칸트였다. 이른바 칸트의 '비판철학 3부작'으로 알려진 『순수이성비판』, 『실천이성비판』, 『판단력비판』은 '진리'와 '도덕'과 '취미'의 영역이 주체성의 원리에 의해 각기 독립된 영역을 확보했음을 인정하는 근대철학의 성명서와 같은 것이다. 그리고 비로소 '미(美)'에 관한 물음, 즉 심미적 가치평가의 가능성과 그 타당성이 당당히 철학의 한 체계로 자리잡는 계기가 되었다.

18세기 말이 되면서 과학·도덕·예술은 인간의 활동 영역 안에서 제도적으로 서로 분화되었다. 그리고 이 영역들 내에서 진리의 문제, 정의의 문제, 취미의 문제는 자율적으로, 즉 각기 특수한 타당성의 지배를 받는 것으로 인식되었다. 그러므로 '미적 자율성'의 문제는 철저히 근대와 더불어 등장했으며, 그 세계를 밀고 나갔던 시민계급의 이데올로기와 세계관에 근거를 두고 있다. 19세기 말 유럽에 나타난 '예술지상주의(l'art pour l'art)'나 '유미주의' 또는 '데카당스(decadence, 퇴폐주의)'는 '미적 자율성'을 추진했던 유럽 시민계급의 역사적 소명과 전망이 불투명해지면서 나타난 일종의 '이상기류'였다.

'미적 자율성'에 대한 '순수문학'의 이러한 오해(또는 부분적 왜곡)는 또 다른 '순수문학'의 타자인 '상업주의문학' 혹은 '대중문학'과의 싸움에서도 그대로 반복·재연된다. '대중문학'이나 '상업주의문학'의 융성은 자본주의체제 아래에서의 '문학 및 예술'의 피할 수 없는 운명과도 같다. '미적 자율성'을 오해한 '순수문학'은 여기서도 '자본주의' 체제 내에서의 '문학'의 외연(外延)이 궁극적으로 '상품(商品)'의 형태로 존재할 수밖에 없다는 엄연한 사실을 간단히 부정해버리는 방식으로 저항한다. 자본의 논리에 저항하기 위해서는, 자본주의를 정확히 인식하지 않으면 안 되며, 그 체제 안에서 문학과 예술의 사회적 존재 양태를 과학적으로 인식하지 않으면 안 된다. 그럼에도 불구하고 '순수문학'은 '문학의 독자성' 또는 '문학의 신성성'을 고집함으로써 '자본'의 압박에 주관적으로 저항한다. 이러한 주관적 저항이 반복되면 문학은 본래 지니고 있던 사회적·문화적·정치적 성격이 퇴화되면서 유한계급의 고상한 취미나 입시용 문학 지식의 도구로 전락하게 된다.

한국문학사에서의 '순수문학'은 지금까지 살펴본 것과 같이 '미적 자율성' 내지 '예술의 자율성' 개념에 대한 그릇된 이해에 기초해 있다. 그뿐만 아니라 그것이 관제미학으로서 권력화되었던 것은 이론 자체의 정합성 때문이 아니라 한국의 정치·사회·문화를 규정하고 있는 '분단'이라는 특수한 상황에 편승했던 것이기 때문에 문제가 되지 않을 수 없다. 그럼에도 불구하고 그 논리적 영향과 흔적은 여전히 우리의 일상과 의식을 강하게 지배하고 있어서 아직도 우리는 '문학의 신성성의 신화', 또는 '문학이 현실에 대해 발언하고 정치성을 띠는 순간 문학으로서의 생명과 가치는 손상된다'라는 근거 없는 정식(定式)에서 완전히 자유롭지 않다. '순수문학'의 이데올로기로부터 벗어나지 않는 한, "얻은 것은 이데올로기요 잃은 것은 예술이다"라는 명제에 아로새겨진, 예술과 이데올로기를 기계적 대립관계로 이해하는 비변증법적 사유로부터 벗어나는 일 또한 요원하다. 그러므로 '순수문학'의 모순과 미망을 정확히 인식할 필요가 있다.

외국 국가명 표기를 바꾸자

김동택

얼마 전 새로 부임한 미국 대사의 이름을 어떻게 표기할 것인가를 두고 본인과 한국의 언론 사이에 설왕설래가 있었다. 1980년대 초에도 당시 미국 대통령의 이름 표기를 '레이건'으로 할 것인지 '리건'으로 할 것인지를 두고 말이 많았다.

물론 그 반대의 경우도 왕왕 발생한다. 한국 명칭의 외국어 표기도 쉽지 않은 문제이다. 얼마 전 한국 정부는 중국에 대해 서울의 표기를 '한성'이 아닌 '서울'로 해달라고 요구했고, 논란이 있었지만 서울로 표기하는 현상이 점차 확대되고 있다. 사람의 이름과 지명의 영문 표기를 두고 수많은 곡절을 거쳤지만 아직도 하나의 지명이나 인명에 대해 여러 가지 표기 방법이 존재한다. 그래서 이 씨는 'Lee' 또는 'Yi'로, 박 씨는 'Park' 또는

'Pak'으로, 김 씨는 'Kim' 혹은 'Gim'으로 다양하게 표기되고 있다.

한국 정부는 공식적으로 인명이나 지명에 대해 소리나는 대로 표기한다는 원칙을 표준 표기법으로 공포한 바 있다. 이렇게 원칙은 세워졌으나 현실 속에서 이 원칙이 그대로 관철되지는 않고 있으며, 또 그렇게 쉽사리 현실이 바뀔 것 같지도 않다. 앞서 예로 든 것처럼 한성이 서울이 되기 위해서는 오랜, 그리고 어려운 과정을 거쳐야만 하는 것이다. 어떤 사회에서 자기식의 표기법을 갖고 있는 경우, 특히 개인적인 선호의 문제가 아니라 공식적인 문서나 출판된 도서, 사회적 관념 등에 기존의 표기 방식이 관습적으로 자리잡고 있는 경우, 그것을 바꾸는 데는 정당한 이유와 상당한 시간, 그리고 노력이 필요하다. 외국의 도서관에서 한국어 서적들을 분류할 때 기존에 사용되고 있던 규칙을 한국 정부의 요구로 한 번에 다 바꿀 수는 없는 노릇이다. 또 익숙하게 사용하고 있는 고유명사인 사람의 성이나 지명들을 한 번에 다 바꿀 수도 없다. 따라서 새로운 표기의 필요성이 대두될 때마다 우여곡절은 불가피한 것처럼 보인다.

그런데 다른 한편 단순한 표기의 맞춤법 문제가 아니라 표기 과정에서 우리의 이미지가 투영되는 경우, 예를 들어 지칭하는 대상을 좋아하거나 싫어하는 의도, 대상을 높이거나 무시하는 의도가 숨겨져 있는 경우도 존재한다. 이것은 주로 표의문자(表意文字)인 한자어를 음역(音譯)하거나 의역(意譯)하는 경우에 발생한다. 예를 들어보면 몽골의 경우가 그러하다. 과거 우리가 흔히 사용했던 몽고(蒙古, '무지몽매한 것'이란 뜻)라는 명칭은 몽골(Mongol)을 음역하여 한자로 표기한 경우인데, 중국은 이러한 방식으로 은연중에 몽골을 우매하고 정체된 나라, 혹은 지역이라는 이미지를 갖도록 했다. 한자의 의역을 일부 따르고 있는 우리의 경우에도 아마도 그러한 예들이 분명 존재할 것이다.

우리가 국가의 명칭을 부르는 방법은 크게 두 가지로 나뉜다. 하나는 해당 국가의 본래 발음을 본떠 한글로 직접 표기하는 것이고, 다른 하나는 한자어로 표기된 것을 음역하거나 의역하여 표기하는 것이다. 첫 번째 경우에 해당하는 예를 들어보면 쿠바, 덴마크, 사모아, 이탈리아, 프랑스와 같은 것들이다. 두 번째 경우에 해당하는 예를 들어보면 미국(美國), 영국(英國), 중국(中國)과 같은 것들이다. 이 글에서 문제 삼고자 하는 것은 두 번째 경우, 즉 중국이나 일본에서 한자어로 표기한 것을 음역하거나 의역하여 한글로 읽는 경우이다. 의역과 음역을 거치는 과정에서 해당 국가들에 대한 이미지가 우리의 마음속에 은연중 새겨져버리는 마술과도 같은 현상이 발생하기 때문이다. 미국은 왜 '아름다운 나라'가 되고 영국은 왜 '꽃의 나라'가 되고 중국은 왜 '세상의 중심 나라'라는 뜻을 은연중에 갖게 되었을까? 이 질문에 답하기 위해서는 근대라는 역사적 상황에 대한 이해가 필요할 듯하다.

19세기 이후 서구 국가들과의 접촉이 빈번해지면서 그것들을 표기해야 하는 문제가 발생했다. 물론 여러 지명과 국명은 근대 이전에도 자주 사용되었고 대부분 당시에 사용되던 한자를 음역 또는 의역하여 사용했다. 이때는 주로 중국의 여러 지명과 국가 이름을 중심으로 현재의 만주와 몽골 지역, 동남아의 여러 나라들, 그리고 중앙아시아 지역들이 등장하고 있으며 가끔 유럽 지역도 등장했다. 이미 『고려사』 44권에 안남(安南, 베트남), 섬라(暹羅, 시암, 지금의 타이) 등이 나타나고 있으며, 1680년 김만중의 『서포만필(西浦漫筆)』에도 파사(波斯, 페르시아) 등의 지역 명칭이 등장한다. 청에 다녀온 사신들의 연행록에는 유럽의 여러 국가와 아프리카에 관한 명칭이 등장하고 있는데, 영길리(英吉利, 영국), 애란국(愛蘭國, 아일랜드), 아비리가주

(亞非里加洲, 아프리카주) 등이 바로 그것들이다.

그러나 서구 국가에 대한 명칭이 본격적으로 널리 사용되기 시작한 것은 19세기에 들어서면서 유럽을 중심으로 전 세계의 여러 나라와 지역이 국내에 알려지고 또 그러한 정보들을 알리고자 노력했기 때문이다. 이 과정에서 국가의 명칭을 표기하는 문제가 발생했는바, 한자어를 사용하는 중국과 일본의 용례를 따라 음역과 의역으로 적절하게 해결했다. 그러나 이때부터 다양한 인쇄물, 그리고 대중매체가 대중적인 개화와 계몽을 위해 한글 사용을 강조하면서 여러 나라에 대한 한글 표기가 등장하기 시작했다. 유길준의 『서유견문(西遊見聞)』은 세계 여러 지역과 나라를 소개한 대표적인 단행본이고, 『독립신문』은 대표적인 대중매체라고 할 수 있다. 이때부터 시작된 한글 표기와 한문의 의역 및 음역 표기를 병행하는 방법은 20세기를 거쳐 현재까지도 사용되고 있다.

한글을 사용하면서부터 각 나라의 명칭 표기에는 원음 그대로를 한글로 표기하는 경우와 한자를 의역, 음역하여 한글로 표기하는 두 가지 방법이 병행되었는데, 특히 맞춤법이 명확하게 확립되지 않았던 당시의 상황에서, 한 나라를 두고 다양한 표기가 사용된 경우도 많았다. 각 나라의 상황을 소개한 유길준의 『서유견문』에 나타난 나라의 표기를 보면, 프랑스의 경우 한자어의 음역인 '불란서(佛蘭西)'가 사용되고 있고 한자어의 의역인 '법국(法國)'은 사용되고 있지 않다. 그러나 『독립신문』에서는 '법국'과 '불란서'가 사용되고 있으며, 이후 중국에서는 현재까지 '법국'이 그대로 사용되고 있다. 그에 반해 한국에서는 더 이상 법국을 사용하지 않고 불란서와 프랑스를 사용해왔다. 독일의 경우 『서유견문』에서는 한자어의 음역인 '일이만(日耳曼)'이 주로 사용되었으며 그 후 『독립신문』에서는 한자어의 의역인 '덕국(德國)'이 사용되었고, 한글 표기인 '더이취' 등이 사용되었다. 중국에서는 여전히 '덕국'을 사용하는 반면 한국에서는 '일이만'이나 '덕국'은 더 이상 쓰지 않고 '독일' 혹은 '도이칠란트'를 사용한다. 영국의 경우 『서유견문』에는 '영길리(英吉利)', '영길리국'으로 표기되어 있으며, 『독립신문』에는 '영국(英國)', '영길리'가 사용되고 있으며, 이후 1900년대의 잡지에 '잉글란드'가 추가로 사용되고 있다. 미국의 경우 『서유견문』에는 '아미리가(阿美利加)'로 표기되거나 '합중국(合衆國)', '합중국화족국', '유나이팃드 스텟즈'로 표기돼 있다. 그러던 것이 『독립신문』에는 '미국(美國)'으로 표기되었다. 흥미로운 점은 1900년대 중반의 교과서에 '美國'(『유년필독』)과 '北米合衆國'(『초등소학』)이 같이 사용되고 있다는 것이다. 다른 표기 방식을 사용한 것은 일본과 중국의 텍스트 가운데 어떤 것을 인용하느냐에 따라 달라진 것이라 생각한다. 현재도 중국과 한국은 '美國'으로, 일본은 '米國'으로 표기하고 있다.

여기서 생각해봐야 할 것은 '미국'이라는 표기에 '아름다운 나라'라는 뜻을 가진 단어를 이용했다는 점이다. 또한 그렇게 함으로써 '미국'이라고 쓰거나 말하는 순간, 실제로는 아무런 연관이 없는 '아름다운 나라'라는 의미가 마음속에 떠오르게 된다는 점이다. 이것은 영국의 경우에도 마찬가지다. 이렇게 함으로써 우리는 헤게모니 국가에게 의식적·무의식적으로 경의를 표하게 된다. 설령 그러한 의도가 없다 하더라도 일단 말과 글로 드러나는 순간, 받아들이는 사람들은 그렇게 받아들일 개연성이 높아진다. 특히 한국의 근현대사와 관련하여 1980년 광주민주화운동 이전까지 많은 유학생과 이민자의 아메리칸 드림 속에서 아메리카, 혹은 유에스에이(U.S.A)는 아름다운 나라로 상상되었을지 모르겠다.

1980년 이후 우리는 이러한 역사적 상상이 잘못된 것일지도 모른다는 생각을 갖게 되었고, 꾸준하게 그에 대해 문제를 제기해왔다. 그러나 인명이나 지명을 본래 부르는 방식에 따라 한글로 표기한다는 원칙에도 불구하고 오랜 관습이나 편의, 그리고 우리 마음속의 지리학에서 아메리카를 미국으로 부르는 것에 대해서는 여전히 문제제기를 못하고 있다. 일찍이 유길준이 『서유견문』에서 불렀던 대로, 미국이 아메리카나 유나이티드 스테이츠 혹은 유에스에이로 불리기를 기대해본다. 물론 오늘의 세계를 보면 중국에게 미국은 더 이상 '美國'이 아니라 '米國'이고 싶을 것이고, 일본은 그 반대인 것처럼 보인다. 그래서 호칭과 현실은 다를 수도 있고, 그러니 편리해진 관습을 지키자고 주장할지도 모르겠다. 허나 시간이 지나면 이름을 바꾸자고 하거나 아니면 이름 그대로의 역사관계가 다시 만들어질지도 모르겠다.

아마도 이 문제와 관련해서 더 오래되고 더 뿌리 깊은 명칭은 '중국'일 것이다. 한반도의 역사에서 한자어가 지니는 역사적 특성으로 인해, 그리고 아마도 수백 년 아니 천 년 이상의 관습 속에서, 혹은 진정한 애정과 흠모의 정신세계 속에서, 세상의 중심으로서의 중국은 '중국(中國)'으로 불려왔다. 나랏말씀이 중국과 다르지만, 그것을 새삼 인식하여 새로운 글을 만든 것이 오백 년 전이었다. 그러나 그 후에도 중국은 중국이었고 때로는 오랑캐에게 점령당한 세계의 중심에 대한 흠모가 우리 스스로를 '작은 중국'으로 인식하게 만들 정도였다. 19세기 개항 이후 종이호랑이가 된 중국을 약간은 멸시하는 의미에서 '청'으로 표기한 것이 『독립신문』과 그 후의 출판매체에서 자주 등장했지만, 그럼에도 중국은 여전히 중국으로 남아 있었다. 그리고 시간이 지나 중국은 다시 중국으로 등장하여 우리 가까이에 커다란 존재로 자리잡고 있다.

한자어를 한글의 소리나는 그대로 읽은 것은 언뜻 우리의 언어 관습상 큰 문제가 되지 않는 것처럼 보인다. 그러나 중국어가 고유한 발음체계를 갖고 있는 외국어일 경우, 해당되는 한자어의 인명과 지명은 외국어로서 소리나는 대로 표기한다는 원칙을 따라야 할 것이다. 요즈음에는 모택동을 마오쩌둥으로, 양계초를 량치차오로 부르는 것이 그다지 어색하지 않을 정도가 되었다. 그러나 유독 중국만은 '중국'으로 남아 있다. 그리고 그런 관습 속에 중국은 세계의 중심이란 이미지로 의식적으로 무의식적으로 남아 있는지도 모를 일이다. 해서 중국은 '쭝궈'로 표기되어야 마땅할지도 모른다는 생각이 든다. 그것은 단순한 표기의 문제가 아니라 우리의 정신세계와 심상지리, 그리고 역사에 대한 문제제기로 받아들여질 수 있을 것이다. 한국이 중국이 될 수도 없고 될 필요도 없듯이, 중국이 '중국'이 아니라 '쭝궈'로 존재하는 그런 세상을 기대해보는 것도 나쁘지는 않을 것이다.

잉글랜드, 러시아, 터키가 더 이상 잉길리, 아라사, 토이기로 불리지 않는 것처럼 그리고 그렇게 불리는 것이 오히려 어색한 것처럼 '유에스에이'나 '쭝궈'가 더 이상 어색하지 않고 오히려 미국이나 중국이란 표기가 어색해지기를 기대해본다.

간도, 간도출병

배성준

'간도(間島)' 하면 떠오르는 이미지는 무엇일까? 아마도 고구려와 발해의 옛 땅이자 우리 민족의 잃어버린 고토(故土)라는 이미지이거나 봉오동전투와 청산리전투가 벌어졌던 독립운동의 근거지라는 이미지일 것이다. 이러한 이미지는 얼마 전까지만 해도 중고등학교 시절『국사』교과서를 배우면서 흘려들었던 어슴푸레한 기억에 불과했다.

그러나 '동북공정'으로 알려진 중국의 고구려사 왜곡으로 온 나라가 떠들썩했던 2004년 여름, 동북공정에 대항하기 위한 카드로 '간도 되찾기'가 제기되면서 우리 민족의 잃어버린 고토라는 이미지가 선명하게 부각되었다. 2004년 7월에 '간도되찾기운동본부'가 발족하고, 9월에 국회의원 59명이 '간도협약 무효 결의안'을 발의했으며, 온라인 공간에서도 간도 되찾기와 간도협약 무효를 외치는 목소리가 전폭적인 지지를 받으면서 해방 이후 최초로 간도 문제가 대중적 이슈로 떠올랐다. '고구려는 중국의 지방정권'이라는 중국의 갑작스런 도발에 분노한 국민들에게, 만주와 연해주를 포괄하는 저 넓은 간도가 되찾아야 할 우리 땅이라는 소식은 중국의 역사 왜곡을 일거에 뒤집는 후련한 주장이었을 것이다.

'간도협약 무효'로 '간도 되찾기'를 주장하는 이들은 간도가 단군 이래 고구려와 발해에 이르기까지 우리 민족이 지배한 땅이고, 17세기부터 주인 없는 땅으로 남아 있던 것을 19세기 후반 우리 민족이 이주하여 개간해왔다고 한다. 따라서 우리 민족이 오랫동안 삶의 터전으로 삼아왔던 간도를, 강탈한 외교권을 빌미로 일본이 청나라에 넘긴 '간도협약'은 무효라고 주장한다. 또한 이들은 '간도'라는 명칭이 근대 이전에 기원한다고 생각한다. 즉, 간도란 고대에 사용되던 '곰터'(神州·神鄉을 의미)라는 말에서 연유한 것이라고 주장하거나, 간도가 조선 태조의 선조가 다스리던 두만강 북쪽 지역의 '알동(斡東)'에서 전화된 것이라고 한다. 이렇게 간도 명칭의 유래를 끌어올릴수록 간도의 범위는 넓어지고 모호하게 된다. 17세기에 '간광지대(間曠地帶, 중립지대 또는 무주지)'가 성립되었다는 주장을 근거로 산하이관(山海關) 이동의 봉금지대 전체를 간도라고 하거나, 백두산정계비의 토문강(土門江)이 쑹화장(松花江)의 지류라는 주장을 근거로 쑹화장에서 헤이룽장(黑龍江, 러시아 측에서는 아무르강이라 부른다)으로 이어지는 흐름의 아래쪽을 간도라고 주장하기도 한다.

그러나 문헌상에 나타나는 간도 용어의 역사를 살펴보면 '간도 되찾기'를 주장하는 이들의 간도 인식과는 상이하다는 점을 알 수 있다. 문헌에서 '간도' 용어가 처음 등장하는 것은 1880년대이다. 1885년 조·청 국경회담을 마치고 조선 측 감계사 이중하(李重夏)가 고종에게 올린 보고서에

의하면, 1877년 종성과 온성 사이 두만강이 갈라지는 곳에 있는 작은 땅을 주민들이 개간하고 이를 '간도(間島)'라고 불렀으며, 그 후 종성, 회령, 무산, 온성 네 읍의 주민들이 점차 두만강 건너편의 개간지를 확대해 나감에 따라 이를 모두 간도라고 불렀다고 한다. 1930년대에 간행된 윤정희(尹政熙)의 『간도개척사』에도 간도 명칭의 유래가 소개되어 있다. 『간도개척사』에 따르면, 1880년 회령부사 홍남주(洪南周)가 대기근의 구제책으로 두만강 맞은편의 토지를 개간하게 하고 이를 '간도'라고 부르라고 지시했다. 처음 개간한 땅은 회령 서쪽 25리 되는 평야 100여 정보에 불과했으나 다음 해 개간지가 확대되어 길이 500리, 폭 40~50리에 달했다고 한다.

초기에는 두만강 맞은편의 개간지를 가리키던 간도 명칭이 러일전쟁 이후 일본이 간도 문제에 개입하면서 그 범위가 남만주 일대로 확대되었다. 일본은 러일전쟁 직후 제2의 러일전쟁에 대비하기 위해 간도의 전략적 중요성에 주목하고, 대러시아 전략과 조선 방어라는 측면에서 간도 확보가 필요하다는 점을 인식했다. 러일전쟁 직전 조·청 국경 교섭에 개입하여 전쟁이 끝날 때까지 국경 교섭을 미루어줄 것을 요청한 일본은, 1906년 11월 박제순 참정대신이 이토 히로부미 통감에게 간도에 거주하는 조선인의 보호를 요청한 것을 구실로 일본군의 간도 파병을 결정했다. 그리고 열강의 비난 및 청국, 러시아와의 마찰을 회피하기 위해 제1차 러일협약이 체결된 이후인 1907년 8월에야 용정촌(龍井村)에 '통감부간도파출소'를 개설하여 간도 점령의 첫발을 내딛었다.

러일전쟁 이후 간도 점령을 획책하고 있던 일본은 간도의 영역을 남만주 일대로 상정하고 간도가 청의 영토가 아니라는 사실을 대대적으로 선전했다. 1906년에 간행된 『만주지지(滿洲地誌)』에서는 하이란장(海蘭河) 이남, 두만강 이북의 땅을 간도의 영역으로 파악하고 간도를 한국과 중국

어느 쪽에도 속하지 않은 독립국으로 소개했으며, 간도가 한국의 영토임을 주장하는 대륙 낭인들의 견해가 신문에 자주 실리곤 했다. 또한 통감부와 일진회는 간도가 한국 영토라고 주장하면서 간도의 범위를 하이란장 너머 지린(吉林) 지방까지 확대시켰다. '통감부간도파출소'에서 조사·정리한 문헌에 따르면, 간도는 고려의 윤관이 여진을 정벌하고 복속시킨 땅이자 조선의 이성계가 여진을 정벌하고 복속시킨 땅이다. 정묘호란 때 체결된 강화조약으로 간도는 양국의 지배력이 미치지 않는 '간광지대'가 되어 약 200년 동안 유지되다가 19세기 후반 조선인이 개척하기에 이르렀다. 간도의 범위는 두만강 이북 라오예링(老爺嶺)산맥 이남의 남만주 일대라고 한다.

    1909년 '간도협약' 당시 당사국이었던 중국과 일본은 간도 문제에 대하여 상반된 입장을 취했다. 일본이 만주 침략을 위하여 간도 문제를 날조했다고 생각하는 중국은 간도 명칭을 거부하고 간도 문제의 존재 자체를 부정했다. 반면 간도 문제를 조선 점령과 만주 침략의 발판으로 생각한 일본은 간도의 역사를 새롭게 정리하고 간도 문제를 적극적으로 제기했다. 이러한 대립은 간도 귀속 문제를 결정하는 조약 명칭에도 반영되어, 중국 측의 조약 명칭은 「도문강중한계무조관(圖們江中韓界務條款)」이며, 일본 측의 조약 명칭은 「간도에 관한 일청협약(日淸協約)」이다. '간도협약'으로 간도의 영유권은 중국에 귀속되었지만 중국은 일본의 영토 침략에 맞서 영토주권을 수호했다는 생각이었고, 일본은 자신의 영토인 간도를 중국에게 넘겨주었다는 생각이었다.

    이처럼 간도 용어의 역사에 비추어볼 때, 국경 문제로서 간도 문제가 제기되던 19세기 말에서 20세기 초 조선(대한제국)의 간도 인식과 일본의 간도 인식이 달랐다. 조선은 두만강 대안 지역의 조선인 개간지를 간도라고 부른 데 비해 일본은 조선인 '보호'를 구실로 세력을 확장할 수 있는 범위를 간도라고 불렀다. 또한 조·청 국경회담이 벌어지던 1880년대에 간도 명칭이 출현했지만 간도 귀속 문제는 제기되지 않았다. 국경회담 당시 조선과 청 사이에 논란이 되었던 것은 두만강을 건너 이주한 조선인 철수 문제를 둘러싸고 백두산정계비에 나오는 '토문'이 두만강(중국 측 명칭은 '圖們江')과 동일한 강인가 아닌가라는 점이었다. 즉, 두만강의 국경선 여부를 결정하기 위하여 '토문'의 해석이 쟁점이 되었던 것이지 간도 귀속을 결정하기 위하여 '토문'의 해석을 두고 대립한 것은 아니었다. 반면 청과 일본은 처음부터 간도 귀속 문제를 둘러싸고 대립했으며, 약 2년에 걸친 교섭의 결과 일본은 간도 영유권을 청에게 양보하고 그 대신 만주의 이권을 차지했다.

　이러한 간도 인식의 차이에 주목할 때, 오늘날 '간도 되찾기'를 주장하는 이들의 인식이 일본의 간도 인식, 즉 '통감부간도파출소'의 간도 인식에 기반해 있다는 점이 드러난다. '간도 되찾기'를 주장하는 이들은 일본의 침략성을 근거로 간도협약 무효를 제기했다고 하지만 사실 그들의 인식 속에 있는 간도는 통감부간도파출소에서 간도 점령을 위하여 만들어낸 간도의 이미지인 것이다. '간도 되찾기'를 주장하는 이들의 국수적인 고토 회복 의식은 간도의 존재 자체를 부정하는 중국 측의 입장에 반대하면 할수록 만주 침략을 위한 전진기지로서 간도의 전략적 중요성을 강조하는 일본 제국주의의 침략 논리와 공명하게 되는 것이다.

　그렇다면 간도 용어에 담겨 있는 제국주의적 침략의 이미지를 걷어내고 조선인 이주의 역사와 독립운동의 역사가 담겨 있는 이미지를 되살리기 위해서는 어떻게 하는 것이 좋을까? 용어의 문제점이 있다고 해서 다양한 이미지를 가진 용어 자체를 폐기할 필요까지는 없을 것이다. 단지 지금까지 무시되었던 간도 용어의 역사, 19세기 후반에서 현재에 이르는 간도 인식의 역사를 새롭게 구성하고 간도 영유권 문제에 가려진 간도 조선인('조선족') 문제를 드러낼 수 있다면 간도 용어는 새로운 관계 속에 놓일 수 있을 것이다. 중국과 일본의 시야에서 간도 조선인 문제는 간도 귀속 문제에 부수적인 것으로 여겨졌고, 간도 조선인은 회유나 통제의 대상으로 치부되었다. 그렇지만 간도, 더 넓게는 만주에 스며 있는 조선인, 중국인, 일본인의 이주와 정착, 지배와 갈등의 역사를 새롭게 읽을 수 있다면 간도의 역사는 일국사의 시야를 넘어서는 새로운 지평을 열 수도 있을 것이다.

'간도협약'에 이은 조선의 강제병합으로 국내의 독립운동세력이 간도와 연해주로 망명함에 따라 간도는 독립운동의 근거지가 되었다. 3·1운동 이후 남만주와 연해주 일대에서 독립운동단체의 활동이 활발해지자 일제는 대규모 군대를 파견하여 조선 지배에 직접적인 위협으로 등장한 독립운동세력을 제거하는 동시에 만주 침략의 발판을 마련하고자 했다.

'간도출병'은 1920년 10월에 발생한 '훈춘사건(琿春事件)'을 구실로 일본이 대규모 군대를 파견하여 대대적인 공격을 단행한 일련의 사건을 가리킨다. 봉오동전투에서 패배한 일본군은 마적단의 훈춘 습격을 조작하고 마적단 토벌과 자국민 보호를 빌미로 조선주둔군 제19사단, 블라디보스토크 파견군, 관동군 등 2만여 명의 정규군을 출동시켜 독립운동세력에 대한 대대적인 공격에 나섰다. 일본군의 공격에 맞서 김좌진·홍범도 부대의 '청산리전투'가 벌어졌고, 이에 대한 보복으로 '간도참변'('경신참변庚申慘變')이라고 부르는 무자비한 조선인 학살이 자행되었다.

이처럼 '훈춘사건', '청산리전투', '간도참변'과 연관되어 있는 '간도출병'에 대하여 일본에서는 1918년의 '시베리아출병', 1927년의 '산동출병' 등의 용례처럼 단순히 해외로의 군대 파견이라는 글자 그대로의 의미로 제한하고자 한다. 그렇지만 이미 중국의 영토로 확정된 상태에서 일본 측에서만 사용하고 있던 '간도'라는 용어를 사용하는 것도 문제가 있고, 일본 측이 훈춘사건을 조작했고 중국 당국과는 연락이나 사전 교섭 없이 군대를 파견했다는 점에서 '출병'이라고 부르는 것도 부적절하다. 중국 측으로서는 '일본군의 만주 습격' 정도의 의미가 되겠지만, 한국 측으로서는 '만주 독립군 습격'이라는 의미가 담길 수 있고, 또 만주 독립군에 대한 일본군의 일련의 공격이라는 맥락에 놓일 수 있는 용어가 고려될 수 있을 것이다.

극동, 동아시아, 동북아시아의 함의

김희교

지역을 설정한다는 것

한국을 포함한 아시아의 동쪽 지역을 일컫는 말은 다양하지만 그중 대표적인 것은 '극동', '동아시아', '동북아시아'로 볼 수 있다. 대다수 사람은 이와 같은 지역 정의를 물리적 경계가 분명한 지리적 구분으로 생각하는 경향이 있다. 그러나 만약 이와 같은 지역 구분이 지리적 구분에만 기반하고 있다면, 극동이 있다면 극서가 있어야 할 것이고 동아시아가 있다면 서아시아뿐만 아니라 북아시아도 있어야 할 것이다. 그러나 극서 지역은 규정되어 있지 않으며 북아시아도 잘 쓰이지 않는 지역 범주이다. 이러한 현상에서 알 수 있듯이 결국 지역 정의란 물리적 경계가 분명한 불변적인 지리적 개념이 아니라 그 지역을 구성하는 인자들의 특정한 이해관계와 인식을 바탕으로 구성되는, 경계선과 중심 모두가 변할 수밖에 없는 가변적 개념이다. 지정학적인 관념뿐 아니라 사회적이고 문화적인 관념들, 그리고 합리적인 관념뿐 아니라 신비적인 관념 등이 복합되어 만들어진 권력체계의 산물인 것이다.

따라서 지역을 새롭게 정의한다는 것은 일종의 정복이자 도전이다. 서양이 동양을 정의한 것이 '정복'이었다면, 서양이 동양을 정의한 것을 '오리엔탈리즘'으로 부르고 그것을 '동양을 지배하고 재구성하며 위압하기 위한 서양의 스타일로 존재론적이자 인식론적 구별'이라고 재규정한 에드워드 사이드(Edward W. Said)의 행위는 '도전'이다. 한국을 포함한 아시아의 동쪽 지역 또한 지역 정의를 둘러싼 정복과 도전의 역사를 내포하고 있다.

잘 알려진 대로 아시아라는 지역 정의는 이 지역 주민들이 스스로를 대변하면서 형성된 개념이 아니라 유럽인에 의해 표상된 개념이다. 서구의 지식 및 관념체계 속에서 지역적 인식과 구분의 시작은 그리스인에 의해 시작되었다. 그들은 처음으로 '유럽'과 '아시아'를 나누었다. 그리스 항해인들이 주로 사용했던 이 두 용어는 반드시 분리·단절된 지역적 구분도, 늘 같은 지역을 가리키는 것도 아니었다. 이어 로마시대가 되면서 로마제국 내에서 동쪽 지역은 아시아, 서쪽 지방은 유럽으로 표현되었다. 여기에 이들의 활동 반경이 넓어지면서 아프리카가 더해졌고, 콜럼버스의 항해 이후 아메리카가 추가되어 근대 이전 서양인의 세계인식은 네 개의 대륙을 핵으로 구성되었다.

서양인들은 유럽의 동쪽 편을 아시아 이외에도 동방(East), 동양(Orient) 등의 용어로 표현해왔다. 이 두 용어는 동의어로 취급되고 혼용되었지만, 동양이 좀더 문화적 함의를 가지는 단위로 인식되었으며, 동방은 정치지리적 의미를 강조하는 개념으로 사용되었다. 동양은 이집트, 레반트(Levant, 시리아와 레바논)와 그 인접 지역을 지칭하는 말로 그 쓰임이 시작되었고, 유라시아 대륙에서 유럽이 아닌 모든 지역을 가리키는 말로 범위가 확대되었다가, 동아시아·동남아시아·중앙아시아만 포함하는 용어로 쓰이기도 했다. 반면 동방은 동로마제국을 가리키는 말로 쓰이다가, 러시아를 의미하는 단어가 되기도 했으며, 냉전기에는 공산권 국가들을 아우르는 말로 쓰이기도 했다.[65]

근대에 들어오면서 서양은 지리적으로 명확히 드러나지 않는 경계의 실체를 강조하기 위해 정치, 경제, 문화, 인종 등의 특성을 각 지역에 부여하는 작업을 하기 시작했다. 이때부터 지역 구분은 대륙, 바다와 같은 지리적 경계를 중심으로 이루어진다기보다는 눈에 띄게 문화적인 개념으로 변모한다.

우선 서양 근대철학에서 가장 강조되는 인간 이성, 합리성의 부재가 비유럽 지역의 가장 큰 특성으로 지적되었다. 또한 서양에 비해 동양은 독재적 전제정치의 탓으로 경제적·사회적 정체(停滯)와 지체를 겪고 있는 지역으로 규정되었다. 물론 동양에 대한 이러한 인식은 헤로도토스로부터 시작되어 아리스토텔레스에 의해서도 강조된 바 있다. 고대의 이러한 사상은 유럽 중심주의를 지닌 계몽주의 사상가들에 의해 부활되었다. 계몽주의 사상가들의 아시아 인식은, 아시아에 대한 실증적 분석이었다기보다는 사실 당시 프랑스의 상황을 빗대어 설명하고 있는 것이었음에도 불구하고 이후 시대까지 아시아를 설명하는 중요한 도구로 이용되었다.

19세기에는 헤겔과 영국의 실용주의 사상가들 역시 정치적으로는 '전제정치', 그리고 사회경제적으로는 '정체'라는 아시아에 대한 공식을 여과 없이 수용했다. 이들에 따르면, 동양 사회는 자급자족적 지역경제,

불안정한 상인계층, 모든 토지를 소유한 전제군주와 그에 기생하는 관료층, 결여된 시민사회 등으로 설명되었다.

마르크시즘의 이른바 '아시아적 생산양식'으로 정리되는 이와 같은 동양적 특성은 세 단계의 논리 구조로 구성되었다. ① 아시아와 같은 건조, 반건조, 계절풍 지역에서 농업 생산에는 대규모 관개시설이 필수적이다. ② 그러한 관개시설을 건설하고 유지하기 위해서 거대한 관료제가 필요했으며, 그로 인해 완전한 사회통제가 이루어졌다. ③ 정치적 권력의 독점은 사회적 진화의 가능성을 질식시켰다.

결국 근대적 서양 인식 속에서 동양 혹은 아시아는 유럽 중심주의, 문화적·인종적 편견, 그리고 지독한 환경결정론의 복합적 결과물로 정착되었다. 아시아라는 지역 개념 정의는 자본주의적 세계체제가 구축되는 과정에서 기타 지역에 별다른 여과 없이 수용되어 오늘날에 이르고 있다.

극동이라는 개념의 식민성

유럽 중심주의, 문화적·인종적 편견, 그리고 환경결정론을 가장 적나라하게 드러내는 개념 중 하나가 바로 '극동(Far East)'이다. 극동은 유럽과 아시아라는 이분법적 권력질서가 더욱 세분화된 지역 분류 속에서 더욱 강조되어 배태돼 있다는 특성을 지닌다. 아시아에서도 변두리라는 의미를 내포하고 있기 때문이다.

아시아 내에서의 단위 지역 구분이 본격화된 것은—중앙아시아를 제외하고는—냉전기부터이다. 제2차 세계대전에 뛰어든 미국은 아시아·태평양 지역과 인도양 지역에 대한 스스로의 무지에 경각심을 갖고 이 지역에 대한 학습에 나서게 된다. 1940년대 초반 전쟁 수행뿐만 아니라 이후 세계 경영과도 밀접한 관계가 있을 것으로 판단하고 지역 정보 수집과 지역 전문가 양성을 위해 네 개의 기관(국립조사연구위원회, 미국학회위원회, 사회과학조사연구위원회, 스미소니언)이 합심하여 '민속지리국(Ethnogeographic Board)'을 설치했다.

민속지리국의 사명은 올바른 지역 정보를 정부에 제공하고, 미국 내 지역 연구의 현황을 조사하는 것이었다. 임무 수행에 들어간 민속지리국은 광범위한 아시아라는 단위가 걸림돌이 된다는 것을 파악했고, 유럽의 제국들이 제공해온 지역 분류나 인식이 빠른 속도로 현실과 괴리되고 있다는 것도 깨달았다. 이에 새로운 지역 인식 체계로서 '지역학'의 개념이 등장하게 되었다.

새로운 지역학의 분류 속에서 유럽, 러시아, 근중동, 그리고 극동이 규정되었으며, 극동은 후에 남아시아, 동남아시아, 동아시아로 세분되었다. 이러한 분류는 전후 미국 대학에 생겨난 여러 지역학과와 지역학 연구소에 의해 공식화되었다. 사회과학조사연구위원회의 촉구와 포드 재단의 지원으로 연방정부는 1947년 14개의 지역학 연구소를 주요 대학에 설립했고, 그 수는 1952년 25개로 늘어났으며, 1990년대 초반에는 124개로 증가했다.[66]

미국식 지역 구분은 세계적으로 수용되었고, 각 지역 당사자들 역시 미국이 이해하는 단위별로 스스로를 인식하는 경향도 보인다. 예를 들어 동남아시아국가연합(ASEAN)은 브루나이, 인도네시아, 말레이시아, 필리핀, 싱가포르, 태국, 베트남으로 그 회원국을 제한하고 있는데, 이는 미국에서 만든 어찌 보면 자연스럽지 못한 구분선을 따르고 있는 것이다. 동남아시아국가연합은 공식적으로 동남아시아에 속하지 않는 스리랑카의 회원 가입을 막았는데, 스리랑카는 태국과 많은 부분 유사성을 지니고 있으며, 이는 필리핀과 태국의 유사성보다 크다고 할 수 있다. 하지만 현행 지역 구분에서 스리랑카는 인도를 중심으로 하는 남아시아에 속한다. 극동이라는 개념 또한 미국 중심의 지적 체계의 재편 과정 속에서 아시아인들에게 자연스럽게 유입되었다.

제2차 세계대전 이후 아시아·아프리카의 반제국주의 투쟁과 에드워드 사이드의 『오리엔탈리즘』으로 표상되는 중심부 내부에서의 자성적 반성의 결과로 극동이라는 개념에 대한 비판적 반성이 많이 이루어졌다. 그럼에도 불구하고 극동이라는 개념과 그 개념의 함의는 여전히 통용되고 있다. 2005년 10월 1일 풀햄과의 축구 경기에서 맹활약을 펼친 박지성에 대해 영국의 일간지 『맨체스터 이브닝뉴스』가 "다시 한 번 박지성의 맨유 행이 단순히 극동에서 셔츠 판매를 늘리기 위한 것이 아니라는 점을 증명했다"라고 보도하고 있는 것이나, 잉글랜드 출신 포터필드 프로축구 부산팀 감독이 "월드컵 이후 극동 축구에 대한 관심이 높아졌다"라며 한국 팀을 맡은 일이나, 2005년 제62회 베니스영화제 집행위원장 마르코 뮐러가 "올해 영화제에서는 서구에 열정을 전해주는 극동 지역의 영화 만들기에 경의를 표할 것"이라고 표현한 데서도 이는 드러난다.

더욱 심각한 문제는 극동이라는 개념을 유럽인뿐 아니라 한국의 주류 담론생산자들 또한 여전히 사용하고 있다는 점이다. 정몽준은 축구협회 회장으로 당선되면서 '극동아시아대회' 개최를 공약으로 내세우고 있고, 『조선일보』는 서울월드컵경기장에서 벌어진 이란과 한국 국가대표팀 간의 경기를 "한국과 이란은 극동과 중동의 자존심을 걸고 양보할 수 없는 한판 승부를 벌인다"라고 논평했다. 『한겨레신문』은 "유럽은 물론 극동까지 퍼진 스페인 독감은 전 세계 인구의 5분의 1을 감염시켰다"라고 보도하고 있다. 이것은 현재 한국의 지적 체계의 지형도를 보여주는 주요한 예로 볼 수 있다. 또한 아직 한국 내부에서는 지적 체계의 식민성에 대한 진지한 검토가 부재했다. 도쿄제국대학에서 체계화한 '동양사'라는 편재가 아직 한국의 주요 대학에 번듯이 실재하고 있는 것은 또 다른 단적인 예이다.

동아시아는 존재하는가?

한국에서 동아시아라는 지역 개념은 극동이라는 유럽 중심주의적인 심상지리적 개념에 비해 뚜렷한 실체가 있는 것으로 인식되고 있다. "동아시아라는 말은 뚜렷한 지리적 실체를 가진다. 한국, 중국, 일본으로 이루어지는 이 동아시아는 …… 단순한 지리적 연관을 가질 뿐만 아니라 정치적·경제적·사상적·문화적으로도 긴밀히 연관된다. 그 연관은 현재적으로 그러할 뿐만 아니라 역사적 맥락에서도 그러하다. 그 연관은 거의 문명권의 그것과 부합한다"[67]라는 주장은 국내에서 가장 많은 동조자를 가지고 있다.

그럼에도 불구하고 이 개념은 기본적인 규정에서부터 문제가 있다. 우선 동아시아라는 지역 설정 자체부터가 논자에 따라 너무도 다양하게 사용되고 있다. 가장 관용적으로는 한·중·일 삼국을 뜻한다. 나아가서는 베트남을 포함한 동남아시아만을 아우르는 개념으로 사용하기도 하고, 동남아시아와 동북아시아를 포괄하는 개념으로 사용하기도 한다. 논리대로라면 동아시아는 동남아시아와 동북아시아를 다 같이 아우르는 개념으로 사용하는 것이 적당하다.

그러나 이렇게 사용한다고 하더라도 문제는 많다. 무엇보다도 중요한 문제는 동아시아를 한·중·일 삼국에 국한한 의미로 주로 사용하는 데서 발생한다. 동아시아라는 개념을 동남아시아와 동북아시아를 아우르는 개념으로 사용하는 것이 타당함에도 불구하고 많은 논자들이 베트남과 몽골을 아우르지 않는 것은 물론이고 심지어는 북한과 대만까지도 배제한 개념으로 사용하고 있다. 이것은 결국 일본이 서양에 대항하기 위해 동아시아의 연대를 주장하면서도 동아시아를 다시 일본 중심주의의 하위 구조 속에 놓은 것과 똑같은 차원의 또 다른 한·중·일 중심주의를 배태하고 있다는 문제를 내포하고 있다.

한·중·일을 넘어서 동남아시아까지 포괄하는 느슨한 개념으로 사용한다고 하더라도 문제가 있기는 마찬가지이다. 이 지역을 공히 아우를 수 있는 공통점은 유교를 중심으로 놓은 문명적 기준이다. 그러나 동아시아를 하나의 유교 문명 지역으로 범주화하고자 하는 논자들 중 소위 '아시아적 가치'를 주장하는 유교자본주의론자들이 그들이 규정한 동아시아적 특성을 자본주의라는 중심적 헤게모니와 연관시키고자 하는 노력을 보여주고 있는 것에서도 드러나듯, 동아시아라는 개념 규정은 또 하나의 자본주의적 정복욕의 표현으로 나타나곤 한다.

물론 자본주의 문명의 전 지구화에 대항하는 반헤게모니적인 문화 활동의 근거지로 활용하고자 이 지역을 단일 지역으로 묶으려는 움직임도 있다. 그러나 자본주의 문명은 자본주의체제 그 자체와 결합되어 있으며, 이미 동아시아의 대부분 지역이 유교문화적 공통점보다 자본주의 문명적 공통점을 더 많이 지니고 있다. 따라서 이 지역을 그 근거지로 활용하고자 한다면 오히려 자본주의 문명이나 체제적 공통점이나 반체제 운동의 역사적 경험을 바탕으로 구성해야 한다. 그러나 동남아시아와 동북아시아를 포괄하여 동아시아라는 개념으로 묶기에는 미흡한 점이 한둘이 아니다. 반헤게모니 활동은 문화 활동에 그쳐서 이루어질 수 없는 성격의 것이며, 이 지역을 유교 문명 지역으로 표상하여 해결할 수 있는 문제는 더더욱 아니라는 사실은 그중 하나이다.

반헤게모니적 문화 활동의 근거지로 활용하려면 이 지역의 실체는 오히려 다른 요소에서 찾아야 할 것이다. 역사학자 백영서 교수가 포착하고 있듯이 "근대에 들어와 제국주의와 냉전이 조성한 역사적 상황에서 서로 긴밀히 연결된 경험 세계"가 오히려 이 지역의 공동의 문화유산보다 강하게 실재한다는 점에 주목할 필요가 있다. 중국 문학자 쑨거(孫歌)도 이 점을 잘 포착하고 있다. 그는 "동아시아라는 실체는 확실히 존재하고 있다. 포스트 냉전 구조 속에서 동아시아인들은 긴급히 연대하지 않으면 미국에 대항할 수 없다는 엄중한 현실에 직면하고 있다"[68]라고 말한다. 결국 동아시아라는 지역 개념은 정확하게 범주를 설정하고 사용하지 않는 한 구체적 실체가 없는 또 하나의 심상지리에 불과할 가능성이 매우 높은 지역 설정이다.

'현실지리' 로서 동북아시아

동북아시아라는 지역 개념은 제도와 과정으로서의 지역 개념보다 현실과 이상의 반영물로서 지역 구분의 특성을 강조한 개념이다. 도쿄대 명예교수 와다 하루키(和田春樹)가 주장하듯 동북아시아라는 지역 개념의 특성은 한·중·일 삼국뿐만 아니라 북한과 대만 그리고 몽골과 러시아, 미국을 포함시키고 있다. 이는 자연지리적 특성보다 '현실지리' 를 중시했다는 점에서 획기적인 지역 구분이다. '현실지리' 란 이 지역이 경제, 정치, 안보, 환경, 식량, 평화 문제에서 실제적으로 운명공동체적 성격을 띠고 있고, 자연지리상으로는 이 지역의 일원이 아니지만 전 지구적 자본주의적 세계체제라는 현실 속에서는 가장 주요한 일원 중의 하나인 미국과 러시아를 포함시켰다는 것을 의미한다. '현실지리'를 바탕으로 한 동북아시아라는 지역 설정은 "미국, 중국, 일본, 러시아 등 주변국과의 다국 간의 신뢰양성과 상호협력 없이는 불가능"한 '동북아시아 공동의 집'이라는 평화와 연대를 바탕으로 한 지역공동체 설정을 목표로 하고 있다.[69] 미국과 러시아를 포함한 동북아시아라는 개념으로 이 지역을 분석할 때, 비로소 타이완 칭화대 교수 천꽝싱(陳光興)이 제안한 탈식민지·탈냉전·탈제국화의 삼위일체운동도 보다 명확하게 그 대상을 설정할 수 있다. 그런 점에서 이러한 지역 구분은 어느 구분법보다 현실적이자 이상지향적인 지역 구분법으로 볼 수 있다.

동북아시아라는 지역 개념은 탈민족·탈국가주의자들로부터 지나치게 근대적 국가중심주의라는 비난을 받을 소지가 있다. '주변의 눈'으로 동아시아를 보자는 일련의 탈중심주의운동에 참여하고 있는 사람들에게 국가를 주요 범주로 하는 지역 설정은 결국 "미국에서 중국이나 일본으로 패권국을 교체하는 결과를 낳는 데 그칠 것"[70]이라는 우려를 낳기도 한다. 이러한 주장은 이 지역의 국가들이 현재 대부분 근대적 발전주의적 가치를 추구하고 있다는 점에서 충분히 경청할 만한 값어치가 있다. 그러나 "동아시아를 국가 간의 관계로서 실체화하지 않고 생활자의 상호적 교류를 가능하게 하는 관계의 틀"이라는 '방법으로서의 동아시아'를 주창할 때 문제는, 쑨거가 제기하고 있는 것처럼 "만일 동아시아라는 시각에 민족주의를 해체하는 기능이 있다면 동아시아라는 시각이란 누가 중심이 되며 무엇을 기초로 할 것인가? 민족주의의 대체물이 존재하지 않고 다국적 자본에 의해 세계화의 이름으로 추진되는 불평등한 경제관계의 시대에 민족주의와 동아시아 시각 사이엔 정말 상호견제의 시각이 있는가?"[71]라는 질문에 답해야 한다는 점이다.

그러나 '방법으로서의 동아시아'를 주창하는 논자들은 아직 이 문제에 대한 뚜렷한 해답을 내놓지 못하고 있는 듯하다. "'주변의 눈'으로 동아시아의 안팎을 전망하는 것이 필수적"이라고 말하고 있으면서도 결국은 "전통적 중화세계의 주변이었고 지금 동아시아에서 중심으로 발돋움하려고 하는 한국의 역할이 중요해진다"[72]라는 환언적 주장을 할 수밖에 없다는 사실에서도 엿보이듯, 가장 강력한 현실적 틀로 작동하고 있는 국가와 민족을 넘는 것은 결코 간단치 않은 문제이다. 중국에서 하나의 대안적 세력이 성장하는 데는 상당한 시간이 필요해 보이고, 가장 발달한 시민사회를 가지고 있는 일본에서는 오히려 자민당 우파의 헤게모니가 갈수록 성장해가는 현상을 볼 때, 현재 진행되고 있는 국가의 범주를 넘어선 아시아 각국의 시민사회 연대 또한 국가를 넘어서는 하나의 대안적 주체로서는 미흡해 보인다. 이와 같은 상황에서 이상향으로서 동아시아를 지나치게 주장하는 것은 또 하나의 심상지리일 수 있다.

결론적으로 볼 때 한국을 포함한 아시아의 동쪽 지역을 일컫는 극동이라는 개념은 더 이상 사용해서는 안 될 것이다. 지역을 정의한다는 것은 인간 활동의 결과물이자 동시에 미래를 향한 지향이라는 점을 상기해볼 필요가 있다. 동아시아라는 개념은 좀더 분명히 정의하고 사용해야 한다. 더 이상 한·중·일 삼국을 통칭하는 개념으로 사용해서는 안 될 것이다. 그럴 필요가 있을 경우는 '한·중·일 삼국'으로 사용하면 된다. 실제적으로는 한·중·일 삼국을 의미하면서도 느슨한 문화 개념으로 동남아시아나 동북아시아를 공히 아우르며 은연중에 보다 광범위한 지역을 표상하고자 하는 것은 또 하나의 중심주의라는 사실을 명심할 필요가 있다. 또, 유교문화권으로 동아시아를 규정하여 사용하려면 지역과 시대를 좀더 분명히 하여 사용할 필요가 있다. 조공·책봉체제가 작동한 시기는 유교 혹은 유·

불·선으로 문화적 지역 구분을 시도하는 것이 가능할 것이다. 그러나 그것도 베트남을 포함한 인근 지역을 사상(捨象)해서는 안 된다. 문화적 분류를 따를 경우 베트남은 일본보다도 오히려 더 상호 연관된 지역으로 볼 수 있기 때문이다. 특히 주의해야 할 것은 이 개념을 근대 이후의 정치경제적 메커니즘을 분석하는 데 동원할 경우이다. 많은 동아시아 담론이 근·현대 이후 이 지역을 분석하는 데 필수적인 미국과 러시아라는 요소를 등한시하는 경향을 보이고 있는 것은 이 개념의 이 같은 태생적 한계와도 연관되어 있다고 판단된다.

동북아시아라는 개념은 국가중심주의라는 비난에도 불구하고 가장 현실적 실재를 바탕으로 하고 있다. 6자회담에서도 드러나듯 여전히 동북아의 주요한 현안은 국가라는 범주를 중심으로 이루어지고 있다. 또한 북한과 대만뿐 아니라 베트남과 몽골까지도 포괄하고 있다는 점에서 상당 부분 '또 하나의 중심주의'를 극복하고자 한 개념 설정이다. 미국과 러시아까지 포함한다는 점에서 심상지리적 한계를 극복했을 뿐만 아니라 전지구적 자본주의화된 이 지역의 현재적 특성을 잘 드러낸 개념으로 볼 수 있다.

동북아시아라는 개념 또한 문제가 없는 것은 아니다. 개념 자체는 베트남과 몽골까지 아우르는 것으로 설정돼 있음에도 불구하고 실제적으로 사회과학자들이나 정책 입안자들은 한·중·일을 중심으로 사용하고 있거나 그들을 포괄하는 새로운 공동체적 분석과 비전을 제시하지 못하는 경우가 많다. 일부에서는 중국 중심주의 혹은 한국 민족주의적 경향을 노정하고 있기도 하다. 이 지역을 정의하는 도전은 아직 갈 길이 멀어 보인다.

중국 애국주의의 실체
: 신중화주의, 중화패권주의, 민족주의

김희교

'애국주의(愛國主義)'는 중국이 개혁개방정책을 시행하면서 사회주의 이념을 대체하기 위하여 대대적으로 진행한 국민교육이자 중국민 사이에 고양된 국민 이데올로기이다. 중국의 애국주의 교육이나 중국민의 애국주의적 정서 고양은 중국이 사회주의적 폐쇄경제를 버리고 개혁개방정책으로 나선 것만큼이나 획기적인 변화이다. 중화인민공화국 수립 이후 사회주의 중국은 줄곧 민족주의를 '자산계급 및 모든 착취계급의 사상이 민족관계에 반영된 것'으로 파악하고 민족주의 폐악을 강조하는 한편 프롤레타리아 국제주의를 주창해왔기 때문이다.

프롤레타리아 국제주의가 강조해오던 전 지구적 계급해방운동과 국가를 넘어서는 프롤레타리아 간의 연대보다 중국 민족의 우월성과 단결을 강조하는 현재 중국의 애국주의를 바라보는 한국 연구자들의 시각은 대략 세 가지로 나눌 수 있다.

첫째는, 중국의 애국주의는 중국의 국력이 강성해짐에 따라 19세기 이후 잃어버렸던 강국의 꿈이 부활하여 나타난 새로운 중화주의라는 이른바 '신중화주의론'이다. 주로 대다수 한국의 중국 연구자와 한국사 연구자들이 이와 같은 입장을 취하고 있다.

두 번째로, 신중화주의적 경향을 보일 뿐만 아니라 동시에 패권주의를 추구하고 있다는 주장도 상당한 동조자를 지니고 있다. 중국의 동북공정 추진 이후 등장한 이른바 '중화패권주의론'은 주로 주류 언론들이 사용하고 있다.

마지막 하나는, 중국이라는 사회주의 국가가 자본주의 시스템을 받아들이면서 애국주의를 수용하고 있는 것이기에 다른 국가의 그것에 비해 낯설고, 또 중국이 태생적으로 가지고 있는 힘 때문에 주변국에 위협적으로 비칠 수는 있지만, 중국의 애국주의는 아직은 민족주의라고 보는 시각이다. 아직은 중국의 애국주의가 대부분의 근대 국민국가가 내보이고 있는 민족주의의 특성 이상의 경향을 내보이고 있지 않기 때문이다. 동아시아에서 미국 중심의 패권질서가 강고한 상황에서, 식민지 국가들의 민족주의가 지니는 저항적 특성의 효용성에 관심을 가지고 있는 일부 연구자들이 이 논법에 동의를 하고 있다.

중화패권주의론자들 또한 기본적으로는 중국적 특색을 지닌 중화주의의 부활에 동의하고 있다는 점을 감안하면 중국의 애국주의를 신중화주의로 보는 관점은 한국의 중국 연구자들과 주류 언론이 동조하고 있는 주류의 시각이라 볼 수 있다. 신중화주의론자들은 중국의 애국주의가 급속한 경제성장 과정에서 형성된 자신감을 바탕으로 전통문화의 우월성을 재정립하며 중화주의적 세계의 부활을 꿈꾸고 있다고 본다. 이들은 중국이 현재 진행하고 있는 동북공정이나 애국주의 교육, 스포츠 경기에 대한 국민들의 행동 양태에서 나타나는 부정적인 요소들을 그 주요한 표징으로 들고 있다.

동북공정이나 애국주의 교육, 그리고 스포츠 경기에서 나타난 중국의 지향성이나 중국민의 행태에 신중화주의라고 부를 만한 요소가 과연 실재하는지에 대한 분석은 차후로 미루기로 하자. 다만 이와 같은 일련의 경향을 신중화주의라고 부르기 위해서는 몇 가지 전제가 증명되어야 한다.

중화주의에는 두 가지 핵심적인 축, 즉 화이사상(華夷思想)과 조공책봉체제(朝貢冊封體制)가 필요하다. 이는 미국의 패권주의가 인종주의와 서구중심적 보편주의를 바탕으로 한 오리엔탈리즘과 자본주의적 세계체제를 양대 축으로 하고 있는 것과 마찬가지다. 화이사상은 세계를 중심과 주변으로 나누고 주변을 오랑캐라 간주하는 차별의식이고, 조공책봉체제는 중심인 중국과 주변국가 간에 정치적 상하관계를 맺고 문화적 의례관계를 주고받는 일종의 세계체제이다.

그러나 현재의 애국주의는 중화주의의 핵심인 화이사상도 나타나 있지 않을 뿐만 아니라 위계적 중국 중심의 세계체제를 구성하고 있지도 못하다. 자국민에 대한 자부심과 우월성을 강조하고 있지만 이분법적 계서(階序)의식이 드러나지 않고 있고, 타국민이나 타문화를 열등한 것으로 구획짓고 있지도 않으며, 조공책봉체제와 같은 국가 간 위계질서를 가진 중국 중심의 세계체제를 형성하고 있지도 않다. 따라서 현재 중국의 애국주의를 신중화주의라고 부르는 것은 성급한 일반화의 오류이다.

중화주의의 부활을 강조하는 논자들이 이와 같은 오류를 범하게 되는 결정적인 원인은 지나치게 중국 역사의 연속성에 주목하고 있기 때문이다. 그들은 섣부르게 전근대와 현재를 연결시킨다. 별다른 근거 없이 전근대 중화주의가 지금까지 중국민에게 유전되고 있음을 주장하면서도 전근대와 개혁개방을 추진하고 있는 현재 사이에는 사회주의 중국이 존재했다는 사실을 애써 무시한다. 이들은 위안스카이(袁世凱)가 중화주의적 세계관을 지녔다는 점을 강조하며, 현재 중국민이 전통적 중화주의를 계승했다는 논법을 사용한다. 하지만 지난 세기 내내 마오쩌둥에서부터 후진타오(胡錦濤)에 이르기까지 수많은 중국민이 반중화주의적 담론을 생산하고 새로운 근대를 지행해왔다는 사실에는 별 관심이 없다. 이것은 마치 조선시대 사대부들이 가졌던 중화주의적 세계관이 현재 한국민에게도 연속되고 있음을 강조하는 논법과 동일하다.

청일전쟁을 기점으로 동아시아는 연속보다 단절의 역사를 걸어왔다. 한국민이 조선의 식민지화와 타율적 해방을 맞으며 분단을 경험하고, 서로 다른 체제 속에서 새로운 국민국가를 만들면서 전근대적 중화주의세계관을 해체해온 것처럼, 중국민도 반식민지를 거쳐 사회주의 정권을 수립하는 과정에서 새로운 근대를 형성시켰고, 그 와중에 중화체제는 와해되었으며 화이사상은 해체되어 나갔다.

물론 1999년 베오그라드 주재 중국대사관 폭파사건 때 보여주었던 중국민의 대응이나 동북공정, 애국주의적 역사교과서 서술, 중국 고대사의 재복원, 축구에 대한 중국 축구팬들의 과열된 응원 등에서 드러나듯 중국민의 애국주의는 바람직하지 못한 시민사회의 모습을 노정하고 있고 염려스러운 국가주의적 경향을 보이기도 한다. 그러나 이것만으로 현재 중국의 애국주의를 '신중화주의'로 해석하는 것은 지나치게 미래의 역사를 편향적으로 추정하는 것일 뿐만 아니라 과도한 역사의 일반화이다. 이것은 그들을 조금만 이해하고자 하는 관점에서 보면 다른 국민국가에서도 드러나는 민족주의적 정서이다.

나아가 중국의 애국주의를 중화패권주의로 볼 수 있는가? 중국은 과연 그들의 주장대로 넓게는 전 지구적, 좁게는 동아시아 내에서 패권을 추구하고 있는가? 패권이란 '하나의 강대국이 그 체제 내의 국가들을 통제하거나 지배하는 상황'을 의미한다. 패권은 일반적으로 하나의 패권국에 의해 주도되며, 패권국은 '일정 기간 동안 국제관계를 관리할 규칙과 제도를 형성·지배하는 국가'를 의미한다. 패권국가는 군사력이나 경제력 같은 권력을 동원하여 타국을 국제질서에 강제적으로 순응시키는 한편 국제적 분쟁의 평화적 해결, 경제적 실리 제공 등을 통해 다른 국가의 동의를 확보하여 국제질서를 유지한다.[73] 이런 맥락에서 보면 구소련의 붕괴 이후의 미국은 전형적인 패권국가이다.

미국에게 붙이던 패권주의라는 잣대를 중국에 적용하는 이유에는 몇 가지가 있다. 중국 경제가 고도성장을 구가하면서 급속하게 경제대국화되고 있고, 군사대국화할 가능성이 높으며, '중화민족주의'로 무장해 지역패권을 추구할 것이라는 가정 등이 그것이다. 1990년대 이후 미국에서 만들어진 중국위협론의 핵심적 고리를 이루고 있는 이와 같은 논리는 중국이 동북공정을 추진한 이후 급속도로 한국 사회에도 확산되었다.

그러나 중국의 애국주의를 패권주의라고 부르는 것은 본질적인 한계를 지니고 있다. 왜냐하면 미국 패권주의의 핵심에는 이데올로기적으로는 인종주의와 서구 중심적 보편주의를 주요 축으로 삼는 오리엔탈리즘이 자리잡고 있고, 구조적으로는 자본주의적 세계체제가 미국 중심으로 재편되어 있기 때문이다. 그러나 중국의 애국주의는 중국민의 우월성을 증명하는 데는 관심이 있지만 서구 중심주의와 같은 계서적 차별관으로 나아가지는 않고 있다. 또 한족 중심주의를 노정하고 있지만 인종주의와는 확연하게 구분되고, '동양'의 우수성을 강조하지만 서양과 존재론적 구분으로까지 나아갈 가능성은 별로 없어 보인다.

이념뿐만 아니라 실재에서도 중국의 애국주의는 미국의 패권주의와 차이를 드러낸다. 중국은 미국과 달리, 일방적으로 타국을 '악의 축'으로 규정하거나 자신들이 규정한 민주주의적 가치 실현을 표방하며 군사력까지 동원해 특정한 국가를 자국의 이해관계의 희생물로 삼는 역사는 만들고 있지 않다. 중국은 군산복합체의 이해가 국내외 정책을 결정하는 주요한 열쇠로 작동하지도 않으며, 금융자본을 장악하고 타국을 조종하는 역할도 아직까지는 수행하지 못하고 있다.

물론 중국은 강성한 국민국가가 되는 것만으로도 인근 국가에게는 위협적이다. 그러나 강성한 국민국가가 곧 패권국가가 될 수 있는 것은 아니다. '그럴 가능성'과 '그런 것'과는 엄연히 다르다. 지금도 여전히 중국 경제를 보는 시각은 몰락할 가능성과 지속 성장할 가능성이 공존한다. 심지어 군사력이 금세기 내 미국을 능가할 가능성이 있다고 보는 논자는 미국 내에도 별로 없다. 특히 패권이란 늘 상대적인 힘의 문제이다. 때문에 미국과의 경쟁 없이 획득하는 것은 불가능한 일이다. 동아시아 내에서의 지역패권조차도 미국의 묵인이나 경쟁에서 승리 없이 일구는 것은 불가능하다는 것을 조금만 따져보면 추론 가능하다. 패권의 제1요소는 군사력이다. 중국의 급속한 GDP 성장이 절대적 군사력을 급속히 키워 나갈 것은 자명해 보인다. 그러나 중국의 연간 군사비 증가액이 중국의 연 순수 국방예산을 능가하는 미국의 군사력을 넘어서는 일은 당분간 불가능하다. 한미일 삼각동맹의 분열 기미가 거의 보이지 않는 상황에서 중국의 지역패권 장악은 결코 쉽지 않은 일이다.

이런 점을 고려할 때, 단순히 과거에 비해 중국의 영향력이 확대되었다는 것을 주요한 근거로 중국의 애국주의를 패권주의라고 규정하는 것은 일종의 이데올로기적 편향일 가능성이 있다. 왜냐하면 급속하게 중국위협론을 퍼뜨리며 중국이 지역패권을 추구할 것을 예고하는 데 가장 열심인 국가가 다름 아닌 실재하는 패권국가인 미국이고, 미국의 중국위협론을 확대재생산하는 데 주력하는 매체들이 주로 한미일 삼각동맹체제를 신봉하는 주류 언론이기 때문이다.

축구 경기에서 보여주는 중국민의 과도한 열기는 이전 중국의 모습에 비추어볼 때 낯선 모습인 것은 분명하다. 하지만 아직 유럽이나 한국의 축구 경기장에서 목격되는 것 이상으로 과도한 중화패권주의적 행태를 보이는 것은 아니다. 고대사에 대한 재복원 열풍이 중국 민족의 기원을 끌어올리고 신화를 역사화하는 데 주력하고 있지만, 이는 대부분의 근대 국민국가들이 근대화 과정에서 보여준 익숙한 행보일 뿐이다. 애국주의 교육도, 동북공정도 차분히 들여다보면 그것 또한 아직은 팽창주의적이기보다는 발전주의적 제3세계 민족주의에 보다 가까운 것임을 알 수 있다.

그런 점에서 중국의 애국주의는 신중화주의나 중화패권주의라 부르기보다는 민족주의로 보는 것이 타당하다. 물론 중국의 민족주의가 패권주의나 신중화주의로 나아갈 가능성을 배제할 수는 없다. 탈민족주의자들이 주장하는 것처럼 중국의 애국주의가 팽창적 민족주의나 배타적 민족주의로 나아갈 가능성은 여느 국민국가의 민족주의와 마찬가지로 상존해 있다. 또한 그것은 보편주의적 관점에서 볼 때 민족주의가 지니는 태생적 한계인 것도 틀림없다. 그러나 과도한 이상론으로 동아시아 현실을 성급하게 재단하고 비판하는 것은 지배이데올로기를 직간접적으로 옹호하는 결과를 도출할 수 있음[74]을 늘 경계해야 한다. 중국의 애국주의 또한 다른 민족주의처럼 양날의 칼이다. 중국은 지난 세기 제국주의의 침탈로 국가가 존망의 기로에 서 있었고, 또 금세기 미국 중심의 세계화가 중국민을 또 다른 생존의 위기로 몰아넣기도 했다. 그러한 현실에서 저항적이기도 하고 발전주의적이기도 한 중국의 민족주의가 제국주의와 패권주의를 견제하는 역할을 수행했다는 것도 기억할 필요가 있다. 지금 우리가 중국의 애국주의를 평가하고자 할 때 가장 필요한 것은 지나친 이상론에 입각한 성급한 재단이 아니라 역사와 현실을 제대로 보고자 하는 균형 감각이다.

| 출전을 밝혀주는 본문의 주 |

1) 『맹자질서(孟子疾書)』 등문공 하편.
2) 『맹자질서(孟子疾書)』 등문공 하편.
3) 『임술록』, 「우병영장계」, 45쪽.
4) 『고종실록』 고종 18년(1881) 신사 2월.
5) 송헌빈의 『동경일기』 참고.
6) 김용섭, 『한국근대농업사연구』, 일조각, 1975 ; 신용하, 『독립협회연구』, 일조각, 1976 ; 김용섭, 「서평: 독립협회연구」, 『한국사연구』 12, 1976 ; 신용하, 「광무개혁론의 문제점」, 『창작과비평』 1978년 가을호.
7) 한국역사연구회 '광무개혁' 연구반, 「'광무개혁' 연구의 현황과 과제」, 『역사와현실』 8, 1992 ; 이민원, 「대한제국의 성립과 '광무개혁', 독립협회에 대한 연구 성과와 과제」, 『한국사론』 25, 1995 ; 주진오, 『19세기 후반 개화개혁론의 구조와 전개 – 독립협회를 중심으로』, 연세대학교 박사학위논문, 1995.
8) 고등학교 『국사』 교과서(2006년 수정판), 112~113쪽.
9) 이태진, 『고종시대의 재조명』, 태학사, 2000 ; 서영희, 『대한제국 정치사 연구』, 서울대학교출판부, 2003.
10) 이태진·김재호 외 9인, 『고종황제 역사청문회』, 푸른역사, 2005.
11) 왕현종, 「대한제국기 입헌논의와 근대국가론」, 『한국문화』 29, 2002 ; 이윤상, 「대한제국의 생존전략과 '을사조약'」, 『역사학보』 188, 2005.
12) 한국역사연구회 토지대장반, 『대한제국의 토지조사사업』, 민음사, 1995 ; 왕현종, 「광무양전·지계사업」, 『한국사』 42 – 대한제국』, 1999.
13) 『李鴻章全集』 第6冊: 譯書函稿·卷13, 40葉.
14) 김민규, 「近代 東아시아 國際秩序의 變容과 淸日修好條規(1871年): '條規體制'의 生成」, 『大東文化硏究』 41, 2002 ; 김민규, 「近代 東아시아 國際秩序의 變容과 朝鮮: '條規體制'의 成立과 瓦解」, 『韓國史의 國際環境과 民族文化』, 景仁文化社, 2003 ; 김민규, 「개화기 兪吉濬의 국제질서관 연구: '兩截體制'와 '條規體制'의 관련성에 대하여」, 『韓國人物史硏究』 3, 2005 참조.
15) 京都大學文學部國史硏究室 編, 『吉田淸成關係文書』 1(書簡篇 1), 思文閣出版, 京都, 1993, 112쪽.
16) 兪吉濬 著·金泰俊 譯, 『西遊見聞(前篇)』, 博英社, 1976, 108~109쪽.
17) 『일본외교문서』 40-1, 455~456쪽 참조.
18) 이 책에 실린 김정인의 「왜정시대, 일제식민지시대, 일제강점기」 참조.
19) 이윤상, 「한국근대사에서 개항의 역사적 위치」, 『역사와현실』 9, 1993 참조.
20) 이 책에 실린 주진오의 「기존 개화과 용어에 대한 비판」 참조.
21) 「경고친일파동포」, 『공립신보』 1907년 8월 30일자.
22) 『동아일보』 1921년 10월 11일자.
23) 「대한민국임시의정원 제안 심사보고 및 결의안(其 二)」, 『提案審査報告書(3)』, 「通過依原案 十一月 二十一日」.
24) 『조선일보』 1946년 1월 9일자.
25) 러시아 측 입장에서 소련의 동독 통치에 관해 서술한 대표적인 연구 성과로는 Семиряга М. И. Как мы управляли Германией/우리는 어떻게 독일을 통치하였는가/(М., 1995)를 들 수 있다.
26) За мир на земли Кореи.вспоминания и статьи/조선 땅의 평화를 위하여(회고와 논문)/. с. 15-16.
27) 「北朝鮮臨時人民委員會構成에 關한 規定」, 『北韓關係史料集』 V, 국사편찬위원회, 1987, 151쪽.

28) 「北朝鮮人民委員會에 關한 規定」, 『北韓關係史料集』 V, 147쪽.
29) 최우근, 「중간정당을 논함」, 『신천지』, 1947. 10.
30) 함상훈, 「중간파에 대한 시비」, 『신천지』, 1947. 10.
31) 이석태, 『사회과학대사전』, 1949.
32) 서중석, 『한국현대민족운동연구』, 역사비평사, 1991.
33) 「중앙당으로서의 건국이념」, 1946. 1.
34) 「격동하는 민중에게 고하는 말씀」, 1946. 10.
35) 이갑섭, 「중간파의 이론」, 『신천지』, 1947. 10.
36) 「조선민주주의 인민공화국 헌법」, 2004년판 현행 헌법.
37) http://preview.britannica.co.kr/bol/topic.asp?article_id=b25h3486a
38) 방선주, 「노획 북한필사문서 해제(1)」, 『아시아문화』 창간호, 한림대학교 아시아문화연구소, 1986.
39) National Archives and Records Service, General Services Administration, *Annotated Lists : Records Seized by U.S. Military Forces in Korea(Records Group 242 National Archives Collection of Foreign Records Seized, 1941~)*, Washington, 1977.
40) 방선주, 「미국 국립공문서관 소장 RG 242 내 '선별 노획문서' 조사연구」, 『해외사료총서 4: 미국 소재 한국사 자료 조사보고 Ⅲ─NARA 소장 RG 242 〈선별 노획문서〉외』, 국사편찬위원회, 2002.
41) Giovanni Sartori, *Parties and party systems: A framework for analysis*, Vol. Ⅰ, Cambridge Univ. Press, 1979, pp. 1~13.
42) 『정치사전』, 사회과학출판사, 1973, 1051쪽.
43) Giovanni Sartori, *Parties and party systems: A framework for analysis*, Vol. Ⅰ, op. cit., pp. 71~75.
44) A. Przeworski and J. Sprague, "Concepts in Search of Explicit Formation: A Study in Measurement", *MJPS*, May 1971, pp. 208~210.
45) 김성보, 「1950년대 북한의 사회주의 이행논의와 귀결」, 역사문제연구소 편, 『1950년대 남북한의 선택과 굴절』, 역사비평사, 1998, 361~363쪽.
46) АВП РФ, Ф(ФОНД)0102, ОП(ОПИСЬ)11, П(ПОПКА)60, Д(ДЕЛО)9, pp. 95~108.
47) 『조선통사 (하)』, 사회과학출판사, 1987, 538~540쪽.
48) 권영민 편저, 『월북문인연구』, 문학사상사, 1989, 38쪽.
49) 조영복, 『월북 예술가 오래 잊혀진 그들』, 돌베개, 2002, 20~21쪽.
50) 「남북자가족모임 정관」(http://www.comebackhome.co.kr/html/sogae/s_01.php)
51) 「6·25전쟁납북인사가족협의회 정관」(http://www.korwarabductees.org/main1/main1.asp)
52) 「남북자가족모임 정관」(http://www.comebackhome.co.kr/html/sogae/s_01.php)
53) http://reunion.unikorea.go.kr/
54) 「포로의 대우에 관한 조약」(1949, 제네바).
55) 이들의 경우에 대해서는 이신철, 「북의 통일정책과 월·남북인의 통일운동(1948~1961년)」, 성균관대학교 대학원 사학과 박사학위논문, 2006 참조.
56) 이 같은 용어들의 사례는 위의 이신철 박사학위논문 참조.
57) 디아스포라에 대한 서양의 학문적 논의는 김귀옥, 『월남민의 생활 경험과 정체성─밑으로부터의 월남민 연구』, 서울대학교 출판부, 1999, 8~12쪽 참조.
58) 『금성국어사전』.
59) 『조선일보』 1956년 11월 13일자.
60) 『동아일보』 1956년 7월 9일자.
61) 『사상계』 65호, 1958년 12월.
62) 서승, 『옥중 19년』, 역사비평사, 1999, 61~62쪽.
63) 한옥신, 「사상범죄의 실증적 연구」, 동국대학교 법학과 박사학위논문, 1974, 11~21쪽.

64) 『논어(論語)』 「자로(子路)」편.
65) Martin W. Lewis & Kären E. Wigen, *The Myth of Continents; A Critique of Metageography*, Univ. of California, 1997, pp. 49~56.
66) ibid., pp. 162~167.
67) 전형준, 「동아시아 담론의 비판적 검토」, 『인문학지』(충북대) 15집, 30~31쪽.
68) 백영서, 「주변에서 동아시아를 본다는 것」, 정문길 외, 『주변에서 본 동아시아』, 문학과지성사, 2004, 15~16쪽.
69) 와다 하루키, 「21세기 동북아시아와 일본」, http://www.peacekorea.org
70) 백영서, 앞의 글, 33쪽.
71) 쑨거, 「아시아 담론과 '우리들'의 딜레마」, 정문길 외, 앞의 글, 273쪽.
72) 백영서, 앞의 글, 33~34쪽.
73) Robert Gilpin, *War and Change in World Politics*, New York: Cambridge Univ. Press, 1981, p. 29 ; 황병덕, 『미 중 패권경쟁과 우리의 대응전략』, 통일연구원, 2005, 8, 23쪽.
74) 김희교, 「한국 언론의 동북공정 보도 비판」, 『역사비평』 69호, 2004년 겨울호 참조.

| **이 책의 집필에 참여하신 분들** | *가나다순

강정숙_ 성균관대학교에서 박사과정을 수료했으며 일제하 민족해방운동사를 연구했다. 이후 한국 근현대 여성사에 관심을 가지고 한국여성연구소와 한국정신대연구소에서 활동했으며, 현재 일제강점하강제동원피해진상규명위원회에서 근무하고 있다. 최근에는 일본군 위안부 등 일제 말기 여성정책에 대해 연구를 하고 있다.

기광서_ 연세대학교 사회사업학과를 졸업하고 러시아과학원 동방학연구소에서 박사학위를 받았다. 현재 조선대학교 정치외교학부 교수로 재직 중이다. 논저로『사진과 그림으로 보는 북한 현대사』(공저),『해방 전후사 사료 연구 II』(공저),「8·15 해방에서의 소련군 참전 요인과 북한의 인식」등이 있다. 해방 후에서 한국전쟁 시기까지의 북한 정치체제와 북소관계 연구를 주요 관심 분야로 삼고 있다.

김기원_ 서울대학교 경제학과를 졸업하고 동 대학원에서 박사학위를 받았다. 현재 한국방송통신대학교 경제학과 교수로 재직 중이며, 일본 도쿄대학교와 미국 유타대학에서 객원연구원을 지낸 바 있다. 주요 저서로『미군정기의 경제구조』,『재벌개혁은 끝났는가』,『생활 속의 경제』등이 있으며, 재벌과 북한 경제 문제를 연구하고 있다.

김동택_ 서강대학교 정치학과를 졸업하고 동 대학원에서 박사학위를 받았다. 현재 성균관대학교 동아시아학술원 연구교수로 재직 중이며, 논저로「근대 국민과 국가 개념의 수용에 관한 연구」,「근대계몽기 지식의 발견과 사유지평의 확대」(공저) 등이 있다. 최근에는 계몽기 정치 이념에 관한 연구를 하고 있다.

김민규_ 홍익대학교 역사교육학과를 졸업하고 일본 쓰쿠바대학 대학원에서 국제학 석사를, 미국 UCLA에서 박사학위를 받았다. 근대 동아시아 외교사 전공으로, 현재 고구려연구재단에 재직 중이다. 논저로 「Revolutions and the Transmutation of the East Asian Interstate System」과「근대 동아시아 국제질서의 변용과 조선」등이 있다.

김정인_ 서울대학교 역사교육과를 졸업하고 동 대학 국사학과 대학원에서 박사학위를 받았다. 현재 춘천교육대학교 사회과교육과 교수로 재직 중이며, 논저로「우리 안의 보편성」(공저),「한중일 3국의 근대사 인식과 역사교육」(공저),「일제 강점기 천도교단의 민족운동 연구」등이 있다. 최근에는 '근현대 민족주의와 민족운동' 및 '동아시아 역사 갈등과 역사교육'에 관한 연구를 진행하고 있다.

김태식_ 서울대학교 국사학과를 졸업하고 동 대학원에서 박사학위를 받았다. 현재 홍익대학교 역사교육과 교수로 재직 중이며, 지난 20여 년간 가야사의 재정립을 위해 노력해왔다. 논저로『가야연맹사』,『미완의 문명, 700년 가야사』(전3권) 등이 있다.

김희교_ 연세대학교 사학과를 졸업하고 중국 복단대학에서 중미관계사로 박사학위를 받았다. 현재 광운대학교 중국학과 교수로 재직 중이며, 주요 논저로「의화단운동과 미국의 대중국정책」,「한국의 동아시아론과 '상상된 중국'」,「한국 언론의 동북공정비판」등이 있다. 현재 한국 중국학의 역사와 이데올로기에 관한 연구를 진행하고 있다.

류시현_ 고려대학교 사학과를 졸업하고 동 대학원에서 박사학위를 받았으며, 현재 친일반민족행위진상규명위원회에 재직 중이다. 논저로『최남선의 '근대' 인식과 '조선학' 연구』,「식민지시기 러셀의 사회개조의 원리의 번역과 수용」등이 있다. 최근에는 문화사의 영역에서 번역, 역사지리에 관한 연구를 하고 있다.

박명림_ 고려대학교 정치외교학과를 졸업하고 동 대학원에서 박사학위를 받았다. 현재 연세대학교 국제학대학원 교수로 재직 중이며, 논저로『한국 1950 전쟁과 평화』,『한국전쟁의 발발과 기원』등이 있다. 최근에는 한국 민주주의와 평화 문제에 관심을 가지고 연구를 진행하고 있다.

박찬승_ 서울대학교 국사학과를 졸업하고 동 대학원에서 박사학위를 받았으며 현재 한양대학교 사학과 교수로 재직 중이다. 논저로『한국근대정치사상사연구』,『근대 이행기의 지역 엘리트』(공저) 등이 있다. 최근에는 지역사회의 민족운동, 한국전쟁기 지역주민의 경험에 관한 연구를 하고 있다.

박태균_ 서울대학교 국사학과를 졸업하고 동 대학원에서 박사학위를 받았다. 현재 서울대학교 국제대학원 조교수로 재직 중이다. 논저로『조봉암 연구』,『한국전쟁』등이 있으며, 최근에는 1960년대 한국군의 베트남전 참전 문제에 대해 연구하고 있다.

배성준_ 서울대학교 국사학과를 졸업하고 동 대학원에서 박사학위를 받았다. 현재 고구려연구재단에 재직 중이다. 논저로「일제하 경성지역 공업 연구」가 있으며, 최근에는 영토 문제에 관한 연구를 하고 있다.

백준기_ 모스크바국립대학에서 박사학위를 받았으며 현재 한신대학교 국제관계학부 부교수로 있다. 논저로「조선로동당의 '일당민주주의' 적 특성과 '경쟁적체계' 로의 이행가능성」,『북한현대사 1』(공저),『미국의 신보수주의 외교전략과 한반도평화문제』등이 있다.

서중석_ 서울대학교 국사학과를 졸업하고 동 대학원에서 박사학위를 받았다. 현재 성균관대학교 사학과 교수로 재직 중이며, 역사문제연구소 소장을 맡고 있다. 주요 저서로『80년대 민중의 삶과 투쟁』,『한국근현대민족문제연구』,『한국현대민족운동연구(1·2)』,『시민을 위한 한국역사』,『사진과 그림으로 보는 한국현대사』등이 있다.

송기호_ 서울대학교 국사학과를 졸업하고 동 대학원에서 박사학위를 받았다. 현재 서울대학교 국사학과 교수로 재직 중이며, 주요 논저로『발해정치사연구』,『발해를 찾아서』,『발해를 다시 본다』,『한국 고대의 온돌』등이 있다. 최근에는 중국의 동북공정에 관한 책을 쓰고 있다.

신동원_ 서울대학교 과학사 및 과학철학협동과정에서 한국과학사로 박사학위를 받았으며, 현재 카이스트 인문사회과학부 연구교수로 있다. 저서로『호열자 조선을 습격하다』,『카이스트 학생들과 함께 풀어보는 우리과학의 수수께끼』등이 있으며, 현재 한국 근대 한의학사에 대해 연구 중이다.

신주백_ 성균관대학교에서 박사학위를 받았다. 현재 성공회대학교 등에서 강의를 하고 있다. 논저로『1930년대 국내 민족운동사』,『1920, 30년대 중국지역민족운동사』,『분단의 두 얼굴』(공저),「일본의 패전대책과 식민지 조선, 그리고 역설」등이 있다. 최근에는 동아시아 5개국 역사교과서의 역사와 박정희 정권 시기 한국인의 정체성 문제에 관심이 있다.

왕현종_ 연세대학교 사학과를 졸업하고 동 대학원에서 박사학위를 받았다. 현재 연세대학교 원주캠퍼스 역사문화학과 교수로 재직 중이다. 논저로『대한제국의 토지조사사업』(공저),『한국 근대국가의 형성과 갑오개혁』등이 있다. 최근에는 일제의 침략과 토지조사사업에 관한 연구를 하고 있다.

은정태_ 서울대학교 국사학과를 졸업하고 동 대학원에서 석사학위를 받았다. 현재 대림대학교에서 강의하고 있으며, 논문으로 「박정희시대 성역화사업의 추이와 성격」 등이 있다. 최근에는 한말 청국과의 외교관계를 통해 대한제국의 '제국성'에 관한 연구를 하고 있다.

이기훈_ 한국근대사 전공으로, 서울대학교에서 「일제하 청년담론연구」로 박사학위를 받았다. 현재 친일반민족행위 진상규명위원회에서 전문위원으로 일하고 있다.

이상찬_ 서울대학교 국사학과를 졸업하고 동 대학원에서 박사학위를 받았다. 현재 서울대학교 국사학과 교수로 재직 중이다. 「1900년대 초 한일간 조약들의 불성립 재론」, 「伊藤博文이 약탈해간 고도서 조사」 등의 논문이 있다. 최근에는 우리나라 고문헌에 대한 문헌학적 연구를 하고 있다.

이신철_ 성균관대학교 사학과를 졸업하고 동 대학원에서 박사학위를 받았다. 현재 성균관대학교 동아시아학술원 연구교수로 재직 중이다. 논저로『북의 통일정책과 월·납북인의 통일정책(1948~1961년)』, 『사진과 그림으로 보는 북한 현대사』(공저) 등이 있다. 최근에는 남북 및 조일, 한일 관계에 관해 연구하고 있다.

이윤상_ 서울대학교 국사학과를 졸업하고 동 대학원에서 박사학위를 받았다. 현재 창원대학교 사학과 교수로 재직 중이다. 주요 논문으로 「1894~1910년 재정제도와 운영의 변화」, 「대한제국기 황제 주도의 재정 운영」, 「대한제국기 국가와 국왕의 위상제고사업」 등이 있으며, 최근에는 대한제국의 정치동향과 외교정책에 관심을 가지고 있다.

이이화_ 조선 후기사를 전공했으며 역사문제연구소 소장을 지냈다. 현재 서원대학교 석좌교수로 재직 중이며 동학농민혁명기념재단 이사장을 맡고 있다. 주요 저서로『조선 후기의 정치사상과 사회변동』, 『동학농민전쟁인물열전』, 『한국사 이야기』(전22권) 등이 있다. 지금은 한국생활사 연구에 몰두하면서 그 관련 자료를 수집하고 있다.

이태진_ 서울대학교 사학과를 졸업하고 한국학중앙연구원에서 박사학위를 받았다. 현재 서울대학교 국사학과 교수로 재직 중이며, 주요 저서로『조선유교사회론』, 『고종시대의 재조명』, 『동경대생들에게 들려준 한국사』, 『한국병합, 성립하지 않았다』(편저) 등이 있다.

임대식_ 서울대학교 국사학과를 졸업했으며, 『역사비평』 편집주간을 지냈다. 논저로 「식민지시대 한국사회와 운동」, 「1950년대 미국의 교육원조와 친미엘리트의 형성」 등이 있다.

전우용_ 서울대학교 국사학과를 졸업하고 「19세기 말~20세기 초 한인 회사 연구」로 동 대학원에서 박사학위를 받았다. 『서울상업사』(공저), 『청계천과 천변』(공저) 등 한국 근대 경제사 및 도시사와 관련한 여러 논저를 발표했다. 현재 서울대학교병원 병원사연구실에 재직 중이며, 한국 근대 의료사 및 병원사 연구에 매진하고 있다.

정병준_ 서울대학교 국사학과를 졸업하고 동 대학원에서 박사학위를 받았다. 현재 목포대학교 역사문화학부 조교수로 재직 중이다. 논저로『한국전쟁』, 『우남 이승만 연구』, 『몽양 여운형 평전』 등이 있으며, 최근에는 1950년대 독도영유권 논쟁과 한·미·일 관계에 대한 연구를 하고 있다.

정창렬_ 서울대학교 사학과를 졸업하고 연세대학교 대학원에서 박사학위를 받았다. 현재 한양대학교 사학과 명예교수로 재직 중이며, 「갑오농민전쟁연구」, 「한말 변혁운동의 정치·경제적 성격」 등의 연구가 있다.

주진오_ 연세대학교 사학과를 졸업하고 동 대학원에서 박사학위를 받았다. 현재 상명대학교 사학과 교수로 재직 중이며, 논저로 「한국 근대 문명개화론의 수용과 전개」, 「1884년 정변의 정치구조 개편구상」, 「한국 근대 국민국가 수립과정에서 왕권의 역할: 1880~1894」 등이 있다. 최근에는 역사의 디지털 콘텐츠화에 관심을 가지고 있다.

최정기_ 전남대학교 사회학과를 졸업하고 동 대학원에서 박사학위를 받았다. 현재 전남대학교 사회학과 교수로 재직 중이며, 논저로 『비전향 장기수 – 0.5평에 갇힌 한반도』, 『감금의 정치』, 「국가형성과정에서의 국가폭력」 등이 있다. 최근에는 국가폭력과 피해자들의 고통, 민중들의 다양한 저항 행위 등에 관심이 있다.

하정일_ 연세대학교 국어국문학과를 졸업하고 동 대학원에서 박사학위를 받았다. 현재 원광대학교 한국어문학부 교수로 재직 중이며, 주요 저서로 『민족문학의 이념과 방법』, 『20세기 한국문학과 근대성의 변증법』, 『분단자본주의 시대의 민족문학사론』 등이 있다. 최근에는 한국 근대문학에 나타난 탈식민 저항의 계보와 유형을 연구하고 있다.

한수영_ 연세대학교 중문학과를 졸업하고 동 대학원 국문과에서 박사학위를 받았다. 현재 동아대학교 국문과 조교수로 재직 중이다. 논저로 『한국 현대비평의 이념과 성격』, 『친일문학의 재인식』 등이 있다. 한국 근현대 문학사상사에 많은 관심을 기울이고 있다.

한정숙_ 서울대학교 역사학사 및 석사를 거쳐 독일 튀빙겐대학에서 러시아사로 박사학위를 받았다. 현재 서울대학교 서양사학과 교수로 재직 중이며, 편역으로 『유랑시인』, 『한러관계 사료집』 등이 있다. 최근에는 여성의 역사와 코사크의 역사를 연구하고 있다.